古代歷史文化 研究輯刊

十八編

王明蓀 主編

第 10 冊

賈儒之間：
明清之際文學生態中的士商關係類型研究

黃敦兵 著

國家圖書館出版品預行編目資料

賈儒之間：明清之際文學生態中的士商關係類型研究／黃敦兵
著 — 初版 — 新北市：花木蘭文化事業有限公司，2017〔民
106〕
目 2+198 面：19×26 公分
（古代歷史文化研究輯刊 十八編；第 10 冊）
ISBN 978-986-485-189-8（精裝）
1. 知識分子 2. 商人 3. 明代 4. 清代
618   106014296

ISBN-978-986-485-189-8

9 789864 851898

古代歷史文化研究輯刊
十八編　第 十 冊　　　　　　ISBN：978-986-485-189-8

賈儒之間：
明清之際文學生態中的士商關係類型研究

作　　　者	黃敦兵
主　　　編	王明蓀
總 編 輯	杜潔祥
副總編輯	楊嘉樂
編　　　輯	許郁翎、王筑　美術編輯　陳逸婷
出　　　版	花木蘭文化事業有限公司
社　　　長	高小娟
聯絡地址	235 新北市中和區中安街七二號十三樓
	電話：02-2923-1455／傳真：02-2923-1452
網　　　址	http://www.huamulan.tw 信箱 hml 810518@gmail.com
印　　　刷	普羅文化出版廣告事業
初　　　版	2017 年 9 月
全書字數	177077 字
定　　　價	十八編 18 冊（精裝）台幣 36,000 元

賈儒之間：
明清之際文學生態中的士商關係類型研究

黃敦兵　著

作者簡介

黃敦兵（1975～），男，河南桐柏人。中國哲學博士（2008），中國古典文獻學博士後（2013），副教授，校學術骨幹，原理教研室主任，中國傳統文化與哲學研究中心兼職研究人員。在中國社會科學出版社等已出版《黃宗羲倫理思想的主題及其展開》、《潛書校釋（附詩文）》、《賈儒之間：明清之際文學生態中的士商關係類型研究》、《士商互動與明清社會轉型研究：以文學生態的主題敘事爲視角》，《子不語選譯》、《孔子家語今注今譯》、《出土簡帛道家文獻輯校》、《列子今注今譯》等即出。在《哲學動態》、《浙江學刊》、《武漢大學學報》、〔加〕《文化中國》、〔韓〕《儒教文化研究》（國際版）、〔臺〕《鵝湖》等海內外刊物上發表了論文 50 餘篇。主持完成了教育部課題、省社科基金課題、教育廳課題各 1 項、校級課題 4 項。目前，承擔國家社科重大基金項目子課題、教育廳重點課題、省教育科學規劃課題、校級教研課題各 1 項。

提　　要

　　本書認爲，在明清之際以小說爲主要載體的文學生態中，呈現了眾多新生態。對其中士商之間身份轉換、互濟、聯姻等相互滲透、相互倣仿、相互評騭等情形的某些所謂「互動」的諸面相進行剖析，可以發現這一「士商互動」的「母題」或「主題」「敘事」，透顯了明清之際社會轉型的相關信息。

　　本書包括緒言、主題部分五章、結語、主要參考文獻、附錄及後記六大部分。

　　緒言部分，對研究現狀作了簡單梳理，引出相關議題及研究思路，希望能從文學生態的主題敘事的視角，觀察「士商互動」主題展開的各面相，從不同側面回應現代社會所遭遇的部分尷尬和緊張。

　　第一章審視了中國傳統社會的「四民」論與「本末」論相糾纏的學術現象，認爲文學生態中的士商關係敘事，也和當時的四民觀有著千絲萬縷的聯繫。以下四章，主要再現了文學生態中「士」與「商」兩階層之間的身份轉換、「聯姻」、「互濟」、「互識」等情況。

　　結語部分再次強調本議題的意義，並專就幾個重要問題進行了進一步延伸。主要參考文獻列舉了本人近 16 年間閱讀的、與本論題相關的主要書目。

湖北省社會科學基金一般項目（2015137）的階段性成果

湖北企業文化研究中心一般項目（2012Y11）的階段性成果

中國傳統文化與哲學研究中心資助項目

目

次

緒 言

　　明清近三百年間，被視爲中國社會由傳統走向現代的轉型期。其中既蘊
蓄了作爲「傳統與現代化的歷史接合點」的明清早期啓蒙學術，啓開了「從
萬曆到五四」的同質化進程；又涵養了獨特的文化景觀、文學生態。〔註1〕

　　眾所周知，明清小說的研究著述之多，用「汗牛充棟」來形容毫不爲過，
研究專家也代不乏人、燦若星河。在積累頗爲豐厚的研究成果面前，專題研
究似可視爲初學者帶有小智巧的偷懶取徑。

　　基於學術興趣與學術素養，我嘗試著從小說敘事中提煉出「士商互動」
這樣一個重要主題，並審視這一主題在明清之際文學生態中的展開情況，企
圖從中抽繹出某些與思想史相一致的重要結論。

一、研究現狀

　　當前國內外有關明清社會轉型視閾中文學生態方面的研究成果，尤其在
明清之際士商關係新變及其文學呈現方面，可概括爲以下幾方面：

　　其一，在新士商關係界定上，產生了「士商互動」（余英時〔註2〕，2004；
方盛良〔註3〕，2007）、「士商合流」（唐力行〔註4〕，2003）、「士商互滲」（吳

〔註1〕　蕭萐父，許蘇民：《明清啓蒙學術流變》，人民出版社，2013年版，第18頁。
〔註2〕　余英時：《余英時文集》第三卷《儒家倫理與商人精神》，廣西師範大學出版
　　　　社，2004年版。
〔註3〕　方盛良：《清代士商互動之文化原生態個案考論——厲鶚與「小玲瓏山館」》，
　　　　《文學評論》2007年第4期，第114頁。
〔註4〕　唐力行：《徽州商人的紳士風度》，《史學月刊》2003年第11期。

仁安〔註 5〕等）、「士商交往」（徐林〔註 6〕，2006）、「士商契合」（陳書錄，2007）、「士商交融」（劉鳳雲，2005）、「士商互識」（謝景芳〔註 7〕，1993）、「士商相混」（陳寶良〔註 8〕，2004）諸說。

以上諸說，學界多有交集。比如，自從歸有光「古者四民異業，至於後世士與農商常相混」被發現以來，明清之際士商互動也常被解讀為「士商相混」。余英時先生曾有「士商混而難分」之說，用來指稱士人經商、商人承擔社會義務的情況。而徐林的「士商交往」說，主要涵蓋了士人經商、商人習儒、商攀結士等「士商相混」的情形。但此說因重於社會表層，似難於深闡士商之間多重關係的內涵。

其二，在「傳統中國商人的文學呈現」領域，邵毅平以「士商關係」為主線，將商賈文學中的商人世界分成七個方面，疏釋了「士商互濟」、「士商對流」、「士商締姻」、「商人、女人和士人」等概念。（邵毅平〔註 9〕，2005）或從「市民文學」（方志遠〔註 10〕，2004）、「商賈小說」（邱紹雄〔註 11〕，2004）、城市化（葛永海〔註 12〕，2006）等視角切入古代小說研究，解析城市文化及士商階層交往互動的文學生態。

其三，在士商互動的途徑及社會轉型問題方面：（1）研究視角上，或從思想史連續性研究角度追溯「中國宗教倫理的俗世化」對「商人精神」的可能影響（余英時），或從明代致富論上探尋傳統農業社會向商業社會轉型的某些信息（陳寶良〔註 13〕）；或從個案探論「韋伯式問題」，發掘近代中國商人觀念、商人精神的嬗變（馬敏〔註 14〕）。（2）研究進路上，或關注士商交往

〔註 5〕 吳仁安：《明代江南地區的商人和社會風尚》，《歷史教學問題》1988 年第 5期。
〔註 6〕 徐林：《明代中晚期江南士人社會交往研究》，上海古籍出版社，2006 年版。
〔註 7〕 謝景芳：《明人士、商互識論》，《史學月刊》1993 年第 6 期。
〔註 8〕 陳寶良：《明代的致富論——兼論儒家倫理與商人精神》，《北京師範大學學報》2004 年第 6 期。
〔註 9〕 邵毅平：《中國文學中的商人世界》，復旦大學出版社，2005 年版，第 7～8頁。
〔註 10〕 方志遠：《明代城市與市民文學》，中華書局，2004 年版。
〔註 11〕 邱紹雄：《中國商賈小說史》，北京大學出版社，2004 年版。
〔註 12〕 葛永海：《古代小說與城市文化研究》，復旦大學出版社，2004 年版。
〔註 13〕 陳寶良：《明代的致富論——兼論儒家倫理與商人精神》，《北京師範大學學報》2004 年第 6 期。
〔註 14〕 馬敏：《商人精神的嬗變——近代中國商人觀念研究》，華中師範大學出版社，

之原因，歸於商人尋求心理平衡與文士心靈相通（朱萬曙〔註15〕，2008）；或歸因於士人世俗化傾向（黃果泉，2004；徐林，2006）。或關注士商交往之形式與後果，看到士大夫風雅趣味及時尚標準的變化〔註16〕，或看到造成「商業型文人與文化型商人」〔註17〕、「集文士與商賈於一身」〔註18〕的新人格，或看到科舉與商業的良性互動造成紳士風度的「紳商階層」〔註19〕，或看到文學創作領域的新變及「通俗化浪潮」對「傳統文藝的價值觀念」的衝擊〔註20〕。

　　上述研究成果，拓寬了問題域，也突出了不少議題，為明清文學生態中士商互動主題的深入打下了堅實基礎，為學界探尋明清之際的社會轉型「敞開」了新的視野，為新的相關議題的深入探討「澄明」了問題意識。

二、議題提出

　　在本世紀初開始攻讀中國哲學專業研究生時，筆者常感佩於明清鼎革之際的士人氣節，讚歎急公好義、慷慨悲歌的古人遺風。從明清文學思潮與哲學脈絡中，往往可以發現，「四民」在承繼古人風節方面各有勝場。然而，從不少文史資料中，我們讀出明黨之禍，讀出社會戾氣，讀出浮躁士風，讀出散沙敗絮，讀出詩酒高會背後的某些不堪，讀出了社會心態的複雜性。因此，我希望能進一步關心的問題是：作為「知識人」而可稱為「士人」的儒者，在社會傳統「四民社會」結構中的優位感為何會在此際黯然離去？為何士階層在無望中掙扎、沉淪而窘處於低迷狀態？為何士人頂戴的由知識與德性鑄就的光環會在此際有所消褪，致使「精神貴族」、「紳士風度」無法高揚？是否可以從明清社會轉型這一視域獲得某些啟示？可否通過哲學史、文學史、社會經濟史、宗教與政治等諸多層面的互動，經由明清之際文學生態中

　　　　2001 年版。
〔註15〕　朱萬曙：《明清徽商的壯大與文學的變化》，《文學遺產》2008 年第 2 期。
〔註16〕　〔加〕卜正民著，方駿等譯：《縱樂的困惑：明代的商業與文化》，生活・讀書・新知三聯書店 2004 年版。
〔註17〕　傅承洲：《明清文人話本研究》，人民文學出版社，2008 年版。
〔註18〕　黃果泉：《李漁：集文士與商賈於一身──試論李漁戲曲創作思想的商業化傾向》，《河南師範大學學報》1995 年第 5 期。
〔註19〕　唐力行：（1）《商人與中國近世社會》，中華書局（香港）有限公司，1995 年版；（2）《徽州商人的紳士風度》，《史學月刊》2003 年第 11 期。
〔註20〕　夏咸淳：《明代後期文士與商人的關係》，《社會科學》1993 年第 7 期，第 61 頁。

的士商互動的主題研討來獲得一定的解答甚至是較深入的認識？

通過以上綜述可知，當前學界關於「士商互動」的界定不一致，而且多釋讀爲「商人」與「儒士」之間的「互動」、「滲透」、「合流」、「交融」、「契合」，似致狹窄。「士商互識說」似乎容易造成更狹窄的評判，因其將「士商互動」僅限於價值觀之核心層面。「士商交往說」則顯得用詞隨意，略失嚴謹。因此，在本書中，筆者對學界的成說作了「泛化」的理解和新的解釋。

關於「互動」一詞，其本義是互相影響、相互作用，包含著與動俱動，連動、聯動，等等之意。筆者在指涉「士」與「商」時，仍然沿襲傳統「四民社會」之社會分層的界定，不過它們於此際已經開始出現分界模糊，代表了明清之際社會異動的一個方面。這些方面的異動，學界已經有了不少哲學史、思想史的論證，而它們在文學藝術領域的表現，則是需要我們進一步關注的焦點。

關於本書所討論的關鍵詞「士商互動」，由於化用了余英時「士商互動」的成說，又在不少論題的界定上沿襲了傳統的看法，所以我們好像存有一個可以質疑的內在預設：反映這些異動主題的作家，是一定受時代影響，對社會、人生抱持有一定思想意識之後，才來寫作的；他們有敏感的耳朵（「會聽音樂的耳朵」），有能發現美（審美）、揭露醜（「文以載道」）的眼光。我們不打算刻意迴避這個問題，不過覺得它們好像不是全文主旨的重心所在，處理起來彷彿可以是隨時點醒，並不需要先行集中解釋。

值得注意的是，傳統社會的四民關係或四民秩序開始變得不再那麼鐵板一塊，它們相互之間的疆界已經模糊化了，而文藝創作者們對此的反應與抒寫，幾乎變得和思想家們不差上下了。在易於治生的社會中，治生能力強勢的群體（包括商人及部分士人）被高揚，而士人或知識分子的標識性符號──學歷、知識及其附著的社會價值體系卻成爲被輕忽、被貶視的地位。現代社會仍然糾纏著學歷與能力孰輕孰重的問題，這同士商之間互動、互識的老問題有著非常相似或呼應的地方。我們嘗試著去做的，就是試圖從文學生態的主題敘事的視角，觀察「士商互動」主題展開的各面相，從不同側面回應現代社會所遭遇的部分尷尬和緊張。

三、研究思路

本書不以宋、元、明、清之類的朝代爲界限來劃分，而是以「明清之際」

這樣一個社會轉型期的「中時段」為考察問題的立足點，探討明清之際小說創作中士商關係類型的展開情況。

中晚明以降，商人階層「再次崛起」而有「良賈何負閎儒」之聲，士人因各種時節因緣而漸有不敵之感。因此，「賈儒之間」正發生著諸多的故事，文學生態中也留下了「士商關係」相關的諸多作品。「漫汗通觀」（蕭萐父先生語）明清文史資料，廓清「士商互動」的個案，有利於探討特定歷史情景中的文化生態環境與文學生態面相。

明清之際士商互動研究，雖然關涉多方，領域繁富，資料龐雜，但若將研究的對象縮小至明清之際的小說創作，兼涉其他文學文體以及思想史、社會史、經濟史等史料，大概可以窺見到在「學科壁壘」下所做之精深專論中所不能看到的「盲區」。

要從新視角考察明清之際「士商互動」的文學生態現象，必須取擇精詳，「中心」史料與「邊緣」資料處理得當。如能以明末的凌濛初和清初的李漁等人的話本小說創作為中心，似可以折光的形式窺視明清之際社會的重大異變，從「士」與「商」的交互作用與相互聯繫方面看到明清重大「轉型期」社會變動的此類「信息」。因為文人話本創作的黃金時期，是明末天啓、崇禎至清初順治四十年間，恰處於本書所關注的「明清之際」。而且，「學術界公認的文人話本三大家馮夢龍、凌濛初、李漁和他們所創作的『三言』、『二拍』、《無聲戲》、《十二樓》全部產生於明末清初，還有一些影響較大的話本，如《石點頭》、《西湖二集》、《型世言》、《醉醒石》也作於這一時期。」〔註 21〕同時，我們也可看到，包括話本小說在內的通俗小說創作，出現了「從依據舊本改編演進到獨立創作，文人參與創作並逐漸取代書坊主的主宰」〔註 22〕這樣過渡的趨勢，「在萬曆朝的半個世紀，轉向過渡的各種準備條件已逐漸基本完成，而天啓、崇禎兩朝時激烈的階級矛盾與民族矛盾則促使這種轉向變成現實」〔註 23〕，從而創作出相當數量的擬話本與時事小說。李漁以賣文者的身份與各路顯宦名流交往，實際上是由於其創作的戲曲（部分上包括其創作的《十二樓》、《無聲戲》等白話短篇小說集）滿足了兵亂之後的江南文化娛樂市場之需。

〔註 21〕傅承洲：《明清文人話本研究》，人民文學出版社，2008 年版，第 251 頁。
〔註 22〕陳大康：《明代小說史》，人民文學出版社，2007 年版，第 490 頁。
〔註 23〕陳大康：《明代小說史》，人民文學出版社，2007 年版，第 490～491 頁。

　　當然，關注話本小說只是一個重要方面，本書還盡可能引用文學家、思想家、史學家的小說集、詩文集，力爭在古典文獻學研究的「文史互證」、哲學史研究的「純化」與「泛化」相結合的方法指導下，突出文學生態中的主題敘事。

第一章 傳統社會的「四民」觀

「四民」是古代典籍對平民職業進行基本分工的稱謂，就是指今人耳熟能詳的士、農、工、商。據《大唐六典》卷三《尚書戶部》載：「辨天下之四人，使各專其業。凡習學文武者為士，肆力耕桑者為農，工作貿易者為工，屠沽興販者為商（原注：工商皆為家專其業以求科（利）者。其織紝組紃之類非也）。工商之家，不得預於士；食祿之人，不得奪下人之利。」這種四民、四業的分類方法，典型地反映並代表了中國傳統社會的「四民」觀。

第一節 傳統社會的「四民」論

如果結合中國經濟思想史談士商關係，那就必須審視中國傳統社會的「四民」論與「本末」論相糾纏的學術現象。文學生態中的士商關係敘事，也和當時的四民觀有著千絲萬縷的聯繫。

因為相關研究較多，本處只作一簡單梳理，以為探討文學生態中的士商關係敘事作一張本。

一、「四民」論

「四民」之說，淵源於社會分工的諸「業」。「商」與其他諸「業」並稱，典型者可考諸司馬遷的《史記》。《史記·貨殖列傳》引《逸周書》言曰：「農不出則乏其食，工不出則乏其事，商不出則三寶絕，虞不出則財匱少。財匱少而山澤不辟矣。此四者，民所衣食之原也。原大則饒，原小則鮮。上則富國，下者富家。」有了「商」的經營活動，「農」所出的「食」（糧食）、「工」

所出的「事」（器物）和「虞」所出的「財」（財富）這「三寶」才可以貨暢其流。

但是，《逸周書》將所謂工、農、商、虞四者並重，而不及「士」，也並未言其是否爲「四民」。《左傳》中隨武子言：「商農工賈，不敗其業。」〔註1〕也未將之與「士」並稱，未從「業」之「態」進而論及「民」之「位」。而《荀子・王制篇》有「農士工商」的排列順序：「農農，士士，工工，商商，一也。」據王先謙注曰：「使人一於職業。」〔註2〕雖提出「士」與農、工、商並稱，但也是重在四者的職業分工。

以「士農工商」爲「四民」的說法，最早可上溯到《春秋穀梁傳・成公元年》的劃分：「古者立國家，百官具，農工皆有職以事上。古者有四民：有士民，有商民，有農民，有工民。」這裡的「四民」，實際指四種職業分工。需要指出的是，這裡表達的從「有職以事上」的「業」之「態」到「事上」的四「業」之「位」的遷轉與變化。

春秋中後期，齊國權勢人物管子（前723～前645），曾有所謂「士」、「工」、「農」、「商」爲「四民」之稱。據《管子・小匡》載：「制國以爲二十一鄉：商工之鄉六，士農之鄉十五。公帥十一鄉，高子帥五鄉，國子帥五鄉，參國故爲三軍。」〔註3〕按照管子的制度設計，士、農、工、商世守其業，居有定所，且「少而習焉，其心安焉，不見異物而遷焉，是故其父兄之教不肅而成，其子弟之學不勞而能」。這樣，四民各安其業，「夫是，故士之子恒爲士」，「農之子恒爲農」，「工之子恒爲工」，「商之子恒爲商」，再行寓兵於農等美政，即可稱霸天下。

《國語・齊語》中有相關記載：「桓公曰：『成民之事若何？』管子對曰：『四民者，勿使雜處，雜處則其言哤，其事易。』公曰：『處士、農、工、商若何？』管子對曰：『昔聖王之處士也，使就閒燕；處工，就官府；處商，就市井；處農，就田野。』」他們的談話涉及到諸侯國的商業政策。管仲認爲，「買賤鬻貴」的商人，「設智巧，仰機利」，「不擇鄉而處，不擇君而使」〔註4〕，四方逐利，亦有利於國家。不過，管仲將商人分爲「誠賈」和乘民之危攫奪

〔註1〕 《左傳・宣公十二年》。

〔註2〕 〔清〕王先謙撰，沈嘯寰、王星賢點校：《荀子集解》，中華書局，1988年版，第164頁。

〔註3〕 黎翔鳳撰，梁運華整理：《管子校注》，中華書局，2004年版，第400頁。

〔註4〕 《管子・侈靡》。

暴利的蓄賈遊商，後者「乘民之不給，百倍其本」〔註5〕，使「國之財物盡在賈人」〔註6〕，而「國多失利」〔註7〕，必須進行調控。

　　班固《漢書・食貨志》將虞業併入了農業，新增了士這個新階層，對四民作了新的解說：「士、農、工、商，四民有業。學以居位曰士，闢土殖穀曰農，作巧成器曰工，通財鬻貨曰商。」明確地指出「四民有業」，四民各有其職業分工。這與《公羊傳》對四民的解釋近似：「德能居位曰士，闢土植穀曰農，巧心勞手成器曰工，通財貨曰商。」

　　關於「四民」的「排序」，史籍所載多有出入，漸以士、農、工、商為主序。史籍中「四民」的先後順序，初多為職業界定，似乎多無道德評判意味。後來，在「重農抑商」政策影響下，逐漸增添了道德意涵，排序也便與「本末」論相關連起來。

二、「本末」論

　　與傳統社會四民問題緊密相關的問題，即是關於「本末」觀念問題，主要探討四民在傳統國民經濟、社會、文化生活中，四民的「輕重」關係問題。

　　傳統禮制社會的理想狀態，是德、職、位一致，「衣服有制，宮室有度，人徒有數，喪祭械用，皆有等儀」，貴賤不相逾越，「刑不上大夫，禮不下庶人」。據《國語・齊語》管子的制度設計，士、農、工、商應世守其業，居有定所，「少而習焉，其心安焉，不見異物而遷焉，是故其父兄之教不肅而成，其子弟之學不勞而能」，再行寓兵於農等美政，即可稱霸天下。但四業似並無德位上的優劣之別。

　　前引《逸周書》之言曰：「待農而食之，虞而出之，工而成之，商而通之」。另據《逸周書・程典》，周文王曰：「商不厚，工不巧，農不力，不可成治」，「工攻其材，商通其財」，「業而分專，然後可以成治」。所以，商只是職業分工而已，非為重輕排序。這說明商周「農工商虞」的劃分，並不是後世的等級劃分，四者並重而無本末之分。《周禮・天官冢宰》主張「以九職任萬民」，其中，「六曰商賈，阜通財賄」，即可視為對商業社會地位的肯定。可見，商周兩代並無抑商、貶商觀念。而且春秋時期衛文公之「訓農，通

〔註5〕　《管子・國蓄》。
〔註6〕　《管子・揆度》。
〔註7〕　《管子・國蓄》。

商，惠工」〔註8〕，晉文公之「通商，寬農，利器」〔註9〕，並不貶抑工商業者。

儘管《管子·小匡》有言：「士農工商，四民者，國之石民也。」原注曰：「四者國之本，猶柱之石也，故曰石也。」〔註10〕但此處總論四民為國之基礎，並未明言孰本孰末。要確定四民關係中的本末、輕重並進而在國家政策中予以抑揚的歷史問題，當不能不引述法家思想。法家集大成者韓非子，主張「困末作而利本事」，將從事「末作」的工商之民，與儒士、游俠、辯士、近臣等五類人並列為國之「五蠹」，並視其為覆邦亡國的蛀蟲。商鞅（前390年～前338年）的《商君書》主張獎勵耕戰，「使商無得糴，農無得糶」，則商人無貨，商人也只得去耕田。另外，「貴酒肉之價，重其租，令十倍其樸」，「重關市之賦」，以保證「草必墾」。〔註11〕據《史記·商君列傳》，商鞅在勸農耕織時說：「大小戮力本業耕織，致粟帛多者復其身」，「事末利及怠而貧者，舉以為收孥」，不勤於耕織，不僅不能免役，而且有淪為奴隸的危險。《商君書·外內》曰：「末事不禁，則技巧之人利，而遊食者眾之謂也。故農之用力最苦，而贏利少，不如商賈、技巧之人。苟能令商賈、技巧之人無繁，則欲國之無富，不可得也。」可見，在耕戰為先的思路中，法家將商業與農業看作不相容的兩方，並採取抑商立場。漢代晁錯向景帝提出「農本商末」。漢武帝時，張湯、桑弘羊主導「籠天下鹽鐵」，使「利歸於上」以實軍資，實行鹽鐵專賣的禁榷制度。後魏賈思勰《齊民要術·序》中雖云「資生之業，靡不畢書」，卻由於「捨本逐末，賢者所非。日富歲貧，飢寒只漸，故商賈之事，闕而不錄。」

隨著時代的發展，原來士、農、工、商「這種生業上的『本』、『末』之別，又成了職業者身份和社會地位的上下、高低之分」〔註12〕。《史記·貨殖列傳》中「本富為上，末富次之，姦富最下」之言，不僅有本末之別，還有姦末的道德評判之意。東漢王符以農為本，以遊為末；而「工」則致用為本，巧飾為末；「商」則通貨為本，鬻奇為末。農、工、商三業各有本末，各業的

〔註8〕 《左傳·閔公二年》。

〔註9〕 《國語·晉語》。

〔註10〕 黎翔鳳撰，梁運華整理：《管子校注》，中華書局，2004年版，第400頁。

〔註11〕 《商君書·墾令》

〔註12〕 吳仁安：《明代江南地區的商人和社會風尚》，《歷史教學問題》1988年第5期，第16頁。

道德狀況，均視其所行善惡而定，確具深察微辨之識。唐代儒者陸贄說：「夫理天下者以義爲本，以利爲末。本盛則其末自舉，末大則其本自傾。自古及今，德義立而利用不豐，人庶安而財貨不給，因以喪邦者，未之有也。」〔註13〕

第二節　士商互動

　　筆者擇取明清之際小說中的核心主題來考察，論題中主要涉及「士」、「商」以及「士」與「商」之間的「互動」三個重要範疇。以下略敘源流，重在爲正文中突出明清社會中「士商互動」新內涵作鋪墊。

一、釋「士」

　　中國傳統士人階層形成於春秋戰國時期。春秋時期，「士」爲最低級別的貴族階層，後來便下落於貴族以下、庶民之上，即孟子「下士與庶人在官者同祿」之意涵。據劉澤華先生的研究，戰國文獻中以「士」爲中心組成的稱謂和專用名詞，大致有百餘種，而根據士的特點、社會地位等，可分爲武士、文士、吏士、技藝之士、商賈之士、方術之士、其他等共七類。可見，由於士的成分過於繁雜，「士」只有一部分屬於文人或知識分子，而不能等同。不過，「士的核心部分是文士、方術士。正是在這個意義上，士可稱之爲知識分子」〔註14〕。

　　據《左傳·昭公七年》載，「天有十日」、「人有十等」，士是次於王、公、大夫而高於皂、輿、隸、僚、僕、臺的一個特定等級。《左傳》昭公七年引《環齊要略》云：「自營爲厶，八厶爲公，言正無私也。大夫者，夫之言扶也，大能扶成人也。士者事也，言能理庶事也。」《逸周書》卷二《程典解第十二》乃文王所作以告三臣者，其中有曰：「士大夫不雜於工、商，商不厚，工不巧，農不力，不可成治。士之子不知義，不可以長幼，工不族居，不可以給官，族不鄉別，不可以入惠。」〔註15〕劉向在《說苑·修文》中說：「安故重遷，謂之眾庶；辨然否，通古今之道，謂之士。」劉向認爲士具有歷史洞見，與普通老百姓根本不同。《說文解字》云：「士，事也；數始於一終於十，從一

〔註13〕　《陸宣公集·論裴延齡姦蠹書》。

〔註14〕　劉澤華：《先秦士人與社會》，天津人民出版社，2004 年版，第 14 頁。

〔註15〕　《逸周書》卷二《程典解第十二》，王雲五主編《叢書集成》初編本，第 44頁。

從十。孔子曰：推十合一爲士。」清人段玉裁《說文解字注》云：「學者由博返約，故云推十合一。」加上孔子「土志於道」的界定，可見作爲「士」，他代表德智雙彰的人格類型。清末四川雙流人劉咸炘（1896～1932，字鑒泉，號宥齋）平生著述，總爲《推十書》，書名即取《說文》載孔子「推十合一爲士」之義：「士，事也。從一從十，數始於一而終於十。子曰，推十合一爲士。漢書日，通古今，辨然不，爲士。更有儒生，以通地、人者爲士，以通天、地、人者爲王。蓋天、地、人三才，通於一、二、三、士、王諸字矣。原士之本義，止在學而居位者之冠耳，才爲所用者也。」

孟子云：「無恒者而有恒心者，惟士爲能。」失去貴族的土地、爵祿後，士仍能堅執士德士行，守持一種道德人格。尤其是作爲知識階層的士，更有著一定獨立的人格，即「沒有固定的人身依賴關係，在社會上有流動的自由，有選擇職業的自由，有獨立思想的自由」〔註 16〕。士跟知識和人格有天然聯繫，士天然地代表著一種對傳統精神道德的執著追求，不爲物質利誘和世俗權貴所桎梏、所左右，謹守個人修養，護持養成的精神，如「士爲知己者死」、「士可殺不可辱」、「志士不飲盜泉之水」，等等。

春秋戰國時期，養士之風盛行，士人的身份出現多元化。隨後，則漸漸融合，士人的文人性質越來越強，職能卻越來越複雜，士扮演著政府官員、知識技能的傳承者以及宗族名望成員這樣的三重角色。最後，宗族角色漸漸淡化，官僚與學者的雙重身份被相對固定下來。正如閻步克先生指出的那樣：「中國古代知識分子並不是游離於社會政治系統之外的智者哲人群體。他們與官僚政治有著盤根錯節的關係。封建官僚制之所以異於現代官僚制，也在於不是以單純的專業人員，而是以士大夫爲其官員的主要來源。士大夫兼有知識分子與行政官員的二重角色，古代知識群體的許多根本特徵便因此而生。」〔註 17〕這樣，在長期的中國君主專制社會下，「士」可以泛指官僚與學者，有時也用「士大夫」、「官僚士大夫」、「文人士大夫」等稱謂強調「士」職能的不同側面。比如，隋唐代以後，由科舉選拔官僚，科舉選士同時造成士人的文人化形象，故有「文士」之稱，亦有「文人士大夫」連稱現象。

一般認爲，「士大夫」之稱源自科舉制度的推行，士大夫階層本身帶有非

〔註 16〕 劉澤華：《先秦士人與社會》，天津人民出版社，2004 年版，第 15 頁。
〔註 17〕 閻步克：《士大夫與官僚制》，《閻步克自選集》，廣西師範大學出版社，1997 年版，第 161 頁。

純粹的貴族性質。正如島田虔次所言:「在六朝隋唐的貴族時代宣告結束、近世的君主獨裁制確立起來的同時,代替貴族而成為政治、社會支配勢力的,是所謂的士大夫。士大夫,其完美形態可以預想得到的,即通過科舉可以成為進士——官僚那樣的教養階級。」〔註18〕在士大夫階級中,「大部分吸收了庶民的要素」,「他們在家幾乎毫無例外地是地主,同時在社會上又是享有特殊的禮遇的特權階級」,而「如果從普遍史的觀點來看,士大夫畢竟屬於近世前期性的類型,雖然在近世他們卻是阻礙近世發展的集團」。〔註19〕島田氏比較認同宮崎市定對「近世士大夫」的是「比中世貴族更貴族化的貴族」的說法。宮崎氏認為士大夫,泛指官職經歷包括在職官員與退休鄉紳,以及未入仕而持有功名身份者包括舉人、監生、生員等。〔註20〕巫仁恕認為,「士人」主要指生員〔註21〕,明代一般指第一類,文獻上也常見包括第二類人的定義。

　　王水照認為,「宋代士人的身份有個與唐代不同的特點,即大都是集官僚、文士、學者三位於一身的複合型人才,其知識結構一般遠比唐人淹博融貫,格局宏大。……政治家、文章家、經術家三位一體,是宋代『士大夫之學』的有機構成。對傳統文化的傾心汲取是當時作為　個士人起碼的也是最重要的要求,因而對文化載體的書籍的研習,特別是憑藉印刷術的發達,其所達到的深入普遍的程度,也為前代所罕見。」〔註22〕蘇軾名文《石鍾山記》第三段中,將「士大夫」與「漁工水師」對舉:「事不目見耳聞,而臆斷其有無,可乎?酈元之所見聞,殆與余同,而言之不詳;士大夫終不肯以小舟夜泊絕壁之下,故莫能知;而漁工水師雖知而不能言。此世所以不傳也。」陸游《冬夜讀書示子聿》中「紙上得來終覺淺,絕知此事要躬行」之句,一方面說明「士大夫」階層「紙上得來」的讀書之必要,另一方面還強調了「躬行」實踐的重要。

〔註18〕　〔日〕島田虔次著,甘萬萍譯:《中國近代思維的挫摺》,江蘇人民出版社,2005年版,第119頁。

〔註19〕　〔日〕島田虔次著,甘萬萍譯:《中國近代思維的挫摺》,江蘇人民出版社,2005年版,第120頁。

〔註20〕　轉引自巫仁恕:《品味奢華:晚明的消費社會與士大夫》,中華書局,2008年版,第55頁。

〔註21〕　巫仁恕:《品味奢華:晚明的消費社會與士大夫》,中華書局,2008年版,第56頁。

〔註22〕　王水照:《宋代文學通論》,河南大學出版社,1997年版,第27頁。

由於明清社會是一個科舉選官社會，因此筆者此處所指之「士」，即指「士階層」，亦可用「士大夫」的稱謂來通稱。士階層不僅包括已仕之官即普通所謂的「官」，還包括未仕的讀書人即通常所謂的「士子」、「舉子」等，也包括退休居鄉的「紳」。這各類「士」，作為傳統社會的知識人，控制著傳統中國絕大部分政治、文化資源以及一定的經濟資源，在典型的「四民社會」乃至漫長的君主專制社會中，「士」恒居實質上的首位。

二、述「商」

商，有時又稱「賈」、「商人」、「商賈」等，俗稱「商販」、「買賣人」、「生意人」等。古代「商賈」二字並稱，可參《周禮・天官・太宰》，云：「商賈，阜通貨賄。」鄭氏注曰：「行曰商，處曰賈。」這是後世「行商」、「坐賈」之別較早的經典根據。《白虎通》卷七《商賈》篇進一步解釋為：「商賈，何謂也？商之為言商也。商其遠近，度其有亡，通四方之物，故謂之商也。賈之為言固也。固其有用之物，以待民來，而求其利者也。行曰商，止曰賈。」〔註23〕據此，則商、行商，指無固定營業地點、行走四方的販運商人；賈、坐賈，指有固定營業地點、坐店買賣的商人。據《漢書・董仲舒傳》，持「正其誼不謀其利」觀點的董仲舒指出：「《易》曰：『負且乘，致寇至。』乘車者，君子之位也；負擔者，小人之事也。此言居君子之位而為庶人之行者，其禍患必至也。」〔註24〕負擔者，亦即貨郎擔之類的小商販。

商人的分類有多種，有根據「是否承擔政府經濟任務」而將商賈分為官商與民商兩大類〔註25〕，亦有根據資產多少分為大商人、中等商人、小商小販，也有根據資本運營方式將商人分為行商、坐賈、貨郎擔，等等。

筆者於本書所指之「商」，泛指巨商富賈、小商小販、遊擔走販等所有從事賤買貴賣、製作售賣等活動的工商業者，同時也部分地包括那些憑一技之長而靠傭工生活的人。

三、「士商互動」之界定

如前所述，學界對明清之際士商關係轉變的研究積累了不少成果，就「士」與「商」之間的「互動」就提出了多種說法，如「士商互動」、「士商

〔註23〕 陳立撰，吳則虞點校：《白虎通疏證》，中華書局，1994年版，第346頁。
〔註24〕 班固：《漢書》，中華書局，1962年版，第2521頁。
〔註25〕 經君健：《明清時代山西商人的性質問題》，《文史研究》1994年第1、2期。

互滲」、「士商交往」、「士商互識」、「士商相混」等。

　　筆者雖採用「士商互動」的說法，但謹慎地認為還應予以學術界定。從內涵上看，「士商互動」至少包括三個層面：一是社會學意義上的社會分層與社會流動層面上，作為社會活動主體的「士」與「商」之間的身份轉換；二是社會活動層面上，「士」與「商」之間的牴觸、合作、聯姻、依附；三是政治層面上，「士」與「商」的非正常合作，包括政商合一、官商勾結。如果說（1）商而優則學，或登科入仕，或立身於儒商之境；（2）士而優則商，或以商為聚資手段，或以商戰為樂而經商為人生目的，此兩種情況為士商互動的良性方面的話；那麼，（3）商賈與官僚士大夫之間的權錢交易，捐納盛行，常常造成政道不通，治道冗下；（4）官商勾結，「紅頂商人」為官兼為商，往往引致吏治腐敗，拜金主義盛行，此後兩種情況則為士商互動的惡性方面。

　　為了進入這一論域，筆者所採用的主要資料是文學作品，兼及思想史資料，旨在通過「文史互證」的方式，全方位地透視明清之際社會變遷中「士」與「商」兩個階層之間的「互動」情況，探討其原因與可能影響。其實，就糊口的權宜之計上，業商與習儒有著手段上的相同點。但在終極目的上，二者卻有著天淵之別。但由於傳統社會「以士為高」、官本位的社會政治模式、社會心理等的影響下，世人的終極價值追求基本趨同化，「科舉入仕」這一無形指揮棒，在理想層面引導著社會眾民的祈向，沉澱成為傳統社會的「集體無意識」。在現實社會中，由於種種原因，科舉入仕、光宗耀祖的祈向，竟然有時成為世人魂牽夢繞、始終走不出、衝不破的「夢魘」。「士」與「商」這兩個階層，最後竟然於此一時段相互融合、滲透，密切互動，這確實集中反映了社會轉型時期的複雜性。

第二章　「士商對流」

　　學界一般認為，明代萬曆以後中國思想文化領域內出現了較大的轉變。其中，在士風的變化上，初始於弘治至嘉靖年間的吳中這樣一個世風變化較快的敏感地區。在敏感的吳中，曾於此轉變期醞釀出了「一群徘徊於儒士的傳統生活模式與世俗人生之間的士人」〔註1〕。明代中晚期以降，士人和商人之間緊張的對立關係出現鬆動，甚至還出現了一個「相向流動的傾向」即「士商對流」。〔註2〕邵毅平先生曾將「士商對流」分為棄儒為商、亦儒亦商、由商入儒三種情況，對筆者啓發很大。筆者認為，明清之際社會異動中，在「良賈」和「閎儒」之間發生的「商」與「士」的身份轉換，似乎可用「士商對流」來概括。現將根據相關文史資料，對「士商對流」的情形略作展開。

第一節　由「士」轉「商」

　　在生計的日益多樣化、世俗生活情趣日益彰顯的明清之際，由於世風的轉變，帶來觀念的變化，傳統綱常觀念動搖了，禮制約束開始出現空前的鬆動，加上商人地位的提高，由此引發了人生價值取向上種種新的動向。許多士人若不能耕讀仕進，便會從處館、幕賓、賣文、醫、卜、工、商等傳統「賤

〔註 1〕 羅宗強：《弘治、嘉靖年間吳中士風的一個側面》，《中國文化研究》2002 年冬之卷，第 17 頁。

〔註 2〕 邵毅平：《文學與商人：傳統中國商人的文學呈現》，上海古籍出版社，2010 年版，第 71 頁。

業」中獲取謀生之源。「士」與「商」之間也出現了空前的接近。〔註3〕中晚
明棄學經商風氣說明，「在商品經濟的衝擊下，明代中後期的讀書人已在擺脫
單一的科舉致仕的觀念，尋找到了一條既能體現自身價值，又可解生活之困
的途徑」〔註4〕。士人的棄儒就賈風氣，造成大量士人滲透到商人階層，客觀
上提高了商賈階層的文化素養。

一、棄儒從商

明代中後期，棄儒從商成為社會上的普遍現象。十六世紀時曾有人指
出：「士而成功也十之一，賈而成功十之九」。〔註5〕據重田德研究，僅以江西
婺源一縣而言，清代「棄儒就商」的實例不下四五十個。〔註6〕方志遠先生通
過研究發現，在1700多位有關明清江西商人的資料中，約有350位即20%左
右屬於棄學經商或棄教經商。〔註7〕邵毅平先生認為，在傳統中國社會裏的
「棄儒為商」，或「棄讀就商」，或「棄文從商」的現象，是一種「向下的『墮
落』」，原因在於，「部分士人有可能進入統治階層，而一般的商人則根本無
此可能性」；不過，「士人階層中的廣大下層士人，儘管也有進入統治階層的
希望，但事實上甚少可能性。於是處在不上不下的處境裏，有時生活也會
發生問題，反不如有經濟實力的商人來得舒服。於是很多士人因此而不得不
改變身份，進入以前他們所看不起的商人階層」。〔註8〕從棄儒從商的具體
狀況而言，方志遠等認為可以分為四種情況：（1）家貧無力業儒，自己或甘
願身歷艱危經商賺錢贍養義務，或受父母之命被改儒業賈；（2）業儒不售，
在金錢利欲的刺激下棄而經商；（3）繼承祖、父故業；（4）絕意仕進，罷學

〔註3〕 羅宗強先生說：「為仕不成可以入賈，不入賈還可以賣書、賣畫、賣詩、賣文。
士人的生活出路有了多種的選擇，或者說，有了退路了。事實上，弘、嘉前
後，士、農、工、商的界限在有的地方，有的人身上，已經開始消失。」參
羅宗強撰《弘治、嘉靖年間吳中士風的一個側面》（《中國文化研究》2002年
冬之卷，第21頁。）一文。
〔註4〕 方志遠，黃瑞卿：《再論明代中後期的棄學經商之風》，《江西師範大學學報》
1993年第1期，第70頁。
〔註5〕 《南豐志》第五冊「百歲翁狀」，引自《明清徽商資料選編》第788條，第251
頁。
〔註6〕 重田德：《清代社會經濟史研究》，東京，岩波書店1975年，第294～349頁。
〔註7〕 方志遠：《明代城市與市民文學》，中華書局，2004年版，第104頁。
〔註8〕 邵毅平：《文學與商人：傳統中國商人的文學呈現》，上海古籍出版社，2010
年版，第72頁。

就賈。〔註9〕

那麼，為什麼在明代中後期棄學經商蔚然成風？這與當時發達的商品經濟及其衝擊有無關係？人們輕商、賤商觀念的變革又是怎樣漸染漸成的？黃瑞卿先生認為，中晚明的棄學經商有以下幾方面原因：（1）商品經濟的發展和商業資本力量的加強，提高了商人的社會地位，「社會各階層尤其是統治階級的中上層對商人和商業的作用有了比較客觀的認識和評價，傳統的『農本工商末』思想遇到了挑戰。明代中後期為商業辯護的官僚士大夫顯著增多，『辯商』、『護商』成為一股較強的社會思潮」〔註10〕，「傳統的輕商、賤商觀念的變革，既反映了商人社會地位的提高，同時也就從思想上解除了眾多士子棄學從商的壓力和包袱」〔註11〕，「商人憑藉富厚的資本，開始『與縉紳先生列坐抗禮』」〔註12〕；（2）「明代中後期社會上掀起的拜金主義思潮，引發並擴展了趨錢附利的社會風氣，在實踐上突破了士子『謀道不謀食』的信條」〔註13〕；（3）「科名難求，仕進無門。明代中後期，一方面是科舉制度陷入死胡同，陋弊叢生；另一方面，發達的商品經濟蕩滌著傳統的迂腐觀念」〔註14〕，許多讀書人再不苦守皓首窮經的仕進一途，當讀書看看不濟時便另尋出路；（4）「官商成風，是導致眾多士子棄儒經商、捨本逐末的強大外在動力」〔註15〕，他們覺著棄學經商與做官求錢其實途殊而歸同；（5）「區域經濟的發展，促進了人口的增殖繁衍，同時又加劇了一些地區人稠與地狹的矛盾」〔註16〕。

〔註 9〕 方志遠，黃瑞卿：《再論明代中後期的棄學經商之風》，《江西師範大學學報》1993 年第 1 期。

〔註10〕 黃瑞卿：《明代中後期士人棄學經商之風初探》，《中國社會經濟史研究》1990 年第 2 期，第 35 頁。

〔註11〕 黃瑞卿：《明代中後期士人棄學經商之風初探》，《中國社會經濟史研究》1990 年第 2 期，第 36 頁。

〔註12〕 黃瑞卿：《明代中後期士人棄學經商之風初探》，《中國社會經濟史研究》1990 年第 2 期，第 36 頁。

〔註13〕 黃瑞卿：《明代中後期士人棄學經商之風初探》，《中國社會經濟史研究》1990 年第 2 期，第 36 頁。

〔註14〕 黃瑞卿：《明代中後期士人棄學經商之風初探》，《中國社會經濟史研究》1990 年第 2 期，第 37 頁。

〔註15〕 黃瑞卿：《明代中後期士人棄學經商之風初探》，《中國社會經濟史研究》1990 年第 2 期，第 37 頁。

〔註16〕 黃瑞卿：《明代中後期士人棄學經商之風初探》，《中國社會經濟史研究》1990 年第 2 期，第 38 頁。

以上誠爲不易之論，筆者打算從另一角度進行分析。

（一）世家中落

俗語云：「富不過二代。」儘管有「耕讀傳家久，詩書繼世長」式封建家庭的傳繼之道，但也不能長保家計不衰。官宦家庭，也難保不中落。世家敗落後，在「內部」的「壓力」下，在生計與前途的抉擇中，有一部分選擇了商道。尤其是到了本書所關注的明代中晚期，商人階層的身份意識也開始覺醒，對士人形成一種「外向」的「引力」，棄儒營商的人數明顯增加，讀書應舉之外的商途，成爲許多士子實現自我價值的一個重要退路。

1.「家道消乏」

世家大族中落，原習儒業的子弟在面對謀生乃至發家致富時，那些富有冒險精神、受到社會風氣影響、有一定的援助或財力的強者，往往選擇了從商之途。原因即在於，商業經營被視爲勞苦少而獲利多的職業：「農事之獲，利倍而勞最，愚懦之民爲之；工之獲，利二而勞多，雕巧之民爲之；商賈之獲，利三而勞輕，心計之民爲之；販鹽之獲，利五而無勞，豪滑之民爲之。」〔註17〕

家庭成員中，經商的父親如果早逝，兒子尤其是長子常常會被母親勸說操故業，丟棄書劍而步入商海。明代歙縣人程長公，年少時「從鄉先達受詩」，因「父客死淮海」，母親卻道：「孺子病且無以爲家，第糊口四方，毋繫一經爲也。」程長公「乃結舉宗賢豪者得十人，俱人持三百緡爲合從，賈吳興新市」。他三子的遺言，即命其「就學」以「成名」：「吾故業中廢，碌碌無所成名，生平慕王烈、陶潛爲人，今已矣。爾問仁、問學，業已受經；即問策幼沖，他日必使之就學。凡吾所汲汲者，第欲爾曹明經修行，庶幾古人。吾倍爾曹，爾曹當事自此始。毋從俗，毋用浮屠，毋廢父命，吾瞑矣」。對此，汪道昆說：「余惟鄉俗不儒則賈，卑議率左賈而右儒，與其爲賈儒，寧爲儒賈，賈儒則狸德也，以儒飾賈，不亦蟬蛻乎哉！」〔註18〕即使父親健在，受父親影響，爲減輕父親行商之苦，也有可能放下手中的書。像清代婺源太學生潘觀光就是如此，當他十八歲時，「念父經營勞瘁，棄儒就賈」〔註19〕。

〔註17〕顧炎武：《天下郡國利病書》卷十六《江南・常熟縣・效聚》。

〔註18〕汪道昆著，胡益民、余國慶點校，予致力審訂：《太函集》卷之六十一《明處士休寧程長公墓表》，黃山書社，2004年版，第1268頁。

〔註19〕吳鶚：《人物・孝友》，《婺源縣志》卷30，光緒九年刊本。

　　《初刻拍案驚奇》的編者凌濛初，他明明知道「轉運漢巧遇」云云，完全是事實上不存在的子虛烏有，主人公名叫「文（聞）若虛」，便是要你聽了故事，不必信以爲眞有海外尋龜的奇遇。該篇結尾詩的最末了兩句云：「莫與癡人說夢，思量海外尋龜。」不過，張大、李二這類合夥人的名字，一望而知其爲普通人的代用符號，而「轉運」故事正是發生在這類普通海商身邊。只要敢於設想，一切皆有可能。「轉運漢」的原型故事本之於《涇林續記》，但《涇林續記》上的本事，不僅記載簡略，而且對閩廣通番商人譏稱以「奸商」，如開頭即說：「閩廣奸商慣習通番；每一舶推豪富者爲主，中載重貨，餘各以己資市物，往牟利恒百餘倍。」經凌濛初加入晚明的生活經驗與商業智慧改編創造後，該故事成爲商人「巧遇」並「轉運」的最富有時代氣息的商賈小說之一。「凌濛初不僅肯定了這些商人冒死出海掙錢的膽略與勇氣，還仔細描寫了買賣雙方講價還錢的微妙心理與言行」〔註20〕，將海外貿易、商人一本萬利、一夜暴富的夢想諸如此類商賈小說的主題，全部都集中在一個棄儒經商而又僥倖成功的故事裏，顯示了他的非凡見識與高超的藝術表達能力。「二拍」之創作，本出於書坊主的策劃，以謀如「三言」暢銷之利，加之在書坊中活躍的文化人凌濛初欲借閒筆以吐胸中錦繡，抒久羈場屋之鬱情。所以，「二拍」中兼具通俗娛眾、鋪陳炫才之成分，它無疑是文士與書商之意互動的產物。而這一創作性質多於改編性質的話本故事集中，反映士人榮第之喜，是創作者心底的衝動；反映商人發跡變泰，是愛看話本故事的市井階層的趣味中心。

　　婺源人董邦直，兄弟五人都習儒業，後由「食指日繁」，乃「奉父命就商」。〔註21〕歙商吳繼善，九歲而孤，本可「受經爲儒」，母親勸他「儒固善，緩急奚賴耶」？他反省後說：「儒者直孳孳爲名高，名亦利也；藉令承親之志，無庸顯親揚名，利亦名也。不順不可以爲子，尙安事儒？乃今自母主計而財擇之，敢不惟命！」〔註22〕於是，東走吳淞江販賣「泉布」，由此起家。母親戴孺人笑道：「幸哉！孺子以賈勝儒，吾策得矣。脫或堪輿果驗，無憂子姓不儒。」〔註23〕他的棄儒業賈，改變了家庭的窘境。福建晉江人黃繼

〔註20〕傅承洲：《明清文人話本研究》，人民文學出版社，2008年版，第207頁。
〔註21〕光緒《婺源縣志》卷29。
〔註22〕汪道昆著，胡益民、余國慶點校，予致力審訂：《太函集》卷之五十四《明故處士溪陽吳長公墓誌銘》，黃山書社，2004年版，第1143頁。
〔註23〕汪道昆著，胡益民、余國慶點校，予致力審訂：《太函集》卷之五十四《明故

宗，「幼慧，習舉業。既長，父沒，家貧，稍治生」；而同鄉張志立四個兄弟均早逝，作為獨子，又「家徒四壁」，「不忍父之垂白，內顧饔飧，而外傷諸男」，於是「捨儒就賈」。他們輟學就賈，多因貧而不因自己的智力不濟或意志不強，比如晉江楊宗敘即「幼警敏」，而安平人楊喬「十歲通經史大義」，均因養家糊口而「輟儒業，爲貿遷計」，走上賈業一途。〔註24〕

文學生態中，那些加入商途的世家子弟，情況各異。像《喻世明言》卷十八《楊八老越國奇遇》中的楊復，「讀書不就，家事日漸消乏」，就「湊些資本，買辦貨物，往漳州商販，圖幾分利息，以爲贍家之資」。而《警世通言》卷二十三《樂小舍拼生覓偶》中臨安府樂家，「原是賢福坊安平巷內出身，祖上七輩衣冠。近因家道消乏，移在錢塘門外居住，開個雜色貨鋪子」。《無聲戲》第四回《失千金福因禍至》中的南海縣「儒家之子」秦世良，「少年也讀書赴考，後來因家事蕭條，不能糊口，只得廢了舉業，開個極小的鋪子，賣些草紙燈心之類」，苦捱過日子。然而，小本買賣，「捱到後面，一日窮似一日，有些過不去了」，才向當地富商楊百萬借貸。當他經商遇到疑難失了本錢之後，又重操儒業，「糾集幾個蒙童學生處館過日」，還被人戲稱「老財主」。最後，秦世良因禍得福，「銀子被人冒認了去，加上百倍送還，這也夠得緊了。誰想遇著的拐子，又是個孝順拐子，撞著的強盜，又是個忠厚強盜，個個都肯還起冷帳來」，又與富商聯姻，「直富了三代才住」。

有些還敘述了他們的經商成功，像《醒世恒言》第十卷《劉小官雌雄兄弟》中的劉奇，「自幼攻書，博通今古，指望致身青雲。不幸先人棄後，無心於此」。後來，認劉公爲義父，幫其打理生意。劉公亡故後，與兄弟劉方開起了布店，因「少年志誠，物價公道」，一二年間便「掙下一個老大家業」。

與此相同，有些故事還將他們商業的成功與個人的品質結合起來。《西湖二集》第二十九卷《祖統制顯靈救駕》中的越州商人曹龍江，「雖做生意，幼年也曾業儒，因父母亡後家道零替，只得拋了書本，出外學做生意」，生性心直口快，與文武雙全的祖域甚是相得，「日夕談笑不倦」。在曹龍江染上傷寒症後，祖域「親自與他煎藥調理，灌湯灌藥，就如親骨肉一般」，「便是屙屎溺尿，也不嫌其臭穢」，真是一心調理好友的病。曹商病故後，祖域爲之擇地

處士溪陽吳長公墓誌銘》，黃山書社，2004 年版，第 1143 頁。
〔註24〕 乾隆《泉州府志》卷五十九《明篤行》。

—22—

葬埋，將其所藏銀子帳目原封不動返回其幼子。這類故事，同當時社會的「儒商」風氣相呼應，某種程度上也反映了地方「商幫」興起的現實。

我們甚至還可以從這類商人成功的例子中，讀到超自然神力在商業成功方面的作用。《二刻拍案驚奇》卷三十七《疊居奇程客得助　三救厄海神顯靈》所載故事中的主人公程宰，因「世代儒門，少時多曾習讀詩書」，他有表字即「士賢」行世，當與他儒門出身有關。他和兄弟程崇一起早入商界，千里迢迢地「到遼陽地方爲商，販賣人參、松子、貂皮、東珠之類」，這當與「徽州風俗」這個大環境有關係，因爲當地「以商賈爲第一等生業，科第反在次著」，難怪正話中沒有談「習讀詩書」的程氏兄弟的科舉之事。商人也以其誠心贏得神女的垂青，而取得商業的成功，這一方面是商人的「白日夢」，另一方面也是文人著意塑造的社會的「黃金夢」。皇權專制社會中，「世間數百年舊家無非積德，天下第一件好事還是讀書」、「一等人忠臣孝子，兩件事讀書耕田」是主流價值觀，而這類成功敘事模式，竟公然樹立異於主流社會的價值觀，代表了社會變遷中的一種「異動」。

2. 探異索奇

由於從事商業經營有著較大的流動性，有些文人士大夫，閒居無聊，打算看看海外奇異風景，或見見京師等大地方盛大場面，他們也會順便偶然性地經商。雖然係偶然的機遇，亦極可能獲得成功，最後又極可能看到他們欣然地加入了從商隊伍。

海外貿易往往充滿著新奇與刺激，百無聊賴的文人在商賈的敦促甚至牽引下，有時也會走上探異索奇的經商之路。《初刻拍案驚奇》卷一《轉運漢遇巧洞庭紅　波斯胡指破鼉龍殼》就描述了海外貿易的情景，而故事中的文實由「倒運漢」到「轉運漢」的發際，全仗一次看似偶然的海外奇遇。

故事中的文實，一日看見「走海泛貨」的鄰近四十餘人，「合了夥將行」，他曉得後想道：「一身落魄，生計皆無。便附了他們航海，看看海外風光，也不枉人生一世。況且他們定是不卻我的，省得在家憂柴憂米的，也是快活。」在經歷風濤之險後，船「隨風勢漂去」，被吹到一個無人的空島邊。他不願「守風呆坐，心裏焦燥」，決定到荒島上一走：「卻說文若虛見眾人不去，偏要發個狠板藤附葛，直走到島上絕頂。」當他登上島，「四望漫漫，身如一葉，不覺淒然弔下淚來」。然而失望與淒然之餘，新的轉機也出現了。他在荒島上看到床大一個敗龜殼，不覺大驚道：「不信天下有如此大龜！世上人那裏

曾看見？說也不信的。我自到海外一番，不曾置得一件海外物事，今我帶了此物去，也是一件希罕的東西，與人看看，省得空日說著，道是蘇州人會調謊。又且一件，鋸將開來，一蓋一板，各置四足，便是兩張床，卻不奇怪！」就脫下兩隻裏腳接了，穿在龜殼中間，打個扣兒，拖了這個帶有「到此一遊」意義的物什便走。沒料到這個對象竟給文實換得數萬金財產，他也從此告別了不如意的儒業。故事中給讀者留下的想像空間，便是他未來輝煌的商途。

商人子弟如果不問生意之事，單以讀書爲業，難免從父輩身上生發一些商遊之樂的想像，時節因緣一到，便會棄書從商。《無聲戲》第十一回《兒孫棄骸骨僮僕奔喪》的福建泉州府同安縣以經商爲業的百姓單龍溪，「單在本處收荔枝圓眼，到蘇杭發賣」，家中只有幼子、遺孫單玉與遺生，「兩個同學讀書，不管生意之事」，因義男百順，寫得一筆好字，打得一手好算，「時常帶在身邊服事，又相幫做生意。百順走過一兩遭，就與老江湖一般慣熟」。但龍溪不太相信百順，打算「生前把兒孫領出來，認一認主顧」，以後好討帳時防止百順打偏手，也讓「受些出路的風霜，爲客的辛苦，知道錢財難趁，後來好做人家」，省得「將來書讀不成，反誤他終身之事」。故事中的單玉與遺生，「聽見教他丟了書本，去做生意，喜之不勝。只道做客的人，終日在外面遊山玩水，風花雪月，不知如何受用，哪裏曉得穿著草鞋遊山，背著被囊玩水，也不見有什麼山水之樂。至於客路上的風花雪月，與家中大不相同，兩處的天公竟是相反的。家中是解慍之風，兆瑞之雪，娛目之花，賞心之月；客路上是刺骨之風，僵體之雪，斷腸之花，傷心之月」。這兩個在家養尊處優，耐不過奔馳勞碌，到了地頭，水土不服，又一齊生起病來，只嘗一點客商之苦，他們就認爲遭受不輕，從而嗟怨不已。

（二）屢試不售

明清社會讀書人的數量大大增加，而科舉之途日趨擁堵，「士而成功也十之一」，讀書而不能入仕途，則無疑會淪落入市井之流，難怪歸莊（1613～1673，字玄恭）歎息說：「蓋今之世，士之賤也，甚矣！」〔註25〕於是常常可見文人隱於商，其原因大概不難想像：一爲消遣，商遊自娛，以改換陳腐的生活方式；二爲轉移鬱悶，擺脫仕途不暢帶來的社會與心理的雙重負載。

〔註25〕 歸莊：《歸莊集》卷六《傳硯齋記》，上海古籍出版社，2010 年版，第 360 頁。

1. 仕途擁塞

科舉之途漫長而艱難，許多舉人士子在這條道路上耗掉了大半生，很多時候恰好正是葉盛（1420～1474，字與中）《水東日記》所言「五十餘年做秀才，故鄉依舊布衣回」的情形，甚至竟然齎志以沒。明代名士文徵明（1470～1559）10 次鄉試不中，他的曾孫文震孟（1574～1636，字文起）11 次禮闈始折桂。更有甚者，成名後「海外諸國爭走重金購詩集」的明人沈德符，曾「歷歲科試凡三十餘次」，直到 68 歲近古稀之年始成進士。嘉、道年間的名士包世臣（1775～1855，字慎伯），「六赴秋闈」方成舉人，後 13 次入都會試，直到歇手時已 61 歲。〔註 26〕清末海寧人陳其元（1812～1882，字子莊），15 次秋闈才勉強得中。

小說家對科場的描述與議論，有不少場景敘述也很能說明科考的艱難。《貪欣誤》第六回《狂妄終陰籍 貪金定損身》中說道：「天下讀書人，十載寒窗，苦心勞志，只求個一舉成名，顯親揚姓。但其中升沉不一，潛見不同，也有未經琢磨，少年科甲，一節打通者；也有用盡苦工，中年得意，後享榮華者；也有終歲窮經，暮年一第，受享無多者；也有馳名一世，屢困場屋，到老不達者。」這些充滿諸多變數的情形，應該是科場中的常態。《警世通言》卷十七《鈍秀才一朝交泰》中的「鈍秀才」馬德稱，雖 15 歲進場，卻屢困場屋，生活困窘，「日無飽餐，夜無安宿」，32 歲時才「一朝交泰」中了進士。第十八卷《老門生三世報恩》中的鮮于同，早展才華，「八歲時曾舉神童，十一歲遊庠」，57 歲「鬢髮都蒼然了，兀自擠在後生家隊裏，談文講藝」，被後生視為「怪物」，「以為笑具」，是年中舉仍被眾人耍笑、厭棄，直到 61 歲會試中榜，才徹底改變世人眼中的形象。

歸有光（1507～1571，別號震川）說：「天下士歲試南宮者，無慮數千人，而得者十不能一。」〔註 27〕這並非虛語。科考的「中獎率」之低，科舉之途的擁塞，恰如文徵明在《三上陸家宰書》中指出的那樣：「略以吾蘇一郡八州縣言之，大約千有五百人。合三年所貢，不及二十；鄉試所舉，不及三十。以千五百人之眾，歷三年之久，合科、貢兩途，而所拔才五十人。夫以往時，人材鮮少，隘額舉之而有餘，顧寬其額，祖宗之意，誠不欲以此塞進賢之路

〔註 26〕 參見張海英：《明中葉以後「士商滲透」的制度環境——以政府的政策變化為視角》，《中國經濟史研究》2005 年第 4 期，第 137 頁。

〔註 27〕 歸有光：《震川先生集》卷之十九《曹子見墓誌銘》，上海古籍出版社，2007 年版，第 467 頁。

也。及今人材眾多，寬額舉之而不足，而又隘焉，幾何而不至於沉滯也？故有食廩三十年不得充貢、增附二十年不得升補者。其人豈皆庸劣駑下，不堪教養者哉？顧使白首青衿，羈（羈）窮潦倒，退無營業，進靡階梯，老死牖下，志業兩負，豈不誠可痛念哉！」〔註28〕這說明，蘇州一郡科考生員長期科試不售，造成大量底層士人仕途沉滯，加上長期只讀「制藝」就會毫無生計能力，所以如果沒有雄厚的「家底」作保障，他們在生活中往往會處於進退兩難的境地。科考「中獎」之難，實如《醒世恒言》卷二十《張廷秀逃生救父》中趙昂所言：「每科普天下只中得三百個進士，就如篩眼裏隔出來一般，如何把來看的恁般容易？」

針對晚明科舉之弊，批評之語，交章於後。然而一旦科舉路絕，許多士子又會因才華無法發抒而喟然歎息，「望蒼天而興歎，撫龍泉而狂叫」，「士懷才不遇，蹭蹬厄窮，而至願為優伶，手琵琶以求知於世，且願生生世世為一目不識丁之人，真令人慷慨悲歌、泣數行下也」。〔註29〕《豐南志》第五冊《百歲翁狀》中至有客商「士而成功也十之一，賈而成功也十之九」之言。讓人更覺驚奇的，是那些「初業進士」者，由於轉而「殫策」於商遊，「六十餘年，十致千金」。〔註30〕這極有可能刺激那些千軍萬馬「擠」科舉仕進「獨木橋」的士子們，從眼前困境暫移目觀瞧，展拓人生取擇路徑，並可能生發多元化的治生觀念，甚至走上商途。

2. 窮士「急日前之急」

因「家無擔石，室如環堵」而傷世歎窮，於儒士為常見之事。明儒吳與弼因窮極無聊，「近晚往鄰倉借穀，因思舊債未還，新債又重，此生將何如也」〔註31〕！明清之際的思想家顏元亦常靠接濟度日，他曾歎惜道：「生絕天性之倫，惟恃朋友以延日。」魏帝臣出資為其蓋房備料，且有「度貧之薪米，家藏之珍味」。他的好友趙太若常資助他錢糧衣物，「求如吾兄之憐愛我，匡扶我，切劚我者，二十年不得一人」！〔註32〕清代樸學大師戴震（1724～1777，

〔註28〕文徵明：《文徵明集》卷第二十五《三學上陸冢宰書》，上海古籍出版社，1987年版，第584～585頁。

〔註29〕湖海士：《西湖二集序》。

〔註30〕張海鵬、王廷元主編：《明清徽商資料選編》，黃山書社，1985年版，第251頁。

〔註31〕黃宗羲：《明儒學案·崇仁學案》，《黃宗羲全集》第7冊，第12頁。

〔註32〕顏元：《顏元集》，中華書局，1987年版，第541頁。

字東原），也貧困得幾乎稀飯也喝不上，過著「饘粥或不繼」的困頓日子。清代道光、咸豐年間的儒者許葭村，更是以借錢度日聞名於名。

處窮困之中，為儒士之常。那些德行節操超卓者，尚有得到富貴人家接濟的可能。大部分士人只能「求人不如求己」，沉淪無聊之極之時，不得不重新思索人生路向的抉擇問題。明代江右王門學派的代表人物羅洪先（1504～1564，字達夫，號念庵），在為吉安府吉水縣商人周松岡作墓誌銘時，說周松岡因「總角失怙，與兄業儒。弟才數歲，母寡居，力不給」〔註33〕，在或「儒」或「商」之間斟酌：「使予而儒，母氏劬劬；使予而商，身劬母康。吾何擇哉？」〔註34〕周松岡終於還是捨棄了儒業，「獨力走楚之漢川，貨人子母錢，居奇化滯。久之，諸用漸舒，兄得卒業儒，弟妹婚嫁咸有倚」。〔註35〕一人作出犧牲，全家有了經濟保障，孝親悌弟的倫理實踐也有了經濟基礎。

明代故事集《生綃剪》，係多個作者完成，其中第十一回的作者是鈍庵，他在該回開頭云：「嘗論世間，除出那干名犯分的事，何者不可努力？若說只要存濟自己，身去口去，原沒有個甘心餓死的道理。況天地好生為本，怎忍把活磔磔的好漢擅便絕他衣飲。世上自有一種生成的餓殺胚，裝做斯文，不良不莠。堪好說著世家體面，藏羞怕恥。弄到沒設法了，還要幹出那最不肖的營生。究竟體面何在？況是捏書本兒的，不得兩榜上名，十個窮殺九個。若是秀才，兒子又讀書，美名是接續書香，其實是世家窮鬼。除非速速知機，另顯手段，即不想做發達路頭，終久三頭五分，暫且活活小腸。說他滿肚子的才學，可惜不曾遭際，卻丟在腹中，又不怕餿酸爛化了。少不得芥茱子也有落在繡花針眼的時節，這才叫不讀死書的好漢。若今日詩云，明日子曰，指望天上脫落富貴來，不怕你九個餓死十個哩！這叫做：腹中藏著五車書，饑來一字不堪煮。且學曹家書史郎，不做漆商賣草鼠。」〔註36〕這回故事中的書生曹復古，因「只是一味讀書，諸事全然不曉」，母逝父老，家道消乏，「無一分活錢進門」，「止得一個老僕名叫耕旺，雖然做些小生意幫助，終久

〔註33〕 羅洪先著，徐儒宗編校整理：《羅洪先集》卷二十一《董嶺周君松岡墓誌銘》，鳳凰出版社，2007 年版，第 848 頁。

〔註34〕 羅洪先著，徐儒宗編校整理：《羅洪先集》卷二十一《董嶺周君松岡墓誌銘》，鳳凰出版社，2007 年版，第 848 頁。

〔註35〕 羅洪先著，徐儒宗編校整理：《羅洪先集》卷二十一《董嶺周君松岡墓誌銘》，鳳凰出版社，2007 年版，第 848 頁。

〔註36〕 《生綃剪》，瀋陽：春風文藝出版社，1987 年版，第 224～225 頁。

坐食箱空。今日『史』，明日『史』，家道一發窮得不像樣了」，在老僕的嗟怨下決計棄書從商，「做些不論生意，以急日前之急」。〔註37〕曹生自知「有本才可生利」的道理，父親也知道經商「不比得讀書，極是優買優賣，是艱難道路」〔註38〕，但他還是想方設法借到 30 兩銀子，先跑到蘇州賣假藥，後來轉做「鹽務生理」，不上幾年，竟弄到萬金之產，又得授中書之職，「年紀不滿三十，富貴雙美」。

據《蘇州府志》第一百四十七卷《雜記》載，明洞庭山消夏灣舉人蔣杲，在幾乎要在科舉之途上取得最後勝利時，因徘徊不前而放棄了進取之念，「屢試春官不第，遂壟斷之術，居積取盈，算入骨髓。周恤義舉，雖至親不拔一毛。不數年稱高貲矣」，完成了從士類到商人唯利是圖的徹底轉變。

從小說中常常也可以看到，那些「苦讀了幾十年的書，秀才也曾做得一個」的讀書人，在商賈影響下走上行商之途。《儒林外史》第三回中，60 多歲的老童生周進，因失了館，「在家日食艱難」，周進的姐夫金有餘，因「同了幾個大本錢的人到省城去買貨，差一個記帳的人」，就請他出來走走。但眾客商認為他不該帶周進這樣的「斯文人」出來經商，金有餘說：「也只為赤貧之士，又無館做，沒奈何上了這一條路。」說明趟經商這道混水，實為絕望士人的無奈之舉。

（三）讀書不成

除了家庭經濟及科場淹蹇等原因外，士子棄儒從賈尚有其他原因。比如，可能由於智力不濟，可能由於看破官場仕途，可能由於明清易代的政治原因，可能由於其他職業更不易於成功，使得他們主動退出科場爭奪，投入到商場尋生計。

1. 本人智力不濟

讀書之途，充滿著「三更燈火五更雞」、「焚膏油以繼晷，恒兀兀以窮年」的勤苦，有著「膏火不繼」經濟的困窘，布滿了外在的各種誘惑，環繞著社會的冷眼與勢利心的嘲諷。所以，很多士人主動退出「競爭」，認同了「天生不是那塊料」的宿命，在發出「時也、命也、運也」之歎後，會主動放棄場屋的困守，或積極或消極地步入商途。

〔註37〕 《生綃剪》，瀋陽：春風文藝出版社，1987 年版，第 225 頁。
〔註38〕 《生綃剪》，瀋陽：春風文藝出版社，1987 年版，第 226 頁。

山西商人席銘（1481～1542）就是在應試失敗後，打算從經商之途「樹基業」。據韓邦奇《大明席君墓誌銘》記載，席銘幼時「學舉子業不成，又不喜農耕」，於是他凌然道：「丈夫苟不能立功名於世，抑豈爲汗粒之偶，不能樹基業於家哉！」從耕讀模式外，他自覺地另闢安身立命的新途。席銘遂「歷吳越，遊楚魏，泛江湖，撤遷居積，起家鉅萬金」，終成當地「大家」，通過「崇義讓，淳宗族，睦鄰里親友，賑貧恤乏，解紛訟，成人之美」，家聲益振，個人價值得以相對完美地實現了。

如果讀書不行，還有其他更好的特長如商業才幹，則經商便成爲揚長避短的當然選擇。像《二刻拍案驚奇》卷二十一《許察院感夢擒僧　王氏子因風獲盜》中的王祿，讀書不成，不過，「卻精於商賈權算之事」，就選擇了「自往山東做鹽商」。《喻世明言》卷十八《楊八老越國奇遇》中的楊復，也是由於「讀書不成」，更加上「家事日漸消乏」，他的經商之舉就成爲自然之事。《初刻拍案驚奇》卷二《姚滴珠避羞惹羞　鄭月娥將錯就錯》中的潘甲，「已自棄儒爲商」一語，即言其自覺舉業不濟，自動退出科場爭奪，並自願從商。

出身於商賈之家的讀書人，常常較易棄儒業而操祖業。西湖漁隱主人撰《歡喜冤家》第三回《李月仙割愛救親夫》中的書生王仲賢，係行商世家，「祖宗三代，俱是川廣中販賣藥材，掙了一個小小家園」。但是，王書生二十歲時，家遭不幸，父母雙亡，妻房又死，可他矢志讀書。直到二十五歲了，還是「青雲夢遠」，雙重壓力之下，他終於動搖了。由於「想到求名一字，委實煩難。因祖父生涯，平素極儉，不免棄了文章事業，習了祖上生涯。不得其名，也得其利」。他在痛苦中完成了人生中的一大轉變。

2. 看破官場仕途

「學而優則仕」是傳統社會讀書人理想的入世模式。不過，常常也會有英資超邁、穎悟高蹈之士，看破官場，鄙棄仕途，甚至浪跡於商海。

讀書仕進宦遊的模式，因不能較速地實現裕身肥家之願，故被部分士人所不取。清初揚州人葛大生，「少學書」，長大後見識獨異：「吾見爲士者，不遇則羸其躬以及親，幸而第，浮客遠宦，長離親側，非吾志也。」〔註39〕於是「棄書行賈」，成功後能夠「承親之志」，資給諸親。不過，他富裕後又希

〔註39〕方苞：《方望溪全集》卷11《葛君墓誌銘》，中國書店1991年版，第153頁。

望子弟再次走上傳統的讀書求名的仕進之路：「君家既饒，因大治塋墓，經田疇，建廬舍，而求名師以課諸子甚嚴。曰：『吾廢學以養吾親，今吾無仰於若。若甘食美衣而不幅以學，且生邪？』」〔註40〕葛大生預斷前程的根據，是傳統的「忠」「孝」不能兼顧時的取擇邏輯；他在「事親」、「事君」問題上是偏重前者，並為經商設定了「必遇」的結果、躬事「親側」的倫理準則。其實，無論「宦遊」還是「商遊」，「遇」與「不遇」都是常態，「長離親側」更是常態。

有學者認為，「讀書求仕，風險太大；棄仕從商，效益顯著」，所以不少俊秀之士看破官場仕途，在重商風潮中毅然選擇了從商：「明清兩代許多當官為宦者的悲慘遭遇，使相當一部分讀書人痛感『仕途維艱，官場變幻莫測』，逐步對求取功名心灰意冷，不少士子，歷經千辛萬苦，好不容易金榜題名，求得一官半職，但等待他們的並不全是錦繡前程，金樽美酒。相反，倒有不少人被貶官降職，遠戍瘴煙之地，甚至招來了滿門抄斬，親族株連，鄰里受累的橫禍。」〔註41〕從艱辛而險惡的科舉仕途掙脫而出，擺脫官場是非之爭，別尋他途以求得自由，正是出於諸如此類的考慮，不僅部分未入仕途的士人看破官場、退出場屋競爭而步入商途，連部分已然「宦遊」者也棄官不做，走上經商之路。〔註42〕

3. 明清易代的政治原因

雖然「商」活躍於市場而俯仰取利，常被「士」視之為重利無義、無節操。在明清易代之際，士人的節操問題更顯緊迫。於此，通俗文學家有時也會迴避「士節」問題，淡化易代主題，一為自保，二是將自身操守界限放寬或轉移。

張春樹先生等說：「『士民』階層尚未功成名就，需要依靠別人。一方面，『士民』沒有經濟保證，不能像原來明朝統治時期的上層階級那樣可以維持生計；另一方面，他們又不能發揮別的任何技能：由於已有了『士』的身份，便不能像農民、工匠、商人等平民那樣從事其他行業以取得經濟來源。此外，社會本身由於朝代轉換帶來巨大創傷，暫時還顧不到個人，而缺乏社

〔註40〕 方苞：《方望溪全集》卷 11《葛君墓誌銘》，中國書店 1991 年版，第 153 頁。
〔註41〕 趙汝泳：《明清山西俊秀之士何以「棄仕從商」》，《山西大學學報》1987 年第 4 期，第 48 頁。
〔註42〕 參本節第二部分。

會控制又使得李漁這樣具有創新精神的人更易於採取行動，扮演標新立異的角色。」〔註43〕李漁「硯田糊口」，筆耕不輟，保持了自身遊戲世間的獨立姿態。

當然，李漁並沒有採取極端的遺民做法。極端的遺民做法，有著鮮明的政治立場。佯狂披髮，不入公門，甚至不入城市，是遺民本身所採取的一種不與當政合作的姿態。唯一撐持遺民的，乃其心志，志存故國舊聞，以報故國。

張岱在詩中屢抒飢寒淒苦之歎，披露遺民外在生計之難及內心矛盾的心情。據張岱《陶庵夢憶自序》云：「陶庵國破家亡，無所歸止，披髮入山，駴駴爲野人。故舊見之，如毒藥猛獸，愕窒不敢與接。作自挽詩，每欲引決。因《石匱書》未成，尚視息人世。然瓶粟屢罄，不能舉火，始知首陽二老直頭餓死，不食周粟，還是後人裝點語也。飢餓之餘，好弄筆墨。」此段話道出了：（1）遺民處境之難，行動如野人，故舊遠避不納；（2）遺民的絕望無助與走出絕望心境的現世關切，絕望到「自爲墓誌銘」，而大絕望中又心有所繫，爲傳續文化理想，而讓此軀殼苟活，在幾乎與世隔絕的狀態苟活；（3）遺民的苟活只是一種權宜手段，不如一般民眾身心俱苟活，根本無所謂文化命脈與家國情懷。

杜濬的遺民生活也是清苦有加，他在詩文中亦不避諱於自己遺民生活方式的難守。從周亮工《尺牘新鈔》中收錄的杜濬書信可見一斑。如《復王於一》云：「承問窮愁何如往日？大約弟在往日之窮，以不舉火爲奇；近日之窮，以舉火爲奇。此其別也。」家裏都窮到揭不開鍋了，比往昔更爲奇窮。和不少遺民大名士相類，杜濬遺民生活的經濟來源，既靠點評文章獲得「潤資」，也半靠富厚者的接濟。

爲了生存，一些遺民便另尋治生之途。他們的行動，在後世看來同時也標示了一種文化尊嚴的意義。杭州人王湛，生而穎異，補博士弟子員後，「覃思銳氣以發其懷抱，籍籍有聲士林」，國變後，深歎「士雖懷道，貪以死祿」，「遂絕意舉子業，託跡風塵間，肇遠服賈」。〔註44〕商遊是一種遺民生存中相對而言對文化要求不高的選擇，也是大名士之外和部分名士採用的獨立

〔註43〕 〔美〕張春樹、駱雪倫著，王湘雲譯：《明清時代之社會經濟巨變與新文化——李漁時代的社會與文化及其現代性》，上海古籍出版社，2008 年版，第95 頁。
〔註44〕 （明）王猷定：《四照堂集》卷 8《王端虹先生傳》，「豫章叢書」本。

之徑。

明末清初的思想家唐甄認爲，「立國之道無他，惟在於富。……夫富在編戶，不在府庫」〔註45〕，還說，「財者，國之寶也，民之命也」〔註46〕。他並不諱言自己爲救窮而經商的事實：「有言經可賈者，於是賤鬻其田，得六十餘金，使衷及原販於震澤，賣於吳市，有少利焉。已而經之得失不常，乃遷於城東，虛其堂，己居於內不出，使衷、原爲牙，主經客，有少利焉。」〔註47〕尤其是不避年高經商，是因爲「生爲重」，並不是道義方面的問題，「自污於賈市」只是一偏之見。他說：「今欲假布粟於親戚而不可得，假束稿於鄰里而不可得，或得擔粟於朋友而不可爲常。一旦無米、無稿，不能出戶，豈有款門而救之者！吾雖不貴、不高、不賢，亦父母之身也，其不可以餓死也明矣。今者賈客滿堂，酒脯在廚，日得微利以活家人，妻奴相保，居於市廛，日食不匱，此救死之術也。」〔註48〕

唐甄反對社會上賤視商人的觀點，批評那些認爲「民之爲道，士爲貴，農次之，惟賈爲下。賈爲下者，爲其爲利也。是故君子不言貨幣，不問贏紲。一涉於此，謂之賈風，必深恥之。夫賈爲下，牙爲尤下」的觀點。既然呂尚可以「賣飯於孟津」，那麼自己「爲牙於吳市」，又有什麼不可呢？「其義一也」。〔註49〕另外，唐甄每以田市並列、農賈並稱，還把「居貨不欺，商賈如歸」列爲中善政之一。〔註50〕

4. 諸業對比後的或主動或被動的選擇

讀書仕進不是一個速成的過程，在此過程中常常也會有人退一步冷靜思考，將諸業進行對比，然後重新進行取擇，而在取擇的結果中，當然會有一部分士人選擇了另一項事業。清初戴名世在《種杉說序》所言，頗有代表性：

〔註45〕 唐甄著，黃敦兵校釋、導讀：《潛書校釋》（附詩文），嶽麓書社，2010 年版，第 154 頁。

〔註46〕 唐甄著，黃敦兵校釋、導讀：《潛書校釋》（附詩文），嶽麓書社，2010 年版，第 144 頁。

〔註47〕 唐甄著，黃敦兵校釋、導讀：《潛書校釋》（附詩文），嶽麓書社，2010 年版，第 118 頁。

〔註48〕 唐甄著，黃敦兵校釋、導讀：《潛書校釋》（附詩文），嶽麓書社，2010 年版，第 119 頁。

〔註49〕 唐甄著，黃敦兵校釋、導讀：《潛書校釋》（附詩文），嶽麓書社，2010 年版，第 120 頁。

〔註50〕 唐甄著，黃敦兵校釋、導讀：《潛書校釋》（附詩文），嶽麓書社，2010 年版，第 186 頁。

「余惟讀書之士，至今日治生之道絕矣。田則盡歸於富人，無可耕也；牽車服賈則無其資，且有虧折之患；至於據皋比爲童子師，則師道在今日賤甚，而束脩之入仍不足以供俯仰。若夫修身以取必於天，而天道之爽，百求之而無一應也，將欲求之於人而一引手援之，非可望於澆淳散樸之世也。天與人皆不可恃，而求之輒應且不我欺者，惟地力而已矣。地力之獲利者多，惟樹而已矣。」〔註51〕

師道淪喪，館穀既無多，復又受人限制，因督課童子讀書而被他人「綁架」，身處如此可笑可歎的窘景，還不如爲農、爲商般自由裕如。從蒲松齡《學究自嘲》中，現代人當不難讀出坐館授徒帶來的清苦、無奈與不自由。他說：「人知爲師之樂，不知爲師之苦，人知爲師之尊，不知爲師之賤。」〔註52〕個中人最理解其中甘苦：「半饑半飽清閒客，無鎖無枷自在囚，課少東家嫌懶惰，工多子弟結怨仇。有時遂我生平願，早把五湖泛輕舟。」〔註53〕當「五湖泛輕舟」只能成爲「無鎖無枷自在囚」的幻想時，所能做的只有宿命式的歎息，與「但有一線路，不作孩子王」〔註54〕式的微弱反抗。唐代詩人張籍《賈客樂》詩云：「金陵向西賈客多，船中生長樂風波。……金多眾中爲上客……農夫稅多長辛苦，棄業長爲販賣翁。」〔註55〕詩中不乏賈客對人生職業的思索。據張岱《陶庵夢憶》載，雖然「竹與漆與銅與窯」爲「賤工」，然仍可成就富貴名望，像徽州吳明官之窯，「以窯名家起家，而其人且與縉紳先生列坐抗禮焉」〔註56〕，其引領作用不言而喻。

在明清文學生態的主題敘事中，浪子回頭形象，也常常會由棄初業、入商途者身上體現出來。《聊齋誌異·細柳》的細柳認爲「四民各有本業」，在兒子的職業選擇上她頗費心思。當她看到兒子「最鈍」，「讀數年不能記姓名」，便「令棄卷而農」。無奈此子「遊閒憚於作苦」，於是又「出貲使學負販」，此子不僅「淫賭」，且手氣不好，「入手喪敗」，又無德，「詭託盜賊運數，以欺其母」。最後，細柳讓他吃了一場苦頭，才「由是痛自悔」，不僅

〔註51〕戴名世：《戴名世集》，中華書局，1986年版，第83頁。
〔註52〕蒲松齡：《蒲松齡集》，上海古籍出版社，1986年版，第1748頁。
〔註53〕蒲松齡：《蒲松齡集》，上海古籍出版社，1986年版，第1748頁。
〔註54〕蒲松齡：《蒲松齡集》，上海古籍出版社，1986年版，第1752頁。
〔註55〕張籍：《相和歌辭·賈客樂》，《全唐詩》卷21，中華書局，1998年版，第462頁。
〔註56〕張岱：《陶庵夢憶》卷五《諸工》，上海古籍出版社，1982年版，第42頁。

「家中諸務，經理維勤」，而且經商成功，「半載而息倍焉」，竟至於「貨殖累鉅萬」。

有些人因擔心讀書苦而累壞了身子，在家人的勸說下而棄儒志，繼承「先業」。休寧由溪人程鎖「嘗受經文，舉有能名，至是病且竇」，母親吳孺人懼，勸他：「仰事俯育爲生人事，功名身外物也，奈何以外物輕身命，墮先業乎？」這樣，程鎖「承志服賈，起家累巨」。〔註57〕

在經商風氣濃厚的地方，人們的職業選擇可能首先會考慮到經商。山西平遙人雷履泰，少年習儒，後來「輟讀習賈」、「棄儒就商」，成爲山西票號的首創者。

二、棄官爲商

在傳統官本位社會中，仕宦爲謀利重要一途，而商途相對而言則充滿了許多不可知因素，因此棄官從商畢竟是少數。從原因上來看，一些人因爲官俸低廉，做官時即從事商業，或者後來乾脆就棄官爲商；另一些官僚則覺得官場不過如此，竟然羨慕起經商的自由自在、收入豐厚且生活滋潤，也不耐煩做官，於是退出官場，步入商途。

（一）官俸低廉

明代官俸低廉，主要即在於的折色俸祿制的實行。「洪武時，官俸全給米，間以錢、鈔兼給」〔註58〕，後漸實行以鈔折米、以布折鈔、以銀折布的混亂折色之制，在鈔法不行、鈔值貶跌而無保障的情況下，官員俸祿無異於形同剋扣。在此情形下，從九品官員月俸只有五貫鈔或五千錢。清初雖然不同於明代，但官俸不如商賈中「頂身掌櫃」的收入。據光緒《壽陽縣志》，雍正四年定例規定，七品縣令的年俸加養廉銀，每年不超過 1045 兩。這樣的收入，與一般商人的收入相比，差距明顯。所以，晉中有「生子有才可作商，不羨七品空堂皇」的民諺，甚至一度出現俊秀之士「多入貿易一途」的現象。

儘管官俸厚薄與吏治清濁並無必然的因果聯繫，但其間的微妙關係，多少都會影響到官僚士大夫階層的社會心態與生活選擇。許多史料反映，那些爲官清廉者，致仕卸任後眞可謂窮儒一介。做官僅靠官俸，並不能過上富商

〔註57〕 《休寧率東程氏家譜》卷11《程母吳孺人傳》。
〔註58〕 《明史》卷82《食貨六》。

巨賈的可羨豪奢物質生活，似也不能為子孫謀得萬年基業。

　　萬曆時，長安縣的馮從吾曾說：「可歎做官數年，毫無增益，惟儉淡一著稍稍度日。」他家所有的「負廓田百畝俱先世所遺」。〔註59〕所以，在官時即「搭便車」，順便弄點商業「小錢」，成為官家常情。比如，大運河的商船，如果包攬官員乘坐，即可獲得沿途免驗關納稅，李東陽在詩中描述了官船私用，遊宦與走販並行的情形，他說：「官家貨少私貨多，南來載谷北載鹽。憑官附勢如火熱，邏人津吏不敢詰。」〔註60〕真正的官船，與打著官員的旗號的私船，都會帶私貨，其中當然不乏「坐鎮」或幕後官員的私貨，或者就是他們要販賣獲利的商品。

　　明末，屈大均抨擊官僚們以得兩廣肥缺為喜，因為該地為「利源」之所。他說：「謬以富饒特聞，仕宦者以為貨府，無論官之大小，一捧粵符，靡不歡欣過望。長安戚友，舉手相慶，以為十郡彊境，可以屬饜脂膏。於是爭以母錢貸之，以五當十，而厚責其贏利。其人至官，未及視事，即以攫金為事，稍良者或恣睢掠拾，其巧黠者則廣布爪牙，四張囊橐，與胥吏表裏為奸。官得三而胥吏得七，蚩蚩小氓，以邊徼荒遠見欺，淫刑枉法，其亦何求而不得乎……民賈於官，官復賈於民，官與賈固無別也，賈與官亦復無別。無官不賈，且又無賈而不官，民畏官亦復畏賈。畏官者，以其官而賈也。畏賈者，以其賈而官，於是而民之死於官之賈者十之三，死於賈之官者十之七矣。嗟夫，在昔國之富藏之於民，今也藏之於官，復藏於官而賈者。藏於賈而官者，民日窮而盜賊日熾，其禍不知所底，非有聖君賢相，端本澄源，以節儉為之倡率，禁難得之貨，明貪墨之刑，則東粵一隅，何以有匹夫匹婦之性命也哉？噫！」〔註61〕雖然「無官不賈，無賈而不官」之說不免誇大，但官吏經商謀利，實質上造成了官商勾結、與民爭利的不公平競爭的商業秩序。

（二）「不耐煩做官」

　　在傳統「官本位」社會中，棄官為商實為近乎消極的選擇。小說中的他們，也多為無為遁世的高蹈者。他們的慣常的形象是：以衙門為是非之地，以做官為「形役」，掛靴封印，作歸田之計，等等。

〔註59〕馮從吾：《馮少墟集》卷15《答米平涵同年》。

〔註60〕李東陽：《懷麓堂文後續編》卷一《馬船行》。

〔註61〕屈大均：《廣東新語》卷九《事語》之《貪吏》，中華書局，1985年版，第303～305頁。

在明清文學生態中，他們的棄官形象出現了多元化，增添了更多「不耐煩做官」而走上商賈之途的新因素。

《初刻拍案驚奇》卷三《劉東山誇技順城門　十八兄奇蹤村酒肆》中的劉嶔，在「北京巡捕衙門」裏當一個「緝捕軍校的頭」。他的職業技能高，「有一身好本事，弓馬熟嫻，發矢再無空落，人號他連珠箭」；政績頗佳，「隨你異常狠盜，逢著他便如甕中捉查，手到拿來」；官聲地位不錯，「也積攢得有些家事」。但到了三十餘歲，「覺得心裏不耐煩做此道路，告脫了，在本縣去別尋生理」，做起了生意，從北直隸河間府交河縣「趕著驢馬十餘頭到京師轉賣」，一趟「約賣得一百多兩銀子」。但因劉東山「誇技」而被一群強人捉弄，「一生好漢名頭，到今日弄壞」，從此收斂起來，再不去張弓挾矢了。但他還沒有放棄經商，夫妻兩個商量，「收拾些本錢，在村郊開個酒鋪，賣酒營生」。作者議論道：「那劉東山一生英雄，遇此一番，過後再不敢說一句武藝上頭的話，棄弓折箭，只是守著本分營生度日，後來善終。」除了引出「強中更有強中手」的話題外，還有將經商賣酒視爲「本分營生」的意思在內，反映了明清社會的新因素。

「二拍」中還描寫了官吏假扮商賈破案的事。《青樓市探人蹤》中「極有才能」的謝廉使，派出得力承差，喬裝打扮成商人，秘密地把貪酷的楊僉事殘害人命的罪行訪察備細，終於將其繩之以法。這種經商辦案兩不誤的勾當，從側面反映了當時社會人們不諱言商的狀況。

第二節　由「商」轉「士」

在傳統文化價值觀念中，讀書做官「不僅在文化倫理上具有最高的價值，而且在世俗中也成爲最具體的終極人生目標」[註62]。在商人的精神世界中，「富」而不「貴」，並不能實現終極意義的「振家聲」而「顯父母」，終究遺憾。同士人相同，商人也以「富貴雙全」相期冀，他們經商致富後又極力尋求顯貴之途，重新投入主流價值秩序，在儒業仕宦之途上尋求最終歸宿。[註63]

〔註62〕陳其南：《明清徽州商人的職業觀與家庭主義》，《江淮論壇》1992 年第 2 期。
〔註63〕誠如田兆光、田亮所說：「由賈入儒，這是傳統商賈的最後歸宿。」參田兆光、田亮著《商賈史》，上海文藝出版社，1997 年版，第 110 頁。

一、由「商」入「士」的途徑

在商人的內心深處，有一種揮之不去的崇官心理。〔註 64〕晚明清初社會大環境的影響，使得商賈買官成爲可能。如果將資本投向政治，優入仕途，情況就會發生很大的變化。「對於商人來說，求得官位，是一種社會榮譽，是他的事業成功的裝飾，同時，對於現實的商業活動，也可以帶來有形或無形的利益」〔註 65〕。

我們關注的焦點之一在於：商人經商牟利的活動對於社會轉型倒究發生著什麼樣的影響？在社會轉型期，往往產生了大量的利益空間，手握重金的巨商富賈們要掌控這一利益空間，就必須爭取滲透進政治權力空間中來，利用他們在商場中的勝利，進行政治「投資」，抬升自身的社會地位，以改變自身富而不貴的尷尬狀況。〔註 66〕商人在實現自身通顯的同時，最終還是要用很大財力獲取政治資源，用政治光環來光耀門楣。富商本身有萬貫家財，若再優入縉紳之列，他們才能眞正盡情支配和享受其財富，感受富貴雙至的幸福。

（一）商賈買官

商賈由於擁有金錢資源，所以他們也常常將商品經濟中的交易擴大到政治領域。自從了富可敵國的商人，這種交易的企圖和交易的實際行動就沒有停止過。呂不韋「奇貨可居」的政治投資就是顯例。直到唐代，商賈買官現象仍大量存在，引起士類的抨擊。據《舊唐書》記載，唐中宗景龍年間，已有富商巨賈優入仕途的情況，遭到士類清流的反擊，時人辛替否在《陳時政

〔註64〕 謝景芳說：「明中葉以後，就士的社會地位而言，在商人那裏已發生重大變化但並未根本動搖。就是說士在明代中期以後商品經濟較爲發展的情況下，依然在人們的心理上和社會地位中居於優勢。這當然與人們的傳統看法有關，而最主要的還是士與官仍有著直接的、密切的聯繫而支配著社會。」參氏撰《明人士、商互識論》，《史學月刊》1993 年第 6 期，第 49 頁。

〔註65〕 〔日〕寺田隆信著，張正明等譯：《山西商人研究》，山西人民出版社，1986年版，第 278 頁。

〔註66〕 夏咸淳指出：「爲了維護和擴大自身的經濟利益，商人還把觸角伸向政界。那些巨商大賈憑藉雄厚的財力，結交名公巨卿，賄賂權貴顯要，或向官僚發放債務，或借官府名義經商，或納錢買官而涉足衙門。他們還不惜重金延師教子，鼓勵子弟角逐科場，以冀博取功名富貴，提高商戶的政治地位和社會聲譽。」參夏咸淳撰《明代後期文士與商人的關係》，《社會科學》1993 年第 7期，第 59 頁。

疏》中說：「遂使富商豪賈，盡居纓冕之流。」正說明富商依靠宦官得以步入仕途。明清科舉興盛之際，也是大量出現商賈買官現象之時，此時流行的小說中也得到反映。

1. 捐納入仕

明代開始，中國的商人開始可以通過捐納制度打開入仕的方便之門。〔註67〕晚明以來，中國的「商人社會」似已成形，敵視商業的觀念也有改變，但就商人社會對其他領域的影響力而言，還不能與有著數千年傳統而威臨天下的皇權天下相抗衡，整個社會生活中彌漫的還是傳統的「官本位」。儘管商人通過捐納獲致社會地位抬升的舉動為士類所不恥，但對商人階層來說，畢竟獲得了身份資本，也為他們進一步牟取利益提供了方便。商人利用政治權力的迴旋空間，大大節省了他們的交易成本。

在捐納制度的刺激下，一些士子在屢試不售的情況下，很可能採取這樣的「曲線」方式：先經商致富，後捐納買官。他們的行為與商賈的行為在性質已經沒有什麼分別了。

據婺源《三田李氏統宗譜》之《環田明處士松峰李公行狀》載，婺源商人李大祈年輕時，因父親去世，在「煢立當戶，百端叢脞，窘不能支」的情況下，害怕「墮其先世業」，於是棄儒服賈，「挾策從諸父昆弟為四方遊，遍歷天下都會」。〔註68〕他給自己棄儒業賈的理由是：「丈夫志四方，何者非吾所當為？即不能拾朱紫以顯父母，創業立家亦足以垂裕後昆。」〔註69〕他後來「業駸駸百倍於前，埒素封矣」〔註70〕，仍不忘「幼志未酬」，築室課子，反覆叮嚀兒子們說：「予先世躬孝悌，而勤本業，攻詩書而治禮義，以至予身猶服賈人服，不獲徼一命以光顯先德，予終天不能無遺憾。然其所恃善繼述、勖功名、干父蠱者，將在而〔爾〕諸子。」〔註71〕後來，諸子均發憤攻書參試，次第獲得殊榮，或「馳聲太學」，或「叨選秩宗」，而「翩翩以文章傾人」。

〔註67〕黃瑞卿指出：「商人通過賄賂、捐納、助賑等形式與官府深相結託，或者捐納買官而使自己官僚化、縉紳化，或者通過督課子弟讀書仕進等，加強了自己的政治地位。」參氏撰《明代中後期士人棄學經商之風初探》，《中國社會經濟史研究》1990年第2期，第35頁。
〔註68〕《明清徽商資料選編》，黃山書社，1985年版，第470頁。
〔註69〕《明清徽商資料選編》，黃山書社，1985年版，第470頁。
〔註70〕《明清徽商資料選編》，黃山書社，1985年版，第471頁。
〔註71〕《明清徽商資料選編》，黃山書社，1985年版，第471頁。

時人評價李氏，說他「易儒而賈，以拓業於生前；易賈而儒，以貽謀於身後」，確成別人「終身之慕」。〔註72〕

明清文學生態中，不乏以金錢衡量科舉名位的情況。明人東魯古狂生的《醉醒石》道出功名的價位：「三百兩買個秀才，四百是個監生，三千是個舉人，一萬是個進士。」〔註73〕幾乎一切功名皆可通過金錢的力量達到。

利之所在，書生亦不免沉淪其中，充當「代考」以牟利。《型世言》第二十七回《貪花郎累及慈親 利財奴禍貽至戚》中的紹興府山陰縣秀才錢流，就是這樣一位「代考」取利者。他「只是往來杭州代考，包覆試三兩一卷，只取一名，每篇五錢；若只要黑黑卷子，三錢一首。到府間價又高了，每考一番，來做生意一次，及至幫補了，他卻本府專保冒籍，做活切頭。他自與杭、嘉、湖富家子弟進試，一百八十兩歸做文字的，一百二十兩歸他復試，也還是這個人，到進學卻是富家子弟出來，是一個字不做，已是一個秀才了。回時大張旗鼓，向親鄰道冒籍進學。又捱一兩年，待宗師新舊交接時，一張呈子，改回原籍，怕不是個秀才？」「槍手」錢秀才處處吃香，還被看作是一個「大手段人」。

銀子不僅可以買到科舉功名，還可以買到官位。《警世通言》第三十一卷《趙春兒重旺曹家莊》中的浪子曹可成，將家業敗盡，在墳堂屋裏教書。他早就知道做官是一本萬利的，而用錢就可以買到官：「本多利多。如今的世界，中科甲的也只是財來財往，莫說監生官。使用多些，就有個好地方，多趁得些銀子；再肯營干時，還有一兩任官做。使用得少，把個不好的缺打發你，一年二載，就升你做王官，有官無職，監生的本錢還弄不出哩！」靠妻子趙春兒埋藏的價值千兩的「黃白之物」，可成終於圓了他買官之夢：「可成到京，尋個店房，安頓了家小，吏部投了文書。有銀子使用，就選了出來。初任是福建同安縣二尹，就升了本省泉州府經歷，都是老婆幫他做官，宦聲大振。又且京中用錢謀為，公私兩利，升了廣東潮州府通判。適值朝覲之年，太守進京，同知推官俱缺，上司道他有才，批府印與他執掌，擇日陞堂管事。」後來做官獲得絕好官聲，而且很快就宦囊充盈，實現了家業「重旺」：「夫妻衣錦還鄉，三任宦資約有數千金，贖取舊日田產房屋，重在曹家莊興旺，為

〔註72〕 《明清徽商資料選編》，黃山書社，1985 年版，第 471 頁。

〔註73〕 東魯古狂生：《醉醒石》第七回《失燕翼做潔於貪 墮箕裘不肖惟後》，上海古籍出版社，1956 年版，第 97 頁。

宦門巨室。」

　　《初刻拍案驚奇》卷二十二《錢多處白丁橫帶　運退時刺史當艄》中的富商郭七郎，花了五千兩銀子，買到一個刺史，他所關心的，是盤算著如何獲得回報：「做得一年兩年，重撐門戶，改換規模。」據明末西湖漁隱主人撰《歡喜冤家》第十二回《汪監生貪財娶寡婦》，在嘉興開當的徽州商人汪禮，「有了錢財，便思禮貌，千方百計要與兒子圖個秀才」，可惜兒子不爭氣，學問無成，汪禮便與他「克買附學名色，到南京監裏納了監生，倒也與秀才們不相上下」。雖然汪商的捐納未必得官，但畢竟打破了原來的不可能性。

　　《二刻拍案驚奇》卷二十六《懵教官愛女不受報　窮庠生助師得令終》入話裏，浙江溫州府廩膳秀才「屢次科第，不得中式」，後挨貢選官，選得廣東一個縣學裏的司訓。但是「那個學直在海邊，從來選了那裏，再無人去做的」，而且學裏的秀才們重商不重學，「但是認得兩個上大人的字腳，就進了學，再不退了。平日只去海上尋些道路，直到上司來時，穿著衣巾，擺班接一接，送一送，就是他向化之處了。不知國朝幾年間曾創立得一個學舍，無人來住，已自東倒西歪。旁邊有兩間舍房，住一個學吏，也只管記記名姓簿籍，沒事得做，就合著秀才一夥去做生意」。其中的秀才雖然字識不了幾斗，但經商才能及水陸途程之安排能力頗強：

　　　　這些秀才去了五日，果然就來，見了韓贊卿道：「先生大造化，這五日內生意不比尋常，足足有五千金，夠先生下半世用了。弟子們說過的話，毫釐不敢入己，盡數送與先生，見弟子們一點孝意。先生可收拾回去，是個高見。」韓贊卿見了許多東西，嚇了一跳，道：「多謝列位盛意，只是學生帶了許多銀兩，如何回去得？」眾秀才說：「先生不必憂慮，弟子們著幾個與先生做伴，同送過嶺，萬無一失。」韓贊卿道：「學生只為家貧無奈，選了這裡，不得不來；豈知遇著列位，用情如此！」眾秀才道：「弟子從不曾見先生面的。今勞苦先生一番，周全得回去，也是我們弟子之事，已後的先生不消再勞了。」當下眾秀才替韓贊卿打迭起來，水陸路程舟車之類，多是眾秀才備得停當，有四五個陪他一路起身。但到泊舟所在，有些人來相頭相腳，面生可疑的，這邊秀才不知口裏說些甚麼，拋個眼色，就便走開了去。直送至交界地方，路上太平的了，然後別了韓贊卿告回。韓贊卿謝之不盡，竟帶了重資回家。

凌濛初不僅贊道：「一個窮儒，一旦饒裕了。可見有造化的，只是這個教官，又到了做不得的地方，也原有起好處來。」這都是「因有一個教官做了一任回來，貧得徹骨，受了骨肉許多的氣；又虧得做教官時一個門生之力，掙了一派後運，爭盡了氣，好結果了」。這些人，名義上是秀才，實際上還是海上的生意人，為送教官走路，一贈便是五千金。韓南認為，這篇對社會價值語帶諷刺的入話，也恰恰說明「他們的職業確實比讀書獲利更多」〔註74〕，而且不以讀書為意，反而顯得他們的治生能力更強。

商人憑藉金錢的力量，搭上腐敗官場的「便車」，搖身一變，榮入宦流。像《金瓶梅》中的生藥鋪商人西門慶，因賄賂蔡京管家，傍上了太師這棵大樹，得到「山東提刑所理刑副千戶」，由市井布衣，通過買官而躋身官場，編織了一道「利益固化」的「防護網」：「東京蔡太師是他乾爺，朱太尉是他衛主，翟管家是他親家，巡撫巡按都與相交，知府、知縣是不消說。」

《型世言》第二十三回《白鏹動心交誼絕　雙豬入夢死冤明》第二十三回開頭議論道：「如今人最易動心的無如財，只因人有了兩分村錢，便可高堂大廈，美食鮮衣，使婢呼奴，輕車駿馬。有官的與世家不必言了，在那一介小人，也裝起愗來。又有這些趨附小人，見他有錢，希圖叩貼，都憑他指使，說來的沒有個不是的，真是個錢神。但當日有錢，還只成個富翁。如今開了個工例，請書的螢窗雪案，朝吟暮呻，巴得縣取，又怕府間數窄分上多，府間取了，又怕道間遺棄。巴得一進學，僥倖考了前列，得幫補，又兢兢持持守了二三十年，沒些停降。然後保全出學門，還只送教職、縣佐二，希有遇恩遴選，得選知縣通判。一個秀才與貢生何等煩難！不料銀子作禍，一竅不通，才丟去鋤頭、匾挑，有了一百三十兩，便衣巾拜客。就是生員，身子還在那廂經商，有了六百，門前便高釘『貢元』匾額，扯上兩面大旗，偏做的又是運副運判，通判州同，三司首領，銀帶繡補，就夾在鄉紳中出分子、請官，豈不可羨？豈不要銀子？雖是這樣說，畢竟得來要有首理，若是貪了錢財，不顧理義，只圖自己富貴，不顧他人性命，謀財害命，事無不露，究竟破家亡身，一分不得。」

有時，商賈得到士大夫過於「豐厚」的「回報」，竟然可以不費己財己力，搭乘「便車」，「直通」官場。《醉醒石》第十回《濟窮途俠士捐金　重報施賢

〔註74〕　〔美〕P.韓南著，尹慧珉譯：《中國白話小說史》，浙江古籍出版社，1989 年版，第 153 頁。

紳取義》中的浙商浦仁，由於幫助了三個福建會試舉人，他們中進士後，設法與他納監，原先浦仁帶頂假巾，如今換作真巾，成爲北雍監生，實現由商階層到士階層的身份改變。而他在京使用的「盤費」，在國子監上納的「贄儀」，都出在受助成功後的黃主事身上，且將其「援納考中」，還得了個縣丞，又再次成爲士大夫上層中的一員。得缺上任後，「攫了五六千金」，任滿又升爲州同。浦商通過弄權舞弊，成就了商賈富貴雙至、榮耀十足之事，達到了傳統社會中所能達到的最理想狀態。〔註75〕

2. 賣官捐客

與商賈買官相聯繫的，是那些神通廣大的中介人。當官場成爲金錢交易的場合時，這類人被視爲能量「通天」、呼風喚雨的神人。《金瓶梅》中的西門慶，自己賄賂當朝蔡太師而獲得山東提刑所理刑副千戶後，還經常充當捐客，收受賄賂，爲他人謀取「義官」頭銜。

凌濛初在「二拍」中也著力描繪了這類人。在《初刻拍案驚奇》卷二十二《錢多處白丁橫帶　運退時刺史當艄》中，作者借古諷今，揭露了明代捐資納官制度下官場賣官鬻爵的黑暗。故事中，領著郭七郎家「幾萬銀子」的「大商」張全，就是官場買賣的捐客：「至於居間說事，賣官鬻爵，只要他一口擔當，事無不成。也有叫他做『張多保』的，只爲凡事都是他保得過，所以如此稱呼。滿京人無不認得他的。」這種中間穿梭之人，能量極大，名聲在外，竟然能將賣官買官當作一項職業「做大做強」，實在是非常了得。

當郭七郎偶然聽見閒漢「包走空」包大說起朝廷用兵緊急，缺少錢糧，「納了些銀子，就有官做；官職大小，只看銀子多少」，不由得「動了火」。當他得知「刺史也能用錢買得」而詫異時，包大道：「而今的世界，有甚麼正經？有了錢，百事可做，豈不聞崔烈五百萬買了個司徒麼？而今空名大將軍告身，只換得一醉；刺史也不難的。只要通得關節，我包你做得來便是。」

〔註75〕 李琳琦先生說：「作爲商人，可以利用財富華其棟宇、玉食錦衣、納妾招姬，過上和士階層一樣的令人歆羨的生活，那麼商人和士相比，唯一缺少的就是政治身份了。而政治身份，在傳統社會中，恰恰是獲得世人尊重的首要條件。於是，爲了獲取世人的尊重，徽商又祭起了財富這尊法寶。他們利用財富接納官府，討好皇帝，密切與各級官吏的關係。這其中雖然有『以不利爲利』，求得更大財路的目的，但更重要的是想『用博一官也』。」參氏撰《傳統文化與徽商心理變遷》，《學術月刊》1999 年第 10 期。

但捐客張全卻認為沒有官府關係網，最好不要買官。原因是：「而今的官有好些難做。他們做得興頭的，多是有根基，有腳力，親戚滿朝，黨羽四布，方能勾根深蒂因。有得錢賺，越做越高。隨你去剝削小民，貪污無恥，只要有使用，有人情，便是萬年無事的。兄長不過是自身人，便弄上一個顯官，須無四壁倚仗，到彼地方，未必行得去。就是行得去時，朝裏如今專一討人便宜，曉得你是錢換來的，略略等你到任一兩個月，有了些光景，便道勾你了，一下子就塗抹著，豈不枉費了這些錢？若是官好做時，在下也做多時了。」富而求貴的郭七郎，撒漫使錢的心性，卻認為：「不是這等說，小弟家裏有的是錢，沒的是官。況且身邊現有錢財，總是不便帶得到家，何不於此處用了些？博得個腰金衣紫，也是人生一世，草生一秋。就是不賺得錢時，小弟家裏原不希罕這錢的；就是不做得興時，也只是做過了一番官了。登時住了手，那榮耀是落得的。小弟見識已定，兄長不要掃興。」

張全和閒漢包大為郭七郎做中間人，帶了五千緡，悄悄送到「主爵的官人」家裏。這人是內官田令孜的收納戶，「百靈百驗」。恰遇當時有個粵西橫州刺史郭翰，「方得除授，患病身故，告身還在銓曹。主爵的受了郭七郎五千緡，就把籍貫改注，即將郭翰告身轉付與了郭七郎。從此改名，做了郭翰」，賄得橫州刺史告身。

當郭七郎衣錦回到家中，不想遇到家鄉遭王仙芝兵亂，母親後悔他不應將錢花在買官上，而應該多帶回些用度。郭七郎勸說：「母親誠然女人家識見，做了官，怕少錢財？而今那個做官的家裏，不是千萬百萬，連地皮多卷了歸家的？今家業既無，只索撇下此間，前往赴任，做得一年兩年，重撐門戶，改換規模，有何難處？兒子行囊中還剩有二三千緡，盡勾使用，母親不必憂慮。」他妄圖「卷地皮」以翻老本的「策劃」，終於讓母親「轉憂為喜，笑逐顏開」，可見她也認同了做官可由「貴」而致「富」的道理。

明清小說甚至將龐大的功名買賣集團的「黑幕」給揭示了出來。像《儒林外史》第三十二回中的臧蓼齋，就是一個兜攬功名買賣的經紀人。他依傍豪氣託大的宰相府公子杜少卿，獲得中間運作的資金，幾乎一本百利。故事中臧蓼齋對杜少卿道：「目今宗師考廬州，下一棚就是我們。我前日替人管著買了一個秀才，宗師有人在這裏攬這個事，我已把三百兩銀子兌與了他，後來他又說出來：『上面嚴緊，秀才不敢賣，倒是把考等第的開個名字來補了廩罷。』我就把我的名字開了去，今年這廩是我補。但是這買秀才的人家，要

來退這三百兩銀子，我若沒有還他，這件事就要破！身家性命關係，我所以和老哥商議，把你前日的田價借三百與我打發了這件，我將來慢慢的還你。你方才已是依了。」

據當時材料介紹，考一個秀才的價格是三百兩銀子，其中一百八十兩歸進考場答卷的，一百二十兩則歸兩頭牽線的捐客，四六開分成。由於看到功名可由買賣得到，《醉醒石》中的明末舉人，甚至不讓自己的兒子讀書，用他的話說：「讀什麼書，讀什麼書！只要有銀子，憑著我的銀子，三百兩就買個秀才，四百兩是個監生，三千是個舉人，一萬是個進士。如今那個考官，不賣秀才，不聽分上？監生是直頭輸錢的了，鄉試大主考要賣，房考用作內簾是巡按，這分上也要五百。定入內外簾是方伯，無恥的也索千金。明把賣舉人做公道事。到後邊外面流言得凶，御史將房官更調，他兩下又自行打換，再沒個不賣的，只要有錢。起初用了三千，又是一萬得了出身。拼得個軟膝蓋諂人跪人，裝了硬臉皮打人罵人，便就抓得錢來。上邊手鬆些，分些與上司，自然不管我。下邊手鬆些，留些與下役，自然尋來與我。打開幸路，跳入名場。當今之時，只有孔方。到那時，一本十來倍利。拿到家中，買田置產畜妾，樂他半生，這便是肖子，讀甚麼書！若要靠這兩句書、這枝筆，包你老死頭白。你看從來有才的畢竟奇窮，清官定是無後。讀甚麼書，做甚清官！」〔註76〕

每一項科舉功名都有相應的價格。更有甚者，有的商人連孔老夫子都要買。據陸容的《菽園雜記》記載，常州有個姓孔的富商想做孔子的後代，就跑到太倉與孔子的第五十五代孫孔士學家，表示願出錢購買孔氏家譜。雖窮但有骨氣的孔士學憤怒地拒絕了這無恥的建議，可是等他一死，其家人卻與富商做成了這筆交易，而賣價僅僅是一船米。

明代成化年間，當朝廷決定實行「納米送監讀書」制度時，禮部曾激烈地表示反對，認為這將導致極嚴重的後果：「竊惟國子監乃育才之地，朝廷資以致治者也。近因各處納草納馬生員已不勝其濫，今又行此令，將使天下以貨為賢，士風日趨於卑陋，安望有資於治理哉！」〔註77〕還道是「為士子者知財利可以進身，則無所往而不謀利」，其結果必然是「視經書如土苴，而苞苴是求；棄仁義如敝屣，而貨財是殖。士心一蠹，則士氣士節由此而喪，他

〔註76〕 東魯古狂生：《醉醒石》第七回《失燕翼做潔於貪　墮箕裘不肖惟後》。
〔註77〕 余繼登：《典故紀聞》，中華書局，1981年版，第252頁。

日致用，何望其能興治有補於國家哉」！〔註78〕禮部的預言，不幸成了現實。後來的史學家就曾指出，從總體上看，歷代的士人中就數明末的士人最不講廉恥禮義，最不講氣節。這一批評無異是正確的。

不過，公平地說，板子似也不應全打在那些士人身上，因爲這種社會現象，乃是當時特定的歷史環境的必然產物。

（二）科舉入仕

秦漢以來曾有著「有市籍者不得宦」的古訓。宋代政策規定，商人沒有參加科舉考試的資格，凡科試者「十人或五人同保，不許有大逆、人緦麻以上親及諸不悌、隱匿、工商、異類、僧道歸俗之徒」〔註79〕。說明商賈意圖讀書做官，步入仕途，直到宋代仍獲得國家政策層面的允准。

明清時期，開始有了商籍入試規定，爲商賈及其子弟走上科舉之途打開了政策上的缺口。明政府已允許商賈參加科舉考試，特定商、竈兩籍，商人子弟還可以在外籍入試。據許承堯《歙事閒譚》載：「明制：設科之法，士自起家應童子試，必有籍。籍有儒、官、民、軍、醫、匠之屬，分別流品，以試於郡，即不得就他郡試。而邊鎭則設旗籍、校籍；都會則設富戶籍、鹽籍，或曰商籍；山海則設竈籍。士或從其父兄還（遠）役，歲歲歸就郡試不便，則令各以家所業聞著爲籍，而就試於是郡。」〔註80〕開始杭州未有商籍，吳憲與同邑汪某上書當事，才得以參試並成爲「商籍諸生」，爲當地僑寓經商的商賈入仕打開了缺口。

1.商人自己科舉入仕

人生無處不矛盾。即使是成功商賈的人生道路上，也曾經糾纏著讀書做官與經商致富的二難困境：文才飛揚的年輕時代卻乏行「修脯」之錢，待到有錢以後卻失去了最富讀書進取衝擊力的青春。即便是重操時藝，甚至再僥倖得第，也是晚秋暮年之取，濟世事功、道德文章上均各要遜色於一般士大夫。既然士人科舉成功的機會越來越小，商人棄商入仕之舉，實冒著相當大的風險，也因此較不常見。

如果從商界及早退出，畢力於儒業，商賈也常常會抵達科舉之途的頂點。比如像金麓村，少學懋遷，弱冠以後，思習儒業，「畢力研究」，最後終成進

〔註78〕 余繼登：《典故紀聞》卷十四，中華書局，1981 年版，第 256～257 頁。
〔註79〕 馬端臨：《文獻通考》卷三十《選舉三》。
〔註80〕 許承堯：《歙事閒譚》卷二十九《吳憲》，黃山書社，2001 年版，第 1041 頁。

士。〔註81〕歙籍商人吳明卿，因營鹽業於維揚，移居儀眞，崇禎癸酉領鄉薦，授崇義令。〔註82〕黟縣汪廷榜，少學賈，28歲置貨漢口，「見帆檣叢集，蔽江面十數里，人語雜五方，漢水衝擊，江波浩渺，縱觀之，心動，歸而讀書學文詞，喜馳騁，漸不自喜」，後中乾隆辛卯江南舉人，授書饒州紫陽書院，補旌德縣訓導。〔註83〕康熙年間的休寧人汪錞，在涉足商界十餘年後，竟能「複習舉子業」，一舉登第，得授中書舍人，以後仕途順暢，升戶部主政，又擢吏部文選司主政，歷考功驗封司員外，又特薦由驗封郎中超調掌選。〔註84〕康熙乾隆時的江登雲，16歲隨兄外出經商，不以商業成功而自得，卻立意轉事科舉之業，「爲國家作棟樑材」，終於棄賈業而入武學，後考中武進士，得「膺殿廷選，侍直禁衛」，官至南贛都督。〔註85〕相對於明清社會中眾多清白一世、青衿終老的童生、秀才而言，上述金商、吳商、汪商、江商們是該十分慶幸的了。

在如前所述的被迫經商情形中，有些商賈爲糊口才作商賈，經商也許只是手段，而儒業仕宦才是終極目標，所以常常有些商賈邊商邊讀，最後也取得了成功。不能不說，他們簡直像「超人」。像廣東東莞人黎銓，「少失怙」，因家貧而「取給販鬻，夜則發書讀之」，順治甲午鄉試中舉。〔註86〕《儒林外史》中的匡超人，也是一位精力四射的「超人」。在還是童生時，爲了養家糊口，他就幹起了屠戶兼賣豆腐：「先把豬肩出一個來殺了，燙洗乾淨，分肌劈理的賣了一早晨。又把豆子磨了一廂豆腐，也都賣了」。他晚上一邊伏侍生醫的父親，一邊「拿出文章來念」一直到四更鼓，「每夜四鼓才睡，只睡一個更頭，便要起來殺豬、磨豆腐」。後來取了案首，中了第一名秀才。中了秀才之後，不磨豆腐了，到出錢讓他哥「租了兩間屋，開個小雜貨店」，「每日尋的錢，家裏盤纏」。

成功人士，滿身優點，缺點也成了優點。《歡喜冤家》第二十二回《黃煥之慕色受官刑》載，杭州臨平鎮上典當鋪內「銀主」，係徽州黃金色，他「才」「財」兩占，年方21歲，「美貌少年，俊雅超群，慷慨風流，美哉蘊藉。因

〔註81〕《明齋小識》卷十一。
〔註82〕雍正《揚州府志》卷30《人物‧忠節》。
〔註83〕同治《黟縣三志》卷15《藝文‧人物類‧汪先生事輯逸》。
〔註84〕康熙《休寧縣志》卷6《人物‧官業》。
〔註85〕歙縣《豐南志》第5冊。
〔註86〕民國《東莞縣志》卷65《人物略》12。

慕西湖山水，在臨平鎮上當中讀書，便往西湖遊玩」，且因功名蹭蹬，有「捐資助修殿宇」之願。他「十八歲上到本鎮當內攻書」，雖與明因寺眾尼苟合，受了點苦楚，但「後奮志攻書，進了徽州府學」，結局還是接近了圓滿。

2.商人子弟科舉入仕

商賈成功後，一般都比較重視子弟的學業，當他們自己科舉無望後，他們常常會延請名師，課子讀書，為最終步入仕途、振起家聲作準備。據祝允明《唐子畏墓誌銘》，江南才子唐寅在祝允明的敦促下，「一意望古豪傑，殊不屑事場屋。其父廣德，賈業而士行，將用子畏起家，致舉業師教子畏，子畏不得違父旨」〔註87〕。由此可見，唐寅雖「身居屠酤，鼓刀滌血」，卻有個重視儒業的商賈父親，他雖不拘於時俗，但他的聰穎使得他能夠獲得「解元」。

即使祖上世代從事賈業，似乎也並沒有成為商賈子弟舉業成功的障礙。據同治《兩淮鹽法志》載，李承式（字敬甫），「其先山西大同人，中鹽於揚州，承式登嘉靖三十五年進士」；而山西襄陵人喬承統（字繼之），「明季貢生，父養沖，中鹽卒於揚州」。山西襄陵人高邦佐，隨父中鹽揚州，登萬曆二十三年進士，官薊門道。〔註88〕《連城璧》卷九《妒婦設計贅新郎　眾美齊心奪才子》中的福建人呂春陽，在揚州小東門外開個雜貨鋪子，他為兒子姓呂旭請過訓蒙先生與經館先生，又援例為兒子納監，哉生善聽長者之言，埋頭讀書，後來「聯科中了兩榜，由縣令起家，做到憲副之職」。《歡喜冤家》第十九回《木知日眞託妻寄子》中徽州府休寧縣人「以販生藥為業」的商人木知日，有兩個兒子。木商「往川廣收買藥材，到各處去賣」，已有千金家財。後來，「兩小兒讀書俱已成名，各有官家婚配，昌盛累世」。

還有商賈少時由於外在環境的壓力未能科舉成功者，商賈成功後則往往深自苛責，萌生嚮慕仕進之念，乃嚴督課子。丁兌（字龍鄉），兒時「穎拔有氣概」，未弱冠而父卒，經商養家，自念「少孤，治生，不能終博士家言以為恨，吾有三子，安忍棄之若賈乎」？長子丁宦「工屬文」，補邑諸子；次子賓，亦向學，後俱升太學上舍。〔註89〕祈之芹（字乃勤），少習舉子業，父事鹽筴年老，之芹慨然代父賈，及至「積有盈餘，即杜門課子，禮聘名士為陳說講

〔註87〕　祝允明：《懷麓堂集》卷27《唐子畏墓誌銘》。
〔註88〕　同治《兩淮鹽法志》卷43《人物》。
〔註89〕　王世貞：《弇州山人續稿》卷105《封文林郎句容令懷悔丁翁墓誌銘》。

解，早夜不倦」，五子中有三人科第成功，「光復、光宇，皆鄉薦；光晉，順治丁酉舉人，康熙庚戌進士，歷寶豐、咸陽令」。〔註90〕黟縣商人胡際瑤，「晚年雖授例捐職，生平實以不習儒為憾，因以二子就儒業，屬望甚殷。」〔註91〕據《太函集》卷六十七載，歙縣商人汪才生，業賈致富後，督促兩個兒子就學，他對兒子說：「吾先世夷編戶久矣，非儒術無以亢吾宗，孺子勉之，毋效賈豎子為也。」〔註92〕他的兩個兒子「並受博士詩，士譽籍甚」，後一子入南宮作了郎官。

《無聲戲》第六回《男孟母教合三遷》中，「男孟母」尤瑞郎靠開鞋鋪，「生意甚行，盡可度日」，為「先夫」幼子「揀了明師，送他上學，取名叫做許承先」，儘管承先的資質不叫做穎異，也不叫做愚蒙，「是個可士可農之器」，他幾次搬遷，終於助「兒子」23歲考中舉人，後選了知縣，升了部屬。

二、商賈入士的結果

商賈內心深處，似乎天然具有一種因疑懼官位權勢而崇官卑己的心理。〔註93〕商人眼中的官員，屬於社會上流的士階層。如果商人能夠廁身士階層，更或僥倖通過捐納或科考獲得一官半職，優入既有錢又有勢的紳商階層，不僅自身切身利益可獲得一定的保障，還可以達到富貴並至、光宗耀祖的榮耀。商賈入士的結果，對商賈家庭而言無疑是美妙的。

（一）積極後果：作為民間中堅的紳商形成

值得注意的是，有的商賈之家能培養出子弟進入士流，實由於偶然的機會。歙縣商人家庭出身的黃惟承，「幼穎悟，善記誦，童時從父賈宣州，即能賈。歸喪，母受室，值里胥催租，辭色淩厲，先生奮曰：『予豈不能為士以免役哉！』即下帷數月，誦制舉義，下筆輒與作者合。明年補邑弟子員」。黃生由於受到野蠻執法的里胥的壓制，被反激起一股自強的精神，奮志讀書，成功升級為秀才。後來他著述良多，比如有《讀易抄》三卷，《尚書備忘》十二

〔註90〕 民國《東莞縣志》卷65《人物略》12。
〔註91〕 同治《黟縣三志》卷十五《藝文·人物·胡君春帆傳》。
〔註92〕 《明清徽商資料選編》，黃山書社，1985年版，第474頁。
〔註93〕 明末《士商要覽》卷三《買賣機關》中有一條是「是官當敬」，其下注云：「官無大小，皆受朝廷一命，權可制人，不可因其秩卑，放肆侮慢。苟或觸犯，雖不能榮人，亦足以辱人，倘受其叱撻，又將何以洗恥哉！凡見官長，須起立引避，蓋嘗以卑為降，實吾民之職分也。」

卷,《春秋傳略》二卷,《四書備忘》十四卷,《性理便覽》十八卷,《史鑒會要》六十四卷,《通鑒外紀》五卷,《蛟峰文集》四卷,被視爲「經世實學,非剿竊蕪驢者比」。〔註94〕可以想像,如果他眞能再進一步學而優則仕的話,他的幼年經歷會讓他更願意看到吏治的文明與清廉。

如果商賈之家爲入仕而讀書,即使不能步入仕途,也因此可以提高商賈隊伍的整體文化素質,推進士商的進一步良性互動。

徽商章有棟「幼失恃」,「隨大父業儒,既冠就商。與伯兄同勤儉,伯兄卒始析箸。性豪直,多隱德,尊師信友,以詩書課子侄」。〔註95〕章氏棄儒業商,又課子侄詩書之業,「尊師信友」,多行義舉,即是士商之間良性互動的明證。通過士商對流,兩個階層取長補短,有利於形成「儒商互補,理欲並重」的新的商業文化精神,以對治傳統社會以及現代經濟生活中的現實弊端,如「中國市場上充斥著惟利是圖的『奸商』,目光短淺、小富即安的『小商』和『土商』,而鮮見以義求利的『德商』,志向遠大、開拓創新的『巨商』和『儒商』」。〔註96〕

明清社會的士商對流,還會造成「紳商」這樣新的民間社會活動的中堅力量。商賈通過科舉、捐官等途徑,「一旦廁身士的階層,便可提高自身社會地位,擺脫人們的賤視;如果僥倖考得一官半職,便可遠則光宗耀祖,近則保護自己的切身利益不受侵害,成爲既有錢又有勢的紳商階層」〔註97〕。

19世紀以後,政府的公文告示中已將紳、商並提,而在一些商業發達的地方尚有「商」在「紳」前的現象。「從社會史的角度看,商人的『睦婣任卹之風』已使他們取代了一大部分以前屬於『士大夫』的功能(如編寫族譜,修建宗祠、書院、寺廟、道路、橋梁等)。商人社會功能的日益重要也反映在政府對他們的態度上。」〔註98〕政府文告中的紳商並稱、紳在商後情景,某種程度上說明政府對商人態度發生了重要轉變。

這皆可視爲自16至18世紀,中國商人社會地位提升和意識形態自覺化之後的結果。

〔註94〕 歙縣《潭渡黃氏族譜》卷9《蛟峰先生傳》。
〔註95〕 績溪《西關章氏族譜》卷24《家傳》。
〔註96〕 邱紹雄:《中國商賈小說史》,北京大學出版社,2004年版,序言第3頁。
〔註97〕 謝景芳:《明人士、商互識論》,《史學月刊》1993年第6期,第49頁。
〔註98〕 余英時:《中國近世宗教倫理與商人精神》,《余英時文集》第三卷《儒家倫理與商人精神》,廣西師範大學出版社,2004年版,第334頁。

（二）消極後果：「貨財是殖」與士氣的斲喪

在明清科舉異化的同時，科舉仕途成了走上富家裕身的捷徑，「因官致富」倒成為讀書人的價值關切。

對於官能致富的神奇功效，時人感歎不已。他們說：「貧士一登賢書，驟盈阡陌」〔註 99〕；那些「家無擔石者，入仕二三年即成巨富，由是莫不以仕為賈。而求入學庠者，肯捐百金圖之，以大利在後也」〔註 100〕。一些士大夫，「因官致富，金穴銅山，田連州縣，曾不肯捐一文濟國家之急者」〔註 101〕。另外，尚有諸多此類敘述，如「一登科第，即謀肥家，有居官不幾時，而家已巨富者；有不取財於官，家居而致巨富者。在官則取財於民，家居則取財於鄉」〔註 102〕，「一叨鄉薦，便無窮舉人；及登科甲，遂鐘鳴鼎食，肥馬輕裘，非數百萬則數十萬」〔註 103〕。這類描述，也揭示士人為貧而讀、為權而仕的社會經濟原因的一個方面。

晚明以降的官場，盛行斂財之風，「官商成風，是導致眾多士子棄儒經商、捨本逐末的強大外在動力」〔註 104〕。從正德年間始，「諸公競營產謀利，一時如宋大參（愷），蘇御史（恩），蔣主事（凱），陶員外（驥），吳主事（哲），皆積至十餘萬」〔註 105〕，而那些「士大夫一中進士之後，則於平時同堂之友，謝去恐不速。里中雖有談文論道之士，非唯厭見其面，亦且惡聞其名。而日逐奔走於其門下者，皆言利之徒也。或某處有莊田一所，歲可取利若干，或某人借銀幾百兩，歲可生息若干」〔註 106〕，步入官場的士大夫的主要精力不在「談文論道」，多與「言利之徒」交接，熱衷於發財逐利。

萬曆十七年（1589），趙南星剛被任命為吏部文選司員外郎，即向皇帝上《剖露良心疏》，陳言天下四大害，即「干進之害」、「傾危之害」、「州縣之害」、「鄉官之害」，認為「四害不除，天下不可得治」。趙南星看到「今士人一為有司，往往不期月而致富」，「今之士人，以官爵為性命，以鑽刺為風俗，以

〔註99〕 張采：《太倉州志》卷 8《賦役》。

〔註100〕黃省曾：《吳風錄》。

〔註101〕吳履震：《五茸志逸》卷 8。

〔註102〕林希元：《林次崖文集》卷 8《贈萬二尹擢寧海州判序》。

〔註103〕《明季北略》卷 12《陳啟新疏三大病根》。

〔註104〕黃瑞卿：《明代中後期士人棄學經商之風初探》，《中國社會經濟史研究》1990 年第 2 期，第 37 頁。

〔註105〕何良俊：《四友齋叢說》卷 34，中華書局，1959 年版，第 312 頁。

〔註106〕何良俊：《四友齋叢說》卷 34，中華書局，1959 年版，第 312 頁。

賄賂爲交際，以囑託爲當然，以徇情爲盛德，以請教爲謙厚」。據《戒庵漫筆》「孔方先容，雖媸亦妍」之言，亦可見那些學政官員在督學時的納賄無德情形。馮夢龍將此事編入《古今譚概》中，指斥當時「文運厄」而「苞苴行」的黑暗官場。

文學家筆下貪鄙的封建官員，不少人正是將官位視爲利祿之途。《西湖二集》第十七卷《劉伯溫薦賢平浙中》前面議論道：「那陶眞本子上道：『太平之時嫌官小，離亂之時怕出征。』這一種人不過是要騙這頂紗帽戴，及至紗帽上頭之時，不過是要廣其田而大其宅，多其金而滿其銀，標其姬而美其妾，借這一頂紗帽，只當做一番生意，有甚爲國爲民之心？他只說道『書中自有千鍾粟，書中自有黃金屋，書中有女顏如玉』，卻不肯說道『書中自有太平策，書中自有擎天筆，書中自有安邊術』，所以做官時不過是『害民賊』三字。若是一個白面書生，一毫兵機將略不知，沒有趙充國、馬伏波老將那般見識，自幼讀了那些臭爛腐穢文章，並不知古今興亡治亂之事，不學無術，胡做亂做，一遇禍患，便就驚得屁滾尿流，棄城而逃，或是思量伯喜渡江，甚爲可恨。這樣的人，朝廷要他何用？那『文人把筆安天下，武將揮戈定太平』這二句何在？」將做官當作做生意，爲國爲民之事不毫不放在心上。

有學者說：「關於士人『治生』、謀生的種種討論，自鼎革之後就一直備受關注，牽涉面之廣、參與討論的士人之多，確也說明這一問題的敏感和現實意義──從最簡單『高潔』且不必擔心失節的餓死法，到謀生是否有虧士人之道的爭論，再到對具體職業的精心選擇，那些細如毫髮的辨析、如履薄冰的謹慎態度，無疑都在證明這絕非一個單純的『生計』問題，它承載了以往士人的全部生存歷史，尤其是儒士過於精緻而狹隘的道德論、價值觀。從這樣的尺度出發，許多士人都以親身經歷說明，除了耕讀之外，其他如處館、幕賓、賣文、醫、卜、工商等，均屬賤業，不僅會給儒者帶來人格上的侮辱，而且壞人心術，直接損害士人的品性。」〔註107〕但既然已經開展相應的治生選擇，那些過於「精緻而狹隘的」儒士之見就必然面臨著被「拷問」甚至被「置換」的命運。在新的時代機遇面前，儒學內部自然也面臨著轉化的問題。

另外，還會造成資本流向的偏離。據研究華商史的郭德利（M. Godley），

〔註107〕朱海燕：《明清易代與話本小說的變遷》，華中科技大學出版社，2007年版，第96頁。

「在史籍中並不乏有關從商致富的記載，但幾乎毫無例外，過去幾個世紀以來，商人最後總是傾向於把累積得來的財富或過剩資本投資於購買土地，或供應下一代有閒沉浸於傳統典籍，參與科舉，以便進入官僚行列，即使有人終生以商賈爲業，仍會要求其下一代盡可能轉向科舉。因此，我們可以說，引發人們營商致富的動機中，實已包含了否定或摧毀商業企業發展的因素。」〔註108〕商業資本的流出，雖然在資助士類、潤飾儒業方面有助，但也限制了商業資本自身的發展壯大。

第三節　「一弛一張，迭相爲用」：亦士亦商

科舉入仕之途，被視爲「登天」之路、「馬拉松」之程，參加科考，所費不貲，耗時費錢。隨著業儒成本的不斷攀升，如果沒有一定的財力，士子們很難順利到達成功的終點。大部分讀書人面臨著「膏火匱乏」、「饘粥不繼」的經濟窘境，眾多的士子常常處於業儒無門與仕途難望的尷尬之地。即使挨到了金榜題名以後，大部分「新貴」仍會感覺到嚴重的經濟負擔。據王世貞在《觚不觚錄》中所言，科考的花銷「比舊往往數倍」之增，可以想像大得驚人：「余舉進士，不能攻苦食儉，初歲費將三百金，同年中有費不能百金者，今遂過六七百金，無不取貸於人。蓋贄見大小座主，會同年及鄉里官長，酬酢公私宴醵，賞勞座主僕從，與內閣、吏部之輿人，比舊往往數倍。而裘馬之飾，又不知省節，若此將來，何以教廉。」〔註109〕所以，雖然不少貧士走上了棄儒習賈的決絕之途，但也常常有人選擇了亦儒亦賈、賈儒相濟之路。

一、「士而商」：以賈佐儒

在明清之際世風變化、士習轉軌的情況下，社會世俗化進程也在暢通無阻地推進。士人的謀生之途不再僅限於科舉一途，他們如果不能做「官」入「相」，便爲可做館爲塾「師」，由儒而賈、而工藝人，再低也可爲幕賓、幫閒。吳中的一群士人，就是在這樣的背景下逐步融入了世俗生活：「一方面，

〔註108〕轉引自陳其南《明清徽州商人的職業觀與家庭主義》，《江淮論壇》1992年第2期。

〔註109〕轉引自俞樾《茶香室續鈔》卷八《京官歲用》，中華書局，1995年版，第2冊，第655頁。

他們仍然離不開士人傳統人生道路的選擇，以入仕爲正途；另一方面，他們又在仕途之外找到新的人生歸宿。當入仕的道路走不通的時候，他們也難過；但這種難過很快就會爲世俗的生活所消解。他們還有寬闊的活動空間，他們依然能夠得到世俗社會的承認，有的還能得到很高的社會地位。他們是徘徊於士人的傳統人生道路與世俗人生之間的一個群落。」〔註110〕

因此，所謂「士而商」者，主要指官僚士大夫階層從商，從而達到儒商並舉。當然寬泛地理解，當然還可以說兩個層面：（1）爲貧而賈，這是儒士的入仕曲線方式；（2）爲官經商，爲了承擔家族、家庭義務，滿足奢靡消費需求，加上薄俸等原因，使得部分官僚涉足商賈，除了有常規的商業活動外，他們還持籌不已，放貸收租。郭正域的《大司馬總督陝西三邊魏確庵學曾墓誌銘》中說：「蓋秦俗以商販爲業，即士類不諱持籌。」正說明晉商中士人成份的增加，而官至都察院左都御史陝西三原人溫純「吾三原之士半商賈」之說，不可謂無因。然而，經商何必棄官？他們不過是亦官亦商的雙重身份罷了。

歸有光爲徽商程氏作壽序，稱揚程商「慕義無窮」即爲「商而士者」，程氏家族則「讀書爲業」，實爲「士而商者」：「新安程君，少而客於吳，吳之士大夫皆喜與之遊。……古者四民異業，至於後世，而士與農、商常相混。今新安多大族，而其地在山谷之間，無平原曠野可爲耕田。故雖士大夫之家，皆以畜賈遊於四方。……（程氏）子孫繁衍，散居海寧、黟、歙間，無慮數千家，並以《詩》、《書》爲業。君豈非所謂士而商者歟？然君爲人，恂恂慕義無窮，所至樂與士大夫交。豈非所謂商而士者歟？」〔註111〕程商家族的例子說明，中晚明以降新四民觀下「士」與「商」之間，已不同於以往社會那樣判然相隔，有著鮮明的界限。上文歸有光筆下的「士而商」，主要指世家大族以耕讀傳家，然而也「以畜賈遊於四方」的現象，強調的是士人不廢經商；歸有光筆下的「商而士」，主要指商賈本人「慕義無窮」，樂與士大夫交遊酬唱，強調的是商賈雅好士行。

（一）「營產業」與「勤學業」，各肩厥任：家庭內部的職業分工

明人汪道昆說：「新都三賈一儒，要之文獻國也。夫賈爲厚利，儒爲名高。

〔註110〕 羅宗強：《弘治、嘉靖年間吳中士風的一個側面》，《中國文化研究》2002 年冬之卷，第 22 頁。

〔註111〕 歸有光：《震川先生集》，上海古籍出版社，2007 年版，第 318～319 頁。

夫人畢事儒不效，則弛儒而張賈；既則（側）身饗其利矣，及爲子孫計，寧弛賈而張儒。一弛一張，迭相爲用，不萬鍾則千駟，猶之轉轂相巡，豈其單厚然乎哉，擇術審矣。」〔註112〕明清商人賈、儒相通的新觀念，在實踐上有利於業儒與服賈的良性循環。業儒與就賈被視爲作爲手段的職業選擇，不再具有道德至上追求的目的意義。

在農業人口相對富餘時期，一個家庭內部諸子各司其業，當是十分普遍的情形。甚至從文、習武、業商同時並舉的情形：「初，太孺人督孺官以商，諸生以文，萬夫長以武。」〔註113〕據明人溫自知對魚商所作的壽序：「太公晚歲倦遊，令長君澤寰代賈淮揚、姑蘇間，令仲君淳洲攻舉子業。太公屏處閒曠，徜徉物外，視阿堵物若遺跡也。」〔註114〕

在李維楨（1547～1626，字本寧）爲商人所寫的一百多篇壽序、家傳、墓誌、墓表中，有二十例記載的是亦儒亦賈的情景。在《胡祈年傳》中，他寫胡祈年「初與伯兄共業儒，貧不能行修脯，則身賈金陵，收其息佐兄。復以折閱罷。……祈年抗顏爲師，不少假貸。……稟餉稍羨，悉畀伯兄。伯兄大成」。〔註115〕胡氏兄弟儒業多難，商途波折。但他們亦儒亦商，暫任塾師，以儒助商，終使其商賈之業大成。

在徽州、山陝、洞庭商人家族中，這種「業儒」與「服賈」「迭相爲用」的情況是很普遍的。他們或先儒後賈、或亦賈亦儒，或先賈后儒。如徽州休寧商人吳天衢，「初業制舉，屢試郡邑弗售，乃棄儒而商。周流湖海，數歲末克展志。逐遠遊百粵，寓於昭璋，以信義交易，運籌數載，賈業大振，遂稱素封。」〔註116〕祁門人張之渙，「少穎敏，嘗讀書，學問可應舉取官職，故志非所樂。又里故家率務治生，不他慕，故之渙遂事貿易江湖間，蓋銖視青紫不以此爲貴也。」〔註117〕洞庭東山商人席本禎，原爲太學生，後棄儒經商，「其於治生也，任時而知物，籠萬貨之情，權輕重而取予之」〔註118〕，終於家業

〔註112〕汪道昆著，胡益民、余國慶點校，予致力審訂：《太函集》卷之五十二《海陽處士金仲翁配戴氏合葬墓誌銘》，黃山書社，2004年版，第1099頁。

〔註113〕溫純：《溫恭毅公文集》卷六《壽從母太孺人六十有一序》。

〔註114〕溫自知：《海印樓文集》卷二《陽陵魚太公八十壽序》。

〔註115〕李維楨：《大泌山房集》卷73《胡祈年傳》，四庫全書存目叢書影萬曆三十九年刻本。

〔註116〕《新安休寧各族志》卷三。

〔註117〕祁門《張氏統宗世譜》卷三《張之渙傳》。

〔註118〕吳偉業：《梅村家藏稿》卷四十七《太僕寺少卿寧侯席家傳》。

大起。

徽州人程羍，「遣伯、仲入浙受賈，獨季受經」〔註119〕。反映了一家之內經商與業儒的分工合作，最後竟然可以名利雙收。這樣一家之中，「賈則賈、儒則儒」，兄弟各有分工，正像明代歙縣人程長公，「其力賈以爲養，而資叔力學以顯親，俱濟矣。」明代的歙商許蓮塘，將在揚州等地經商所得的息金，「招延名師爲諸弟師資，給諸弟無所不用其情，寧自處粗糲」〔註120〕。清代黟縣王康吉，自己自幼隨父習商，「使季弟從名師遊，並爲購書至十二萬卷」。與許、王二商相同，清代婺源商人王悠熾，雖「性好讀書，以父體弱、兄患疾，遠趁生意獨肩任之，俾兩弟文熾、鼎熾得肄業以成名」。

晚清廣東順德人梁玉成一家的情況很能說明問題。玉成爲長子，代父治生，家業興隆，支持二位弟弟讀書，他對二弟說：「吾營產業，汝勤學業，各肩厥任，以承考志，勉矣，勿以塵務攖心。」後來弟弟藹如中進士，官至內閣中書，「人謂厥弟顯貴，實惟公力」。〔註121〕梁氏兄弟代表了中晚明以降部分家庭的實際情況。

小說家筆下也呈現了不少一家之中「營產業」與「勤學業」相互爲用的情形。像《醒世恒言》第十七卷《張孝基陳留認舅》開頭所言「士子攻書農種田，工商勤苦掙家園」，正是將讀書業儒與勤苦經商一同視爲遠離「閒遊蕩」的正當之業。這種看法，已迥異於傳統社會「本末論」下視工商業者爲「遊食」、「趁食」不作之人的慣常看法。作者還引用傳說，說官拜尚書的貴人家庭中諸子各業，雖家財萬貫，五個兒子中「只教長子讀書，以下四子農、工、商、賈，各執一藝」，四子心下不悅，卻不知甚麼緣故，央人問老尚書：「四位公子何故都不教他習儒？況且農工商賈勞苦營生，非上人之所爲。府上富貴安享有餘，何故捨逸就勞，棄甘即苦？只恐四位公子不能習慣。」老尚書說出一篇大道理來：「世人盡道讀書好，只恐讀書讀不了。讀書個個望公卿，幾人能向金階跑？郎不郎時秀不秀，長衣一領遮前後。畏寒畏暑畏風波，養成嬌怯難生受。算來事事不如人，氣硬心高妄自尊。稼穡不知貪逸樂，那知逸樂會亡身。農工商賈雖然賤，各務營生不辭倦。從來勞苦皆習

〔註119〕汪道昆著，胡益民、余國慶點校，予致力審訂：《太函集》卷之四十一《明故封南京兵部尚書平駕司員外郎程公行狀》，黃山書社，2004年版，第878頁。

〔註120〕歙縣《許氏世譜》第5冊《明故處士蓮塘許君行狀》。

〔註121〕《梁氏支譜》卷三《小傳·貤封奉直大夫內閣中書梁公傳》，載《明清佛山碑刻文獻經濟資料》，廣東人民出版社，1987年版，第359頁。

成，習成勞苦筋力劍春風得力總繁華，不論桃花與菜花。自古成人不自在，若貪安享豈成家？老夫富貴雖然愛，戲場紗帽輪流戴。子孫失勢被人欺，不如及早均平派。一脈書香付長房，諸兒恰好四民良。暖衣飽食非容易，常把勤勞答上蒼。」且認爲老尙書這篇話，「至今流傳人間，人多服其高論」，原因在於：「多有富貴子弟，擔了個讀書的虛名，不去務本營生，戴頂角巾，穿領長衣，自以爲上等之人，習成一身輕薄，稼穡艱難，全然不知。到知識漸開，戀酒迷花，無所不至。甚者破家蕩產，有上稍時沒下稍。所以古人云：五穀不熟，不如荑稗；貪卻賒錢，失卻見在。這叫做：受用須從勤苦得，淫奢必定禍災生。」

嘉靖年間的休寧商人汪弘，經商有餘蓄，散財行義，被「空同子」贊爲士君子：「士商異術而同志，以雍行之藝，而崇士君子之行，又奚必縫章而後爲士也。」〔註122〕汪商亦將士子的「顯親揚名」與商賈的「豐財裕後」並提：「生不能揚名顯親，亦當豐財裕後，雖終日營營，於公私有濟，豈不猶愈於虛舟悠蕩，蜉蝣楚羽者哉！」在求學而能「疏通聞見」後，乃「棄儒就商，力行干蠱之業」。汪商北跨淮揚，南遊吳越，「服賈鹺鹵之場，挾劉晏之奇，謀猗頓之貲，積數十年遂有餘蓄」，爲他力舉義行奠定了基礎。

（二）「治生尤切於讀書」：出於權宜之計的臨時經商

仕宦之家尙且兼事農桑，也難怪儒士以「治生」之術爲「學問之道」的必有內涵。明末清初的學人陳確對此有較明確的主張：「學問之道，無他奇異，有國者守其國國，有家者守其家，士守其身，如是而已。所謂身，非一身也。凡父母兄弟妻子之事，皆身以內事，仰事俯育，決不可責之他人，則勤儉治生洵是學人本事。而或者疑其言之有弊，不知學者治生絕非世俗營營苟苟之謂，即莘野一介不取予學術，無非道義也。……確嘗以讀書、治生爲對，謂二者眞學人之本事，而治生尤切於讀書。然第如世俗之讀書、治生而已，則讀書非讀書也，務博而已矣，口耳而已矣，苟求榮利而已矣；治生非治生也，知有己，不知有人而已矣，知有妻子，不知有父母兄弟而已矣：而又何學之云乎？故不能讀書、不能治生者，必不可謂之學；而但能讀書、但能治生者，亦必不可謂之學。唯眞志於學者，則必能讀書，必能治生。天下豈有白丁聖賢、敗子聖賢哉！豈有學爲聖賢之人而父母妻子之弗能養，而待

〔註122〕休寧《汪氏統宗譜》卷116《弘號南山行狀》。

養於人者哉！」〔註123〕陳確對許衡的治生論作了發揮，將「治生」與「讀書」均等同視為「眞學人本事」。他實在是批評現實中所存在的那些完全不懂治生的假學人，讀書也不能徹底，不過是「尋行數墨」的數量增減，是「口耳之學」；即使有所謂治生，也不過是糊口而不養家，或不能推擴養家糊口之念而關懷天下蒼生。

陳確於此提出的「治生尤切於讀書」的觀點，代表了明清之際士人的新治生觀。

我們不妨認為，「讀書」與「治生」均為「眞學人之本事」，讀書若不能解決自身的吃飯問題，並知曉百姓日常生計問題，那正是讀書無用，偏離了正道，雖然讀書並非僅著眼於「治生」養家糊口。一些學者將「治生」理解得過於狹窄，像張履祥（1611～1674，字考夫，號楊園）就曾高論「儒者羞為」商賈。他主張，士人應知「稼穡之艱」，「治生以稼穡為先，捨稼穡無所謂治生者」〔註124〕；如果知交子弟有「去為商賈」，或「流於醫藥卜筮」，那離農桑治生之業已經「絕遠」了。

明清科舉制度下的社會分層，以秀才為最低的士階層，除了享有少部分特權以外，從日常的俗世生活層面來看，秀才與市井平民似乎並沒有截然的不同。何柄棣先生將明代的生員和清代監生當成是平民中的領導階層〔註125〕，可能正是因為他看到如下新情況：在傳統四民社會崩解以後，讀書人與普通市民之間出現了日益密切的互動與融通。

無論是「秀才」，還是尚未取得初級功名的「監生」與「生員」，都是處在「士」與「民」轉折的銜接點的「士民」階層。「在『士民』階級中一個人是否成為『士』取決於他的經濟狀況。少數出身富裕家庭的『士民』不必擔心吃穿，那他就屬於『士』。但是大多數並沒有祖先遺留給他們的足夠經濟保

〔註123〕陳確：《學者以治生為本論》，《陳確集》，中華書局，1979年版，第158～159頁。

〔註124〕張履祥：《楊園先生全集》卷36《初學備忘上》。

〔註125〕何柄棣先生說，雖然監生尚不能直接進入政府行政系統，但他們無疑構成了普通民眾（commoners）中的「特權群體」。They were exempt from labor service and from the routine tests of the provincial educational commissioner because of their theoretical "graduate" status. In addition: for the well-to-do commoners the chien-sheng title was a requisite for further purchase of official titles. 而生員（sheng-yüan）和監生被張仲禮稱為士的最低一層（lower gentry）。參 Ping-ti Ho: *The Ladder of Success in Imperial China: Aspects of Social Mobility: 1368~1911*: Columbia University Press: New York: 1964. p.34.

證，只得靠私塾或做家教來維持生活，他們便不屬於『士』。」〔註126〕如果家貲不厚、田產無多，那麼坐館授徒在很多情況下就成為普通生員、「資深」童生維持最基本生計的重要途徑。鍾惺（1574～1624，字伯敬）說：「士苟欲自遂其高，則其於衣食之計，當先使之稍足於己，乃可無求於世。今人動作名士面孔向人，見人營治生計，即目之為俗。及至窘迫，或有干請乞丐，得與不得，俱喪其守，其可恥又豈止於俗而已乎？」〔註127〕像阮裕「屢辭徵命而宰二郡」，王述「始仕」而「稍營資產」，皆是「通人作俗事，自有深意」。自然為之，不自我標榜，實在士人「近情而能全節」之舉。

清人沈垚（1798～1840，字子敦），高揚商賈而有豪傑之行者，是為其大者，而且業商還為步入士流提供重要的物質保障。他說：「宋太祖乃盡收天下之利權歸於官，於是士大夫始必兼農桑之業，方得贍家，一切與古異矣。仕者既與小民爭利，未仕者又必先有農商之業，得給朝夕，以專事進取。於是貨殖之事益急，商賈之勢益重。非父兄先營事業於前，子弟即無由讀書，以致身通顯。是故古者四民分，後世四民不分。古者士之子恒為士，後世商之子方能為士。此宋、元、明以來變遷之大較也。天下之士，多出於商，則孅嗇之風日益甚，然而睦婣任卹之風，往往難見於士大夫，而轉見於商賈。何也？則以天下之勢偏重在商，凡豪傑有智略之人多出焉。其業則商賈也，其人則豪傑也，為豪傑則洞悉天下之物情，故能為人所不為，忍人所忍。是故為士者轉益孅嗇，為商者轉敦古誼，此又世道風俗之大較也。」〔註128〕「貨殖之事」、「農商之業」可以為讀書人提供經濟生活保障，父輩從事商賈是「營事業於前」，為子弟讀書「通顯」「進取」之必要途徑。士大夫為養家，亦必兼事農桑，甚至從事商賈。

上引沈垚這一段論說，圍繞生存問題，較詳細地指明了士商互動的原因，而且上升到「宋、元、明以來變遷之大較」、「世道風俗之大較」等「天下大勢」上來，是值得著實注意的總結之言。

汪道昆形容徽商是「賈而好儒」，兼具喜愛藏書，程晉芳、鮑士恭、馬裕、

〔註126〕〔美〕張春樹、駱雪倫著，王湘雲譯：《明清時代之社會經濟巨變與新文化——李漁時代的社會與文化及其現代性》，上海古籍出版社，2008 年版，第92 頁。

〔註127〕鍾惺：《隱秀軒集》，上海古籍出版社，1992 年版，第 432 頁。

〔註128〕沈垚：《費席山先生七十雙壽序》，吳興劉氏嘉業堂刻本《落帆樓文集》卷二十四，頁十二上～下。

汪啓淑皆興建藏書樓〔註129〕，所以徽商有了「儒商」之稱。中國稱「儒商」，實際上始於徽商，可以說是徽商創造了儒商，並形成了儒商精神，並融入傳統文化之中。如旌陽程淇美，「年十六而外貿，……然雅好詩書，善筆丸，雖在客中，手不釋卷。」〔註130〕又如休寧人江遂志，行賈四方時，「雖舟車道路，恒一卷自隨，以周覽古今賢不肖治理亂興亡之跡。」〔註131〕

績溪人章策，聰穎志高，讀書輒解，曾投明師習舉子業，無奈因承擔養親撫弟的家庭重擔，「遂棄儒承父業學賈」，因「精管（仲）、劉（晏）術，所億輒中，家以日裕，援例爲太學生候選布政司理問」。〔註132〕他習商而重儒，「雖不爲帖括之學，然積書至萬卷，暇輒手一編，尤喜先儒語錄，取其益於身心以自勵，故其識量有大過人者」〔註133〕。

商人黃錡，亦有詩書之好，他「雖商而博涉左傳史家言」，「貨鬻淮揚間。國家邊計倚鹺政，而兩淮尤擅利權。商與官爲市，當任者非桑孔心計無恨，則齷齪瑣碎朝令夕易，顧歹卑諸商，諸商亦罕能伸眉吐氣，與論曲直損益」〔註134〕。明代休寧商人程良錫，棄儒從商後，「晝則與市人昂畢貨殖，夜則焚膏翻書弗倦」。徽商汪志德，「雖奇跡於商，尤潛心於學問無虛日。琴棋書畫不離左右，尤熟於史鑒，凡言古今治亂得失，能歷歷如指諸掌」。他們都代表了一種獨特的文化景觀，而其中的徽商也代表了「徽學」的一種重要特點。〔註135〕

經商餘閒，商人不免文史之好；業儒之際，儒生變常有商遊之擇。比如，《石點頭》第一回《郭挺之榜前認子》中，廬州府合肥縣秀才郭喬，雖「自負有才，少年就拿穩必中，不期小考利，大考不利」，到了三十以外，還是一

〔註129〕 劉尚恒：《安徽私家藏書述略》，《安徽史學》1987 年第 1 期，第 17 頁。

〔註130〕 《旌陽程氏宗譜》。

〔註131〕 《濟陽江氏族譜》。

〔註132〕 績溪《西關章氏族譜》卷 26《例授儒林郎候選布政司理問績溪章君策墓誌銘》，參見張海鵬、王廷元主編：《明清徽商資料選編》，黃山書社，1985 年版，第 453 頁。

〔註133〕 績溪《西關章氏族譜》卷 26《例授儒林郎候選布政司理問績溪章君策墓誌銘》，參見張海鵬、王廷元主編：《明清徽商資料選編》，黃山書社，1985 年版，第 453～454 頁。

〔註134〕 歙縣《竦塘黃氏宗譜》。

〔註135〕 此中所反映之特點，張舜徽先生曾言：「余嘗考論清代學術，以爲吳學最專，徽學最精，揚州之學最通。」參張舜徽著《清代揚州學記·敘論》，見《清代揚州學記：顧亭林學記》，華中師範大學出版社，2005 年版，第 6 頁。

個秀才，心下十分焦躁，遂有「棄書不讀之意」。在廣東韶州府樂昌縣做知縣的舅舅王衰，得知情況後，便來信安慰，說「倘名場不利，家居寂寥，可到任上來消遣消遣」。郭喬借南遊之際，乘便做了一把生意。他叫僕人郭福買了三五百金貨物跟去，竟往廣東而去。「郭喬到了廣東，先叫郭福尋一個客店，將貨物上好了發賣，然後自到縣中，來見母舅王知縣」。沒想到「不多時早都賣完了」，而五百兩本銀，「除去盤費，還淨存七百兩，實得了加四的利錢」。他認為自己還要待一段時間，僕人「空守著許多銀子，坐在此也無益。莫若多寡留下些盤纏與我，其餘你可盡買了回頭貨去，賣了，再買貨來接我，亦未為遲」。等郭福再來時，「又載了許多貨來」。他自己只出本錢，由僕人運營，「初時郭福在廣東做生意」，不過，「後來郭福不走廣東」了。

　　明清科舉制度下的社會分層，以秀才為最低的士階層，除了少部分特權以外，從日常的俗世生活層面來看，秀才與市井平民似乎並沒有截然的不同。何柄棣先生將明代的生員和清代監生當成是平民中的領導階層〔註136〕，正是看到傳統四民社會崩解以後，讀書人與普通市民之間日益密切的互動與融通。無論是「秀才」，還是尚未取得初級功名的「監生」與「生員」，都是處在「士」與「民」轉折的銜接點的「士民」階層。〔註137〕如果家貲不厚、田產無多，那麼坐館授徒在很多情況下就成為普通生員、「資深」童生維持最基本生計的重要途徑。

二、「賈而好儒」：「商而士」模式下的業商行儒

　　「末代翰林」歙縣人許承堯（1874～1946）曾說：「商居四民之末，徽殊

〔註136〕何柄棣先生說，雖然監生尚不能直接進入政府行政系統，但他們無疑構成了普遍民眾（commoners）中的「特權群體」。They were exempt from labor service and from the routine tests of the provincial educational commissioner because of their theoretical "graduate" status. In addition: for the well-to-do commoners the chien-sheng title was a requisite for further purchase of official titles. 而生員（sheng-yüan）和監生被張仲禮稱為士的最低一層（lower gentry）。參 Ping-ti Ho: *The Ladder of Success in Imperial China: Aspects of Social Mobility: 1368~1911*: Columbia University Press: New York: 1964. p.34.

〔註137〕張春樹等說：「在『士民』階級中一個人是否成為『士』取決於他的經濟狀況。少數出身富裕家庭的『士民』不必擔心吃穿，那他就屬於『士』。但是大多數並沒有祖先遺留給他們的足夠經濟保證，只得靠私塾或做家教來維持生活，他們便不屬於『士』。」參〔美〕張春樹、駱雪倫著，王湘雲譯：《明清時代之社會經濟巨變與新文化——李漁時代的社會與文化及其現代性》，上海古籍出版社，2008 年版，第 92 頁。

不然。歙之業鹺於淮南北者，多縉紳巨族。其以急公議敘入仕者固多，而讀書登第，入詞垣、躋膴仕者，更未易僕數。且名賢才士往往出於其間，則固商而兼士矣。」〔註138〕可見，商人及其子弟要優入仕途，主要憑藉「急公議敘」的「捐納」捷徑，當然也還由於有「讀書登第」的科舉正途來躋身仕途。總之，即使不能躋身官場，亦可廁身於士林，所以徽商雖業商而實即「商而兼士」。而一當更多士子步入商途時，他們更多地從儒家倫理中領悟、提煉出有利於商業經營的治生之道，這便從客觀上提升了商人隊伍的文化品格、職業自尊與倫理自信。

（一）「用儒意以通積著之理」

商賈因得「利」而向「義」，漸向因「富」而求「貴」，這種義利並重、富貴雙贏的模式是商賈之道的最理想狀態。有學者說：「何謂賈道？簡而言之，賈道便是經商之道。展開一些說，它包括傳統商人自身的金錢觀念、倫理思想、經營方式、道德修養、聚財手段、社交應酬、舞弊行徑、處世藝術，直至賺錢發財後的種種消費、享樂心理。」〔註139〕這是一種寬泛的理解。明清之際的商賈，開始自覺其人生道路而造成「舊賈道」的突破，幾乎成為一個自我完足的意識形態，它是商賈從事經商謀利之業的「精神憑藉」，是他們「巧妙地運用中國傳統中的某些文化因素來發展（的新）『賈道』」〔註140〕。

明代陸樹聲（1509～1605）筆下的張士毅，「捨儒就商，用儒意以通積著之理。不屑纖細，惟擇人委任，貲計出入」〔註141〕。張士毅推擇人選以代理經營所利用的「儒意」，實是就「儒術」意義層面而言，「並不指儒家的道德而言，毋寧指儒學中『治人』、『治事』以至『治國』的道理或知識」〔註142〕。這說明儒學向商業文化滲透，當指涉商業經營時，多就其治理方面做「工具

〔註138〕許承堯：《歙事閒譚》卷十八《歙風俗禮教考》，黃山書社，2001年版，第603頁。

〔註139〕張振華：《中國古代商、錢觀念與賈道散論》，《社會科學》1994年第11期，第43頁。

〔註140〕余英時：《中國近世宗教倫理與商人精神》，《余英時文集》第三卷《儒家倫理與商人精神》，廣西師範大學出版社，2004年版，第335頁。

〔註141〕《陸文定公集》卷七《贈中大夫廣東布政司右參政近松張公（士毅）暨配陸太淑人合葬墓誌銘》。

〔註142〕余英時：《中國近世宗教倫理與商人精神》，《余英時文集》第三卷《儒家倫理與商人精神》，廣西師範大學出版社，2004年版，第311頁。

理性」的化用。余英時先生將「儒」「賈」關係分爲兩個層次：「第一個層次的『儒學』指商人的一般知識和文化的修養，包括經、史、子、集各方面。由於這種修養必須通過儒家的教育才能取得，因此凡是受過教育的商人都可以說是具有『儒』的背景。……這種『儒』在道德上是中立的。第二個層次則是儒家的道德規範對於商人的實際行爲所發生的直接或間接的影響。這是有關商人倫理的來源問題。」〔註143〕並且指出，在實際例子中這兩個層次往往是混而難辨的。

商人在價值觀上進行整合的努力之一，即認爲賈道與儒家治國平天下之道相通，故可以賈佐政。徽商吳黃谷就指出道：「余每笑儒者齷齪，不善治生，一旦握符，莫知縱橫。習儒而旁通於賈，異日爲政，計然、桑孔之籌，豈顧問哉？」〔註144〕吳偉業（1609～1672）曾爲浙江瑞安商人卓禺撰墓表，其文道：「公諱禺，姓卓氏……居京師五載，屢試於鎖院，輒不利，歸而讀書武康山中，益探究爲性命之學。……公之爲學，從本達用，多所通涉。詩詞書法，無不精詣。即治生之術亦能盡其所長。精強有心計，課役僮隸，各得其宜。歲所入數倍，以高貲稱里中。」〔註145〕屢試不售的卓氏，卻能將儒學精神化用於「治生之術」，使「各得其宜」。

明嘉靖萬曆間婺源人李大嵩，經商成功後，給後輩傳授經驗時說：「財自道生，利緣義取，陶朱公、秦青等數輩何在？」〔註146〕說出一番儒家倫理精神與治生之術相通的道理，難怪聞者會灑然歎服。《漢書・貨殖傳》曾言：「貪賈三之，廉賈五之。」與《史記・貨殖列傳》「廉賈歸富」思想相應，實點出薄利多銷的經營之道，其中實涵藏著與儒家義利觀相通的部分。李商「財自道生，利緣義取」的商道觀，正是他對儒家義利觀重新闡發改造以後的結果。經商如果背離正道，即被人所不齒。據《武林舊事》卷六《遊手》所載，宋人那些「賣買貨物，以偽易眞」者稱人斥爲「白日賊」〔註147〕。宋代的這類思想資源，在明清之際重新建構賈道時，起著某種反向批導的

〔註143〕余英時：《中國近世宗教倫理與商人精神》，《余英時文集》第三卷《儒家倫理與商人精神》，廣西師範大學出版社，2004年版，第313頁。

〔註144〕吳吉祐：《豐南志》第4冊《從父黃谷公六十序》，安徽省博物館藏民國稿本。

〔註145〕吳偉業：《梅村家藏稿》卷五十《卓海幢墓表》。

〔註146〕婺源《三田李氏統宗譜・環田明處士李公行狀》，參見張海鵬、王廷元主編：《明清徽商資料選編》，黃山書社，1985年版，第273頁。

〔註147〕《武林舊事》卷六。

作用。

商人在很多時間著儒冠儒服，置詩酒文會，交結士類，以附庸風雅，有時不免於造作。然而，他們用近於儒士的生存方式，表達了一種對「經商為賤業」傳統偏見的一種反擊，或從側面表達了一種對士人主導的社會秩序的曲意順從。

商人不再願意停留於靜靜地接受社會給他們的固定形象，他們力圖發出一種聲音，雖然微弱，雖然仍然不是主流，甚至有時候正是潛流，但是這種聲音，這股潛流已經開始發出，開始湧動了。

婺源孫大巒，「援例入國學生……嘗持籌吳越，生計漸裕。為人疏財仗義，有告匱者量力周之，不以為德也。……又好與文人學士遊，多聞往古嘉言懿行，開拓心胸，故能掃盡市井中俗態，雖不服儒服、冠儒冠，翩翩有士君子之風焉」〔註148〕。洞庭山商人施鳳（字鳴陽），「隨大父貿遷淮陰，晝執烹飪，夜勤誦讀，或行道中默誦所肄，觸人莫覺也」〔註149〕。施鳳雖潛心理學，最後終於告別科舉，高蹈不仕，被「立朝四十年」而「與世寡諧」的王鏊引為同道。徽州歙縣商人黃玄賜，在山東經商，由於他「臨財廉，取與義」，被齊魯人評價為「非惟良賈，且為良士焉」，他「慕義如渴……晚年優游林下，詩酒自娛」〔註150〕，確有儒商風範。據歙縣《潭渡黃氏族譜》卷 9 《望雲翁傳》載，嘉靖時徽商黃長壽，「少業儒，以獨子當戶，父老，去之賈。以儒術飭賈事，遠近慕悅，不數年，貲大起……翁雖遊於賈人，實賈服而儒行，嘗挾資流覽未嘗置。性喜吟詠，所交皆海內名公」，並「積詩成秩」，刻印書稿，藏為家寶。〔註151〕正是由於「以儒術飭賈事」，將「儒意」與商賈之道相貫通，生活中的黃長壽，能夠以吟詠酬唱，結交名士，結集詩文，儼然以文士面世。

作為朱子闕里的新安，有「儒風獨茂」〔註152〕之譽，州內遍設書院，教育子弟。徽商僑居時，亦不忘建立書院，扶植後代。即使在修家譜、訂族規

〔註148〕 婺源《湖溪孫氏宗譜》卷 1《萃峰孫公傳》，參見張海鵬、王廷元主編：《明清徽商資料選編》，黃山書社，1985 年版，第 455 頁。

〔註149〕 王鏊：《震澤先生文集》卷三《東崗高士傳》。

〔註150〕 歙縣《竦塘黃氏宗譜》卷 5《黃公玄賜傳》。

〔註151〕 參見張海鵬、王廷元主編：《明清徽商資料選編》，黃山書社，1985 年版，第 449 頁。

〔註152〕 康熙《績溪縣志續編》卷三《碩行》。

時，也不忘強調儒家道德規範的重要地位。據雍正年間修訂的休寧縣《茗州吳氏家典》載：「我新安爲朱子桑梓之邦，則宜讀朱子之書，取朱子之教，秉朱子之禮，以鄒魯之風自持，而以鄒魯之風傳之子若孫也。」另外，婺源縣許多家族，每年的初三日、十八日都要召集本族子弟聚會於祠堂，「申以孝悌姻睦之義」，並懲罰違背儒家道德規範的人。

那些挾藝出遊江湖者，在經濟狀況饒裕以後，便講究儒門禮儀，行動上也向儒士靠攏了。《二刻拍案驚奇》卷二《小道人一著饒天下 女棋童兩局注終身》正話中的村童周國能，其身份當處於亦儒亦賈之間。他「從幼便好下棋」，在村學堂讀書時即表現出他的與眾不同，常能下出「尋常想不到的妙著」，漸漸「遍村走將來，並無一個對手，此時年才十五六歲，棋名已著一鄉」。隨著與官員士夫、王孫公子的往來，以及與不伏氣甘折本的小二哥賭賽獲利，「國能漸漸手頭饒裕，禮度熟嫻，性格高傲，變盡了村童氣質，弄做個斯文模樣」。他自己也對此有足夠的自信，自認「既有此絕藝，便當挾此出遊江湖間，料不須帶著盤費走」。後來，周國能以棋藝獲得榮華富貴後，衣錦不還鄉，在異國他鄉做了「棋學博士，御前供奉」，而且「後來周國能差人到蔡州密地接了爹娘，到燕山同享榮華」，打破了中國傳統社會安土重遷的農業文明模式下的慣常思維方式。

（二）「處財貨之場而修高明之行」

在明清之際「士商互動」的社會動變中，商賈亦不乏尊崇儒術者，以期修成高明之行。

據李夢陽（1473～1529）所撰《明故王文顯墓誌銘》，墓主爲山西蒲州商人王文顯（1469～1523）。王文顯雖身爲商人，卻自有高見，他說：「夫商與士，異術而同心。故善商者，處財貨之場而修高明之行，是故雖利而不污。善士者，引先王之經，而絕貨利之徑，是故必名而有成。故利以義制，名以清修，各守其業。天之鑒也。如此，則子孫必昌，身安而家肥矣。」〔註153〕賈者尊事儒術，並非完全出於羨慕虛榮，極有可能是出於經商手段的需要，因此與儒士「異術」；而「利以義制，名以清修」的道德追求，則又與儒者「同心」。

王文顯提出的這個「商與士異術而同心」的新命題，其意義不僅在於此，

〔註153〕李夢陽：《空同先生集》卷四十四《明故王文顯墓誌銘》。

還在於他將各階層的社會地位及其社會道德標準進行了分判，打破了原來的僵化看法：人之道德品位的高下，不在於是「業儒」仕宦或貨殖「謀利」的職業之不同。經商謀利的良賈因「善商」而照樣可以修「高明之行」。王現被描述爲以信義待人的義商，實爲「利而義者」。

在「儒風獨茂」的社會文化氛圍中成長的徽商，多能「以儒道經商」，被稱爲「儒商」之代表。正德年間的休寧糧商汪平山，並不「困人於厄」以牟取暴利。他心存仁義，將自己儲蓄的穀粟，「悉貸諸貧，不責其息，遠近德之」。乾隆時賈於閩的休寧商人程模，「時人咸謂公有儒者氣度」。清代休寧人吳鵬翔，僑寓漢陽時，適值漢陽飢饉，他本可用剛到的數萬石「川米」以「獲利數倍」，卻大義放棄，「悉減值平糶，民賴以安」，因此受到地方政府的嘉獎。

據《岩鎮志草》所載，明末歙縣商人程其賢，因家道中落、末世兵亂，16歲即踏上外出經商之途，「往來閩、越、荊、豫間，誠信自矢，不罔利，而業日振」〔註154〕，達到了養母孝親的倫理目的。王愼中爲休寧商人作傳時，誇其雖從事賈業，但「其意不相矜以利，獨爲二親故，行賈以爲養也。言信情忠於江湖間，人莫不以爲誠而任之。其規時合變，損盈益虛，巧而不賊，雖不矜於利，而賈大進，家用益富」〔註155〕。清代歙縣商人吳鈵，「平生仁心爲質，視人之急如己，力所可爲即默任其勞，事成而人不知其德。其或有形格事阻，輒食爲之不寧」。他不僅自己急公好義，而且還傳給兒子十二字仁義之道：「存好心、行好事、說好話、親好人。」還說：「人生學與年俱進，我覺『厚』之一字，一生學不盡亦做不盡也。」〔註156〕

嘉靖年間的汪福堅，雖身爲商賈，而能修高明潔行：「既長就學，讀書循禮，敦行寡言，長衣高帽，不樂時俗。……靜庵愛其誠直，嘗命掣鹾淮、越，假是而遊江湖數年，於徐、揚、青、兗、齊、楚鮮不遍歷。遇名勝則停舟駐節，於蜂園蝶徑，不一跬步。見飢寒無告者恤之，得高明勝己者友之。嗚呼，世之爲商者，處財貨之場，而能修潔如西潭者鮮矣。」〔註157〕

〔註154〕參見張海鵬、王廷元主編：《明清徽商資料選編》，黃山書社，1985年版，第103頁。

〔註155〕王愼中：《王遵岩文集》卷三十二《黃梅源傳》。

〔註156〕參見張海鵬、王廷元主編：《明清徽商資料選編》，黃山書社，1985年版，第288頁。

〔註157〕《休寧西門汪氏宗譜》卷六《處士福堅公行狀》，順治十年刻本。

本章結論

像王陽明、歸有光、袁枚這些名公巨卿，多言及「儒而商」、「商而儒」的例子，並贊揚成功商人的義舉善行、濟世奇功。在眾多棄儒業商的成功者身上，我們不禁要問：儒商到底是因「商」而貴，還是因「儒」而貴？中晚明以後的棄儒業商或亦儒亦賈者，他們身上多打有「暴發戶」印記或投機心理的強化，他們成功以後竟可成為中國前近代民間社會的中堅，通過紳商共治而重整民間秩序。如果「商而士」的實現是通過商人身份的轉換實現的，說明政治資源仍為「士」階層所壟斷，政治權勢仍為商人階層所不能直接觸及、擁有的稀缺資源。既然在士人科舉成功的機會越來越小，商人棄商而士之舉，實冒著相當大的風險。「從一些捨商而士的成功事例中也可以看出，一些家族往往是在經過數代人前仆後繼、堅持不懈的努力、在飽嘗科場艱辛之後才獲得成功的。這種風險使許多商人不敢貿然走捨商而士之路。他們不是謀求改變自己的商人身份，而是通過種種舉措，努力改變商人的形象，提高商人的社會地位，獲得更多的社會認同。」〔註158〕

明代中後期的棄學經商對明代中後期的社會產生了一系列重大影響：（1）「棄學經商之風的蔓延，進一步腐蝕了吏治，加深了明代中後期的政治危機」〔註159〕；（2）「棄學經商之風的盛行，不僅沒有削弱、相反卻進一步強固了自給自足的封建自然經濟結構。換言之，即對封建生產方式的加固更甚於分解作用」〔註160〕，商業資本無法在生產中找到出路，而是轉向地主土地所有制，並與高利貨資本相勾結組成「三位一體」，因此，中國社會不可能出現獨立的貨本財產和獨立的商人集團，「大量的材料表明，明代商業資本的出路絕大部分仍然是用於購置田地、助修祠堂、廟宇、道觀、捐輸以及奢侈性消費等方面。這對明代社會又產生了兩個方面的影響：一方面，加劇了土地高度集中的社會現實，激化了階級矛盾。另一方面，士人通過捐納、助賑等『義舉』，結託官府，提高了自己的社會聲望和政治地位，擴大了明王朝的封建統

〔註158〕 肖永明：《商人對書院發展的推動及其動機探析》，《大學教育科學》2005 年第 1 期，第 73 頁。

〔註159〕 黃瑞卿：《明代中後期士人棄學經商之風初探》，《中國社會經濟史研究》1990年第 2 期，第 38 頁。

〔註160〕 黃瑞卿：《明代中後期士人棄學經商之風初探》，《中國社會經濟史研究》1990年第 2 期，第 38 頁。

治基礎」﹝註161﹞；（3）「棄學經商、唯利是趨之風的盛行，衝擊了傳統的倫常和道德體系，加劇了知識分子階層在道德觀和人生價值觀上的分野」﹝註162﹞，出現了「對社會冷淡、漠視的頹廢沒落的人生觀和道德觀」，而那些「衝破理學的羈絆，以道德經濟、氣節學術爲士之倡，日益關注自然科學和生產技術，重視務實致用的實測之學」的進步知識分子，則「開創了中國近代科學思想啓蒙運動的先河」﹝註163﹞；（4）「士人棄學經商之風，不可避免地對某些地區的科舉考試產生了一定的衝擊」﹝註164﹞，儘管經商圖利會造成獲得科舉功名的士子數量減少，但整體而言並未能構成對科舉制度的更大衝擊或瓦解作用，這是「由於商業資本出路狹窄，商人（包括士人）經商致富後，往往仍不免走捐資辦學或督課子弟讀書業儒以保妻子、以榮鄉里的老路。這就反而會促進一些地區文化科舉事業的興盛」﹝註165﹞。

　　最後，一般認爲由「商」轉「士」是一種向上的流動，但有時也可能是謀生職業的就近選擇，更多地顯示了流動的平常性與常態化。明清小說中反映了近似這一流動的事件，揭示了這一流動的複雜性。《無聲戲》第四回《失千金福因禍至》中的秦世良經商受挫，失去借來的本錢，爲了謀生，回去當起村塾先生，「衣衫甚是襤褸」，住在一間「稀破的茅屋」裏，「幾堵傾塌的土牆，兩扇柴門，上面貼一副對聯道：數奇甘忍辱，形穢且藏羞」，平日裏只和許多蒙童相對。

﹝註161﹞黃瑞卿：《明代中後期士人棄學經商之風初探》，《中國社會經濟史研究》1990年第 2 期，第 39 頁。

﹝註162﹞黃瑞卿：《明代中後期士人棄學經商之風初探》，《中國社會經濟史研究》1990年第 2 期，第 39 頁。

﹝註163﹞黃瑞卿：《明代中後期士人棄學經商之風初探》，《中國社會經濟史研究》1990年第 2 期，第 39 頁。

﹝註164﹞黃瑞卿：《明代中後期士人棄學經商之風初探》，《中國社會經濟史研究》1990年第 2 期，第 39 頁。

﹝註165﹞黃瑞卿：《明代中後期士人棄學經商之風初探》，《中國社會經濟史研究》1990年第 2 期，第 46 頁。

第三章　士商聯姻

　　中國傳統社會裏，兩家締結婚姻是一項重大事件，不僅講究門當戶對，還要按照繁縟的禮節進行。正因爲其繁縟，方顯得隆重。《禮記・昏義第四十四》說：「昏（婚）禮者，將合二姓之好，上以事宗廟，而下以繼後世也。故君子重之。」〔註1〕還說：「男女有別，而後夫婦有義；夫婦有義，而後父子有親；父子有親，而後君臣有正。故曰：『昏禮者，禮之本也。』」〔註2〕婚姻被儒家視爲一切人倫之始，是成禮的根本，所以歷來對之特別「敬愼重正」。

　　門第之風盛行的魏晉南北朝時期，門閥士族、世族大家對婚姻對象的要求十分嚴苛。宋代宗室嚴禁與商人聯姻，明清時期在聯姻方式方面出現了對這方面規定的突破。明人董含說：「曩昔士大夫以清望爲重，鄉里富人，羞與爲伍，有攀附者，必峻絕之。今人崇尙財貨，見有擁厚貲者，反屈體降志，或訂忘形之交，或結婚姻之雅，而窺其處心積慮，不過利我財耳。遂使此輩忘其本來，趾高氣揚，傲然自得。」〔註3〕這段被廣爲徵引的話，既點出了明初到中晚明世人交往觀念的變化，也表明了明清社會轉型期士商之間婚姻觀念的新變。袁行霈主編的《中國文學史》第七編第十章在談到「三言」、「二拍」反映了市民社會的風情畫時說：「他們趾高氣揚，開始俯視社會

〔註1〕　孫希旦撰，沈嘯寰、王星賢點校：《禮記集解》，中華書局，1989年版，第1416頁。

〔註2〕　孫希旦撰，沈嘯寰、王星賢點校：《禮記集解》，中華書局，1989年版，第1418頁。

〔註3〕　（清）董含撰，致之校點：《三岡識略》卷一〇《吳風俗十六則》，遼寧教育出版社，2000年版，第225頁。

上的各色人等，瞧不起窮酸的『衣冠宦族』和文人學士，紛紛表示不願意與他們聯姻結好。在金錢面前，門第與仕途已黯然失色。小說所描寫的這種社會心理的微妙變化，表現了晚明時代的鮮明特點，反映了一種新的價值取向。」〔註4〕

第一節　士商聯姻的常態

在明清之際四民社會開始鬆動的情形下，士階層與商階層締結婚姻，已成為經常出現的一種社會現象。最為理想的士商聯姻，是商人階層得以富而求貴，優入上流；而士階層尤其是貧士，則貴而得富，發了一筆「妻財」或嫁入豪門。筆者即將此情形解讀為士商聯姻的常態。但常態並不意味著一定會達到理想狀態。如果從士商締姻是否達到理想狀態，可分為（1）不對等的士商聯姻和（2）理想的士商聯姻，這兩種情形。如果從婚嫁雙方的情形看，又可以分為（1）商女攀姻或下嫁士子和（2）仕女下嫁或攀姻商子，這兩種或四種情形。如果從士與商締姻時主動和被動的姿態而論，又可以分為（1）士階層處於上位和（2）商階層處於上位，這兩種情形。

本書打算從婚嫁層面的分析入手，貫穿另外兩種分析層面，主要分從商人的考慮與士子的權宜之計兩個方面考慮，來探討明清之際小說中士商聯姻的具體展開情形。

一、商女與士子聯姻

傳統社會的婚姻之禮，「將以合二姓之好，上以事宗廟，而下以繼後世也」〔註5〕，突出的是傳宗接代的內涵，重在「父母之命，媒妁之言」，「當事人」的青年男女的自由戀愛卻被作為具有背叛色彩而遭致批判。但隨著社會經濟狀況的邅變，世人婚戀觀也開始出現異動，門第觀念也出現了某種程度上的鬆動，就連正史中也透露出不少迥異於宋代的信息。在明清之際的文學生態中，新的婚姻觀念也表現得尤為明顯。商人開始謀劃著與士大夫階層締姻，士人也打算放下傳統尊貴的架子，或主動或被動地同商賈之家聯姻。

〔註4〕　袁行霈主編：《中國文學史》第四卷，高等教育出版社，2003 年版，第 203 頁。

〔註5〕　《禮記・昏義第四十四》，參〔清〕孫希旦撰《禮記集解》，中華書局，1989 年版，第 1416 頁。

（一）商女攀姻士子

婚姻與愛情往往不能劃等號，在傳統社會中表現得尤其常見。謹守閨房的大家閨秀很難主動接觸家庭高牆外面更廣闊的男人世界，她們基於婚姻的個人幸福，被封建家長、媒妁所左右，她們的愛情多數只能在想像中「潛滋暗長」。相比較而言，商女似乎少了不少「高門大戶」式的羈縛。不過，她們要與外面的士子接觸，則與社會風氣與家庭氛圍密切關聯。

1.「貪個紗帽往來」

明清商賈不吝嗇於重金攀緣「烏紗帽」，皆源於心底最深處對於肆行無忌的權勢之「怕」。這種情景，可由咸豐年間文人的話得窺一二：「三晉富民，吝於財而怕官，乃牢不可破之風氣，至親密友貸十金且有難色，一胥吏挾持之數千金，立即解囊。」〔註6〕

浙江省城南班巷的徽商吳某，有一女及笄，擇婿皆未如願。萬曆乙酉仲秋望後，因「夢龍戲爪水中」。次日，恰遇試畢儒士姚江徐應登偕友過其門，友說吳商：「家貲財鉅萬，有女求配，意得佳士，不計貧富也。兄縱未第，應試入學，非佳士乎？我素識其人，請爲作伐。兄少俟。」吳商得知後，「雖口諾而意未允」，但適見徐應登「濯手水甕中」，因爲與夢相符，「欣然許之」。放榜後，徐應登果中了十一名，辛丑成進士。〔註7〕這是一齣士與商聯姻的喜劇性結局。在吳商打算與士人聯姻時，雖「不計貧富」，卻仍以「佳士」相期，吳商的猶疑說明主動權仍在富商手中。不過，他終於同意與未第士子締姻，還是由於士子極有可能如吉夢成眞一樣，最終及第而得到「烏紗帽」的榮耀。

《二刻拍案驚奇》卷十五《韓侍郎婢作夫人　顧提控掾居郎署》上說，某徽商重金買了個少女，擬作偏房，但新婚之夜醉夢裏得金甲神人託言，說那個少女有二品夫人之命，徽商便將少女認作乾女兒。聽說舟過揚州的韓侍郎要娶妾，伏侍有病的夫人，徽商「先自軟攤了半邊，自誇夢兆有準，巴不得就成了」，作者點出徽商如此表現的情由：「原來徽州人有個僻性，是『烏紗帽』、『紅繡鞋』，一生只這兩件不爭銀子，其餘諸事慳吝了。」所以徽商也「不爭財物，反賠嫁裝，只貪個紗帽往來，便自心滿意足」，「韓府仕宦人家，做事不小，又見徽商行徑冠冕，不說身價，反輕易不得了。連釵環首飾、緞

〔註 6〕　徐繼畬：《松龕先生文集》卷3《覆陽曲三紳士書》。
〔註 7〕　《堅瓠九集》卷2《濯手倚松》。

匹銀兩，也下了三四百金禮物」。徽商又「增添嫁事」，自己也「穿了大服」，「大吹大擂」，「商」女與「士」夫以一個較完滿的方式結合了。

富戶仰攀窮秀才締結婚姻，往往從一開始就埋下了悲劇的種子。《金玉奴棒打薄情郎》裏乞丐頭金老大，「倚著女兒才貌，立心要將他嫁個士人」。窮書生莫稽之所以答應入贅金家，也是出於一種權宜之計，因貪戀玉奴美貌和金家的富足。在決定之前，他心理上已在世俗觀念與當下所得之間進行了一番鬥爭，他心下想道：「我今衣食不周，無力婚娶，何不俯就他家，一舉兩得？也顧不得恥笑。」這讓金家看到了改變身份的機會：「金玉奴只恨自己門風不好，要掙個出頭，乃勸丈夫刻苦讀書。」終於使莫稽 23 歲發解，又連科及第，卻又讓他覺得入贅「團頭」家，實為「終身之玷」。科第成功的莫稽，開始變心，「只想著今日富貴，卻忘了貧賤的時節，把老婆資助成名一段功勞，化為春水」。但金玉奴「不犯七出之條，不好決絕得」，莫稽富貴易妻打算當然不會順利得逞，所以便有推妻墜河一節的自然延伸。只有當團頭的女兒被高官救起，成為官員的義女，她原來的身份發生了巨大轉變後，加上莫稽的感情負疚與權勢恐懼，這樁士人與市井富民的婚姻，才重又找回了平衡，而小說的「大團圓結局」才宣告完成。

李漁筆下的婚姻故事，多為誇飾色彩濃重的滑稽戲。在他的《無聲戲》第六回《男孟母教合三遷》中，嘉靖年間的福建興化府莆田縣廩膳秀才許葳，是當地有男風之好的名士。當他決意「娶房家眷，度個種子」時，「有個姓石的富家，因重他才貌，情願把女兒嫁他，倒央人來做媒，成了親事」。這樣的婚姻並不美滿，他們「夫婦之情甚是冷落，一月之內進房數次，其餘都在館中獨宿」。過了兩年，石氏生下一子，因產癆之症而亡，許秀才過著「鰥居數載、并無外遇」的獨身生活。後來，他再度與商販之家結親，與「城外有個開米店的」尤家「結親」，不過這次倒是男風之癖。許葳在廟會與尤家瑞郎相識，當他得知尤家「連年生意折本，欠下許多債來，大小兩個老婆俱死過了，兩口棺木還停在家中不能殯葬」，便來拜望。尤老漢見二人眉來眼去，「明曉得他為此而來，不然一個名士，怎肯寫晚生帖子，來拜市井之人」？但終因「還債舉喪之物，都要出在兒子身上」，也管不得「婚姻論財，夷虜之道」，便以五百金許聘許家。尤瑞郎最後痛斷男根，索性扮成女子；許葳去世後，他變賣產業搬遷他地，義扶幼子，做起了「男孟母」。整個故事活像一齣充斥著荒唐世情、悖謬性情的荒誕喜劇。

2.「與他作小也罷了」

《二刻拍案驚奇》卷十五《韓侍郎婢作夫人　顧提控掾居郎署》中，除了敘說徽商與韓侍郎之間的聯姻，從而提出一種「士商互動」的模式外，還敘寫了下層官吏與市井販卒之間的相與關係，甚至包括掾吏與商民二者之間幾乎要成功的聯姻關係。這就是託言弘治年間直隸太倉州的吏典顧芳與賣餅商販江溶之間的故事。因爲顧芳幫助江販擺脫了牢獄之災，江老決定將獨女送給顧芳當妾。要不是顧芳高風，換作他人，這種聯姻應該已經成功了。

《初刻拍案驚奇》卷二十四《鹽官邑老魔魅色　會骸山大士誅邪》還間接地提到士子與大戶之間的可能婚姻。其中的大姓仇氏，年登四十，生下「端慧多能，工容兼妙」的愛女夜珠，年過二八了尚未婚配：「只因夜珠是這大姓的愛女，又且生得美貌伶俐，夫妻兩個做了一個大指望，道是必要揀個十全、毫無嫌鄙的女婿來嫁他，等他名成利遂，老夫婦靠他終身。亦且只要入贅的，不肯嫁出的。左近人家，有幾家來說的，兩個老人家嫌好道醜；便有數家象意的，又要娶去，不肯入贅；有女婿人物好，學問高的，家事又或者淡薄些；有人家資財多，門戶高的，女婿又或者愚蠢些。所以高不輳，低不就，那些做媒的，見這兩個老人家難理會，也有好些不耐煩，所以親事越遲了。」大戶想結親的人，在一般人看來當是「富」如石崇、「才」若司馬相如、「貌」比潘安之類。上面提到大戶沒能同意的結親對象中，有「人物好，學問高的，家事又或者淡薄些」的，這應該是讀書人家，可惜因「家事淡薄」而被大戶拒絕。

《二刻拍案驚奇》卷十一《滿少卿饑附飽颺　焦文姬生仇死報》中的滿生，投告無門，天公又不作美，大雪將他阻住在飯店裏，作爲「胸藏學問」的「好人家子弟」，滿生不僅遭店小二的催逼，大雪阻擋之下面臨餓死的危險。他的哭餓之狀引起團頭焦老大郎的關心，「老漢念斯文一脈，怎教秀才忍饑」。焦大郎身爲「團頭」，可能即《古今小說・金玉奴棒打薄情郎》中所指丐戶之長：「那丐戶中有個爲頭的，名曰『團頭』，管著眾丐。眾丐叫化得的東西來時，團頭要收他日頭錢。若是雨雪時，沒處叫化，團頭卻熬些稀粥，養活這夥丐戶，破衣破襖，也是團頭照管。所以這些丐戶，小心低氣，服著團頭，如奴一般，不敢觸犯。那團頭現成收些常例錢，一般在丐戶中放債盤利，若不嫖不賭，依然做起大家事來。他靠此爲生，一時也不想改業。只是一件：『團頭』的名兒不好。隨你掙得有田有地，幾代發跡，終是個叫化頭兒，

比不得平等百姓人家。出外沒人恭敬，只好閉著門，自屋裏做大。」團頭雖係一方丐幫的頭，從元代「九儒十丐」之說可見其地位仍是十分的低賤。即使不是丐戶之長，或指同是「市戶出身」的工商業「行」、「團」的行幫頭目，像吳自牧《夢粱錄》卷十三《團行》云：「市肆謂之『團行』者，蓋因官府回買而立此名，不以物之大小，皆置為團行，雖醫卜工役，亦有差使，則與當行同也。」不過，也只是略高於市井最底層人，與讀書科第的士大夫階層仍間隔許多距離。

滿生側面瞭解到，那焦老漢是「此間大戶，極是好義。平日扶窮濟困，至於見了讀書的，尤肯結交，再不怠慢的」。不過，「焦大郎固然本性好客，卻又看得滿生儀容俊雅，豐度超群，語言倜儻，料不是落後的，所以一意周全他」，並且真心留滿生在家。焦大郎年方 18 歲的女兒文姬，「美麗不凡，聰慧無比」，尚未出嫁，因為「焦大郎不肯輕許人家，要在本處尋個衣冠子弟，讀書君子，贅在家裏，照管暮年。因他是個市戶出身，一時沒有高門大族來求他的，以下富室癡兒，他又不肯。高不湊，低不就，所以蹉跎過了」。可是輕薄的滿生卻私下勾搭上了文姬。好在東京春榜招賢，滿生「一舉登第」，已是「脫白掛綠」，於是「綠袍槐簡，搖擺進來」，拜見丈人、妻子。饒是如此，人們對士子與市戶之家結親一事也是多有不同意見。

鄰里看的挨擠不開，個個說道：「焦大郎能識好人，又且平日好施恩德，今日受此榮華之報，那女兒也落了好處了。」有一等輕薄的道：「那女兒聞得先與他有須說話了，後來配他的。」有的道：「也是大郎有心把女兒許他，故留他在家裏住這幾時。便做道先有些什麼，左右是他夫妻。而今一床錦被遮蓋了，正好做院君夫人去，還有何妨？」

變心後的滿生，甚至將自己與焦文姬的婚事看作門不當、戶不對的「偷情」：「文姬與我起初只是兩下偷情，算得個外遇罷了。後來雖然做了親，原不是明婚正配。況且我既為官，做我配的須是名門大族，焦家不過市井之人，門戶低微，豈堪受朝廷封誥作終身伉儷哉？我且成了這邊朱家的親，日後他來通消息時，好言回他，等他另嫁了便是。倘若必不肯去，事到其間，要我收留，不怕他不低頭做小了。」

滿生始亂終棄，他自我欺騙的邏輯，正是門第之別。

（二）商女附就貧儒

本來，商士締姻的理想狀態是「富」與「貴」的結合，可事實上，當下

的「富」對應的，往往不是當下的「貴」。窮士未遇之時，婚姻的天平，不是偏向他這方，世俗權柄常被掌握在富商手裏。

1.「不過利我財耳」

貧士在科試未發跡時，婚途屢遭挫折。有時甚至已經和商女訂立了婚約，也由於商賈的偏見與勢力而近於功敗垂成。《初刻拍案驚奇》卷十《韓秀才乘亂聘嬌妻　吳太守憐才主姻簿》中書生韓師愈，在男大當婚而無人對親之際，由於社會上哄傳嘉靖登基，要到浙江點繡女，「一時間嫁女兒的，討媳婦的，慌慌張張，不成禮體」，他的「桃花運」便因此而來。開典當鋪的徽商金朝奉，爲逃避選秀女，慌亂中將女兒胡亂許嫁窮秀才韓子文。大半年後，選秀風聲一過，「點繡女的訛傳，已自息了。金氏夫妻見安平無事，不捨得把女兒嫁與窮儒，漸漸的懊悔起來。那韓子文行禮一番，已把囊中所積束脩用個罄盡，所以還不說起做親」。金朝奉說起這事，還頗不甘：「那人是個窮儒，我看他滿臉餓文，一世也不能夠發跡。前年梁學道來，考了一個三老官，料想也中不成。教我女兒如何嫁得他？也只是我女兒沒福，如今也沒處說了。」

雖然韓秀才的（1）才學堪佳：「十二歲上就遊庫的，養成一肚皮的學問」；（2）相貌不錯：「才過子建、貌賽潘安。胸中博覽五車，腹內廣羅千古。」幾乎具備了「才子」所應具備的一切。但他的穿戴毫不起眼：「頭上戴了紫茸的巾，身上穿了腐皮的衫，腰間繫了芋艿的縧，腳下穿了木耳的靴。」窮困簡陋，是他的現實窘境。金朝奉不斷膨脹的物質優越感，讓他瞅不起窮困窘迫的韓秀才。在金朝奉的眼中，尚處於科試「未售」階段時的韓秀才，不過是無用的窮酸讀書人。但他既然已心生欲同韓秀才悔婚之意，便趁富人親戚前來求婚之際，就圖謀賴婚。

後來，雖然由於吳太守「憐才主姻簿」，士商之間聯姻的緊張局面似乎出現了一定轉機，但由於「準女婿」科舉尚未「發跡」，金朝奉心裏始終不滿意，即使士商締姻也並非完滿、可靠。直到韓秀才「春秋兩闈，聯登甲第」，金朝奉才「思想前情，慚悔無及。若預先知有今日，就是把女兒與他爲妾也情願了」。從中可見，正是士子的「科甲之分」，決定了金朝奉「前倨後恭」的心態變化。作者在安排士商締姻波折時，縈繞在他心間的，很可能是「商」對「士」階層曾經的絕對的優越感造成的衝擊與威脅，通過在一個「大團圓」結局中設計商人的自悔形象，來報他現實中不滿的「一箭之仇」。

當金朝奉慌張許婚時，韓生卻來了一個別有用心的欲擒故縱。第一，他再次確認徽商的許諾：「休得取笑。我是一貧如洗的秀才，怎承受得令愛起？」徽商以許婚視作救急，以釋其疑。第二，再用現實處境試其真心：「小生囊中只有四五十金，就是不嫌孤寒，聘下令愛時，也不能夠就完姻事。」徽商則以一切皆可商量，從容些再處，讓韓生再放其心。第三，韓生仍怕將來翻悔，金朝奉「情急」之下，竟「對天設起誓來」。在韓生看來，雖不至於「設誓」之重，但終究翻覆兩張皮，尚須憑藉中人，立約為限：「設誓倒也不必，只是口說無憑，請朝奉先回，小生即刻去約兩個敝友，同到寶鋪來。先請令愛一見，就求朝奉寫一紙婚約，待敝友們都押了花字，一同做個證見。納聘之後，或是令愛的衣裳，或是頭髮，或是指甲，告求一件，藏在小生處，才不怕後來變卦。」想用親友簽押的「婚約」作保障，以防婚變。「這也是子文見自己貧困，作此不得已之防，不想他日果有負約之事」。

饒是這樣，韓生的窮困也注定了他要受富商、金錢的「閒氣」，雖說是算命先生所言之命，亦是當時世態人心的真實處境。「二拍」中像上述富商與窮儒通婚的情況，還說明了在當時社會重商、重金風氣的衝擊下，人們婚姻上的「門當戶對」觀念也在悄然發生動變，以致於讓饒裕於銀子的「商」處於絕於優越的世俗地位，而未達之「士」卻成了陪襯。這實在不能讓歸屬於士階層的文人安然，因此總會在他們的文學作品中留下或牢騷、或憤激、或抨擊、或曲意的影子，讓窮士現實中的「委曲」獲得文學生態中的「解救」。

在《醒世恒言》第七卷《錢秀才錯占鳳凰儔》裏，商人高贊的女兒秋芳，「人物整齊，且又聰明」。商賈高贊因女兒生得美貌，故生了攀高之意：「不肯將他配個平等之人，定要揀個讀書君子、才貌兼全的配他，聘禮厚薄到也不論。若對頭好時，就賠些妝奩嫁去，也自情願。」後來窮秀才錢青替表哥顏俊相親、迎親，陰差陽錯地入贅高家，得以用有餘資而能靜心發憤，專心詩書，終於在科舉上一舉成名，落得個富貴之家、夫妻偕老。這個喜劇故事迎合了普通市民「郎才女貌」式的婚戀觀。

其實，蘇州府吳江縣秀士錢青自身的「才貌雙全」的「硬條件」，才是獲得殷富商人高贊垂青的重要原因。錢青既「飽讀詩書」，「更兼一表人才」，但「產微業薄，不幸父母早喪」，故弱冠之年尚無力娶妻。錢青的名字也頗有意味。錢青，字萬選。據《新唐書‧張薦傳》，唐代大文人張鷟，其名作之一即《遊仙窟》，時人稱他的文章「天下第一」，稱「文辭猶青銅錢，萬選萬中」，

號稱「青錢學士」。此處錢秀才之名大概即從此處淵源，以顯出滿腹經綸、才華橫溢之意。「富商高贊情願倒賠妝奩也要將女兒嫁給一個才貌雙全的秀才，正應了富而思貴，改換門庭的老話。商人傾慕斯文，是所謂『萬般皆下品，惟有讀書高』的較爲正統普遍的門第觀念。」〔註8〕後來因富家子表兄顏俊之請，假冒前去代聘高秋芳。在此時，窮秀才陷入兩難困境：「欲待從他，不是君子所爲；欲待不從，必然取怪，這館就處不成了，事在兩難。」只因「館穀於他家」，礙於親面，「再四央求不過」，終於做出「有乖行止」、「欺心」，代表兄作「替身」的假冒之舉。但錢秀才與高秋芳「三夜同床，並不相犯」，可見立身謹愼，高義潔行。故事中錢、高、大尹的爭論，頗有一人主持、四方安頓之意：

> 高贊道：「小人初時原看中了錢秀才，後來女兒又與他做過花
> 燭。雖然錢秀才不欺暗室，與小女即無夫婦之情，已定了夫婦之義。
> 若教女兒另嫁顏俊，不惟小人不願，就是女兒也不願。」大尹道：「此
> 言正合吾意。」錢青心下到不肯，便道：「生員此行，實是爲公不爲
> 私。若將此女歸了生員，把生員三夜衣不解帶之意全然沒下。寧可
> 令此女別嫁。生員決不敢冒此嫌疑，惹人談論。」大尹道：「此女若
> 歸他人，你過湖這兩番替人誆騙，便是行止有虧，干礙前程了。今
> 日與你成就親事，乃是遮掩你的過失。況你的心跡已自洞然，女家
> 兩相情願，有何嫌疑？休得過讓，我自有明斷。」

大尹將尤辰重責三十板，而顏俊則滿面羞慚，「敢怒而不敢言，抱頭鼠竄而去，有好幾月不敢出門」。在富家子弟與仕宦發生衝突時，官判佔了絕對上風。以後的情況便是順風順水。高贊邀錢青到舟中，反而殷致謝道：「若非賢婿才行俱全，上官起敬，小女幾乎錯配匪人。今日到要賢婿同小女到舍下少住幾時，不知賢婿宅上還有何人？」錢青道：「小婿父母俱亡，別無親人在家。」高贊道：「既如此，一發該在舍下住了，老夫供給讀書，賢婿意下如何？」錢青道：「若得岳父扶持，足感盛德。」是夜開船離了吳江，隨路宿歇。次日早到西山。一山之人聞知此事，皆當新聞傳說。又知錢青存心忠厚，無不欽仰。那結局更是在想像之中：「後來錢青一舉成名，夫妻偕老。」可見商人與讀書人的婚姻結合，並未受到很大阻力。「讀書是費錢的事，能不能金榜得中，將學成的文武藝賣給帝王家是個很渺茫的未知數。在發跡變泰之前，窮秀才要能

〔註8〕　王昕：《漫說「三言」「二拍」》，人民文學出版社，2005年版，第46頁。

通過婚姻找到生活的保障當然是上策。有時是像錢青一樣的幸運；有時女方家不那麼體面、趁意，窮秀才一旦發跡，貧賤之中結就的姻緣就岌岌可危了。」〔註9〕錢青的「一舉成名」，與商人女兒「夫妻偕老」的結局，證實了士商聯姻的現實可能性。

《歧路燈》中，詩書舊族譚紹聞，與市井暴發戶巫家聯姻，正是貪圖巫家財富，「不問家室，只計妝奩」，與「但問家室，不計妝奩」的「古人擇配之法」，違離已遠。《初刻拍案驚奇》卷二《姚滴珠避羞惹羞，鄭月娥將錯就錯》中，出身於「舊姓人家」然而已淪為「破落戶」的潘甲，所娶之妻姚滴珠則出身殷富之家，二人結合，即是士商聯姻的重要典型代表：殷富之家憑其富厚，竟也能與世家大族「門當戶對」。相對而言，身在富家的姚滴珠卻很像世家小姐，自幼嬌生慣養，出嫁後既不喜親自操持家務，又因公婆「甚是狠戾，動不動出口罵詈」，所以「如常偷掩淚眼」，終於埋下重新選擇新的生活方式而落入陷阱的隱患。同時，「舊姓人家」在生存問題成為問題之時，也被迫重新選擇生存之道，從而選擇了向來為士類所不齒的經商之途。潘甲新婚不久，就被父母趕出去經商謀利，拋下嬌妻「越越悽惶，有情無緒」。

2.「定有科甲之分」

舉業之才與詩賦才氣及人物氣象比較，科舉之才的社會影響更大，因為舉業成功才是晉身前提。在署名為「荑荻散人」編次的清代小說《玉嬌梨》第四回《吳翰林花下遇才人》中，知名才士蘇友白，一眼被吳翰林相中，欲招其為婿，但又猶豫道：「人物固好，詩才固美，但不知舉業如何。若只曉得吟詩吃酒，而於舉業生疏，後來不能上進，漸漸流入山人詞客，亦非全璧。」蘇友白雖有橫溢的才華，出眾的品貌，但畢竟當不得飯吃，身在宦海的吳翰林更看中的是蘇友白能否在科舉之途中最終「得意」。這裡所說的情況雖然並非發生在士與商之間，但「定有科甲之分」確是締姻的關鍵性因素。

《初刻拍案驚奇》卷二十九《通閨闈堅心燈火　鬧囹圄捷報旗鈴》中，衣冠宦族出身然而家道中落的張幼謙，同「白屋之家」暴發的羅家女兒惜惜相愛了，張媽媽就主動請隔壁賣花的楊老媽作媒，與羅家結親。但張媽媽的口氣卻弱得多：「家裏貧寒，本不敢攀他富室。但羅氏小娘子，自幼在我家與小官人同窗，況且是同日生的，或者為有這些緣分，不棄嫌肯成就也不見得。」

〔註9〕 王昕：《漫說「三言」「二拍」》，人民文學出版社，2005年版，第46頁。

倒是楊老媽看法通達，代表了社會一種相對中允的看法：「孺人怎如此說？宅上雖然清淡些，到底是官宦人家。羅宅眼下富盛，卻是個暴發。兩邊扯來相對，還虧著孺人宅上些哩。待老媳婦去說就是。」從楊老媽的話中我們還可以讀出另外一些信息：當時社會各階層中「士」處於強勢上位的情況，已經遭到低賤門戶「暴發」的極大衝擊。尤其是讓人深思的，還有惜惜的父親羅仁卿一番話：

> 仁卿道：「他世代儒家，門第也好，只是家道艱難，靠著終年出去處館過日，有甚麼大長進處？」楊老媽道：「小官人聰俊非凡，必有好日。」仁卿道：「而今時勢，人家只論見前，後來的事，那個包得？小官人看來是好的，但功名須有命，知道怎麼？若他要來求我家女兒，除非會及第做官，便與他了。」楊老媽道：「依老媳婦看起來，只怕這個小官人這日子也有。」仁卿道：「果有這日子，我家決不失信。」

雖然羅惜惜認為「張家哥哥這個日子倒有」，卻「只怕爹媽性急，等不得，失了他信」，在勢利面前，一切都成了不必然的偶然係數。羅家作為暴發戶，其婚姻觀帶有強烈的短期效用心理。在「門第」與「顯貴」之間並不能劃等號，而且「及第做官」並非一朝一夕之功，在必嫁與未必中舉二者之間的距離太遠，羅家的許諾無疑於婉言謝絕。雖然張幼謙與鄰女羅惜惜「同日同窗，心中相契」，也要等登第方可成姻。張幼謙認為「登科及第，是男子漢分內事」，似乎科舉登第已在囊中。實際上羅家等不得張家登第，將女兒另許了人家，惜惜不忿，與張生「相招私合」，事發後，張生送官。二位年輕人的婚事能否成功，最後只能押在張生通過苦讀盡快「巴出身」上。這也說明「當時門第觀念已經淡薄，在婚姻問題上，人們更多地考慮到實際的經濟利益，書香門第、世家宦族已失去往日的榮耀和吸引力，富有的商人在貧困的讀書人面前時常會流露出優越感，不再像以往那樣自感卑賤」〔註10〕。張生後來果然「一舉登第，仕至別駕」，故事中貧士與富商締姻的遺憾才減少到最小程度，一切曲折屈辱都被新的光環掩飾了。

　　在《張廷秀逃生救父》中，富豪王員外之所以願意招木匠之子張廷秀為婿，看中的正是他肯讀書做文字這點上，而社會上「人人都稱贊，說他定有科甲之分」的說法，更是又加深了王員外的富而求貴的想像力度。王員外還

〔註10〕馬美信：《凌濛初與兩拍》，上海古籍出版社，1994年版，第41頁。

恐怕看走眼，擔心養子廷秀「不能成就」，還多方試探，終於下了決心。《初刻拍案驚奇》卷二十《李克讓竟達空函　劉元普雙生貴子》中，李克讓臨死前對妻子說：「我苦志一生，得登黃甲，死亦無恨。」李春郎「潛心經史，希圖上進，以報大恩」。

「科甲之分」當然離不開參加科舉考試，積極的備考是必要的。《初刻拍案驚奇》卷十六《張溜兒熟布迷魂局　陸蕙娘立決到頭緣》中的沈燦若，在他妻子去世後，心情苦悶不想參加會試，朋友勸他「豈可為無益之悲，誤了終身大事」？沈燦若才靜神收心，重理舉業。

「科甲之分」不僅作為「終身大事」吸引士子，對「利欲膠漆盆」中滾打的商人也極具吸引力。《醉醒石》第四回《秉松筠烈女流芳　圖麗質癡兒受禍》中，衢州府開化縣的木商程翁，嚮慕儒家門風，自感商賈出身的低賤：「且自道是個賈豎，不深於文墨，極愛文墨之士，家中喜積些書畫。兒女自小就請先生教學，故此菊英便也知書、識字、能寫。」他先為兒子程序娶了一個儒家之女，又要為女兒擇一儒家之男。他見同里秀才張國珍極肯讀書，人品堪佳，雖「家事極其清寒」，也決意將女兒菊英許配與貧寒儒士，而且在財勢面前也據理力爭，甚至不惜以生命為代價維護自己的選擇。相比而言，知縣竟有此類混帳話：「你也這樣胡說！放著富家不嫁，去嫁酸丁。天下有這樣癡人！便是我這個媒人，督撫這個主婚，也做得過了。你若再強，我解你到督撫，身家都齏粉了。」程翁氣死後，兒媳主張「死爭」，兒子程序寧死也不改父志。程菊英也以死明志，寧可以一死報二親，「斷不失身於強暴之徒」。

商女下嫁貧儒的話題，文學生態中亦復不少，而表現形式多樣。李漁則從複雜的婚變來表現，像他的《無聲戲》第二回《美男子避惑反生疑》，就是這樣的一例。正德初年，四川成都府華陽縣童生蔣瑜，「原是舊家子弟。父母在日，曾聘過陸氏之女，只因喪親之後，屢遇荒年，家無生計，弄得衣食不周，陸家頗有悔親之意，因受聘在先，不好啟齒，蔣瑜長陸氏三年，一來因手頭乏鈔，二來因妻子還小，故此十八歲上，還不曾娶妻過門」，後來因疑猜嫌棄，與陸家退了婚。何氏來自「家資甚富」的「木客」，被聘於開緞鋪的趙玉吾的兒子旭郎，雖提前接到趙家，但因旭郎性子癡呆，相貌甚不濟，又不肯長，一直沒能完親。因為玉吾用來「買媳婦的歡心」的漢玉扇墜，碰巧被老鼠銜給隔壁讀書的蔣瑜，惹出一椿官司，蔣生入獄，「陸家愛富嫌貧、趙玉

吾恃強奪娶」，何氏被停，最後被知府官斷與蔣生結親。結果，木商女改嫁士子，郎才女貌，「後來蔣瑜、何氏夫妻恩愛異常。不多時宗師科考，知府就將蔣瑜薦爲案首，以儒士應試，鄉會聯捷。後來由知縣也升到四品黃堂，何氏受了五花封誥，俱享年七十而終」。李漁在他獨特的大團圓結構中，安插了士商聯姻的內容。寒儒與商賈之家結親，建立在商賈之家婚變的基礎上，這又反映了當時社會價值觀念的轉變，說明士商之間的差別已並非舊日那樣的不可逾越，而且越來越傾重於掌握重金的商賈這邊了。

二、仕女與商子締姻

本處所用「仕女」，係指明清之際士大夫家庭出身的待嫁女子，既包括未婚的，也包括已婚守寡的。從現實經濟狀況或社會地位而言，仕女與商的締姻，可分爲攀附、下落兩種情形。

（一）仕女下嫁商子

公主「下嫁」，是皇權專制社會中的常有現象，然而，一般是與士大夫結親。明清之際，我們還可以看到新的情況。據《明史》卷五十五《志》第三十一，凡選駙馬，由禮部張榜，「在京官員軍民子弟年十四至十六，容貌齊整、行止端莊、有家教者報名，司禮內臣於諸王館會選。不中，則博訪於畿內、山東、河南。選中三人，欽定一人，餘二人送本處儒學，充廩生」。不唯在京的官紳子弟，而且京外其他人等，均獲允參選駙馬，並不排斥商賈。所以，《古今小說》中《閒雲庵阮三償冤債》（原名《戒指兒記》）才會有商販子弟阮華應選駙馬之事。

當然，皇室招選商人爲附馬是特殊事件，而非一般的仕女「下嫁」事件。明清文學生態中更多地表現的是仕女下嫁商子的一般性「下嫁」事件。

漂泊在外的客商與貴居一鄉的仕紳，如果沿用用傳統社會的評判標準來衡量，其高下自不待言。作者在塑造這兩類人物之間的互動時，常常通過主人公的語言、動作、服務等細節描寫，以及以往文學作品中少有的心理刻畫，既展示人物的性格與價值觀，也間接地表達了自己的見解。《贈芝麻識破假形　擷草藥巧諧眞偶》中住馬少卿家大店裏的客商蔣生，見到馬家小姐，被她「極其美麗，生平目中所未睹」的面容吸引，但他內心道：「他是個仕宦人家，我是個商賈，又是外鄉；雖是未許下丈夫，料不是我想得著的。」可見，一般商賈內心深處仍有較之仕宦人家而獨有的自輕自賤意識。

女子原先大門不出二門不邁，只在內闈紡紗織布，從事針黹描紅之類的女工。中晚明以來的文學作品中，女子拋頭露面的形象得以大量呈現，她們走出閨房，購買珠寶、化妝品和昂貴衣飾，甚至與妓女攀比時髦。顧起元借一長者之口說，「婦女以深居不露面、治酒漿、工織紝爲常，珠翠綺羅之事少」〔註11〕，保持著「醇厚」的風尚，正、嘉以後則「擬飾倡妓、交結姏嫗、出入施施無異男子」〔註12〕。蔣生賣珠翠勾引馬家小姐的前提，是馬家小姐能出門選購珠翠。

社會規約的鬆動，是文學新形象出現的社會大環境。

仕女要下嫁的商子，一般要德才兼備，姿容出眾。故事中的浙江客商蔣生，「專一在湖廣、江西地方做生意」，二十多歲，生得「儀容俊美，眉目動人」，具備了必須的外在條件。當他看到漢陽馬口「歇客商」的「大店」主人馬少卿的女兒雲容時，被她的美貌驚呆了，「不覺魂飛天外，魄散九霄」，「覺他〔她〕沒一處生得不妙」，心裏妄想道：「如此美人，得以相敘一宵，也不枉了我的面龐風流！卻怎生能夠？」但當他得知是主人馬少卿之女時，他又明顯表示了自己的猶豫：「他是個仕宦人家，我是個商賈，又是外鄉；雖是未許下丈夫，料不是我想得著的。若只論起一雙的面龐，卻該做一對，才不虧了人。怎生得氤氳大使做一個主便好？」

在與「仕宦人家」聯姻一事上，「商賈」出身的蔣生有著明確的「身份意識」與天生的自卑心理。雖然從社會常理的門當戶對之類而言，他絕不能得到馬雲蓉。但一想到自身俊俏的「優勢」，他就開始主動出擊，「他原賣的是絲綢綾絹、女人生活之類」，便利用做生意之便，尋求機會，「指望撞著那小姐，得以飽看一回」。後來因所遇狐精贈草藥、設圈套，使蔣生一步步走向與士宦之家締結婚姻的成功：

> 蔣生道：「小生原籍浙江，遠隔異地；又是經商之人，不習儒業，只恐有玷門風。今日小姐病顏消減，所以捨得輕許。他日醫好復舊，萬一悔卻前言，小生所望，豈不付之東流？先須說得明白。」
> 馬少卿道：「江浙名邦，原非異地；經商亦是善業，不是賤流。看足下器體，亦非以下之人，何況有言在先，遠近高下，皆所不論。只要醫得好，下官忝在縉紳，豈爲一病女就做爽信之事？足下但請用

〔註11〕 顧起元：《客座贅語》，中華書局，1987年版，第25頁。
〔註12〕 顧起元：《客座贅語》，中華書局，1987年版，第25～26頁。

　　藥，萬勿他疑！」

馬少卿能說出「經商亦是善業，不是賤流」，實在是文學生態呈現的人物群像中的「翹楚」。這樣一種形象，代表了部分士人已經主動放下身段，同商人平等交談，相互推許、欣賞了。〔註13〕馬少卿的通達與守信，使蔣生的疑惑頓去。蔣生用藥之後，他當即「打掃書房與他安下，只要揀個好日，就將小姐贅他」，最後「吉日已到，馬少卿不負前言，主張成婚」。

　　《石點頭》第二回《盧夢仙江上尋妻》中，在揚州的江西鹽商謝能博，「當先在揚州中鹽，因喪了結髮，就在揚州尋親。這艾氏原是名門舊族，能博娶爲繼室」。艾氏撫養謝商年方三四歲的兒子謝啓，「猶如親生」。後來「謝啓事之亦如嫡母，極其孝順，一字也不敢違忤」。可見是樁美滿的仕女下嫁商子的姻緣。

　　靠士大夫的幫助，商販與仕女締結連理。由於士大夫的報恩相助，商人不僅得到經濟回報，也因攀姻士大夫而獲得社會地位的提升。像《醉醒石》第十回《濟窮途俠士捐金　重報施賢紳取義》中，豪氣仁義的浙商浦仁，雖「三十來歲人，又不是名進士舉監生員，不過商賈之家。定要選甚名門巨族，不肯娶個再嫁農莊人女」。他在行販途中救助的會試舉人中進士後，一個做了常州府推官，設法幫助他度脫了牢獄之災，又爲他備「置產娶妻之費」，還「終得了個名門豔質」。浦商由以前無家的「倒轉鬼」，如今做了個「田舍翁」，這個結局可謂十分完美了。

　　僑寓的商人子弟，如果讀書有望，也會有「顯宦」主動向他們送出可以「棲鳳凰」的「梧桐枝」。《連城璧》卷九《妒婦設計贅新郎　眾美齊心奪才子》中，明朝弘治年間福建人呂春陽，在揚州小東門外開個雜貨鋪子，「做起家業來，就不回福建」。因兒子呂旭（字哉生）聰明伶俐，他請一位「教誨得嚴，拘束得緊」的訓蒙先生，後又請一位「專在行止上做工夫，把講書作文之事都做了第二義」的經館先生，兒子學問日進，14歲就考過縣案首。後來哉生被迫援例到南方坐監，「入監之後，沒有一次考試不在前列，未及一兩年，就做了積分的貢士。有個流寓的顯宦，見呂哉生氣度非凡，又考得起，就要把女兒招他。呂春陽住在異鄉，正要攀結一門高親，好做靠壁，豈有不允之理？就把兒子送上顯宦之門，做了貴人之婿」。在這樁士商結締婚姻中，門第觀念已在其次，考不考得起，有無科甲之分，卻爲首選要素。

〔註13〕關於士人與商人之間相互推許的情況，請參第五章第二節「士商互許」。

（二）仕女攀姻商子

在士商締姻的諸種情形中，仕女攀姻商子的情形，實最為罕見。不過，某些情況下，仕女再嫁而入商門，卻實有其例。《石點頭》第二回《盧夢仙江上尋妻》中，舉子盧夢仙的妻子李妙惠，在外傳夢仙死於京師、家鄉災禍使生活困窘、公婆逼改嫁的情況下，被迫答應改適已是妻妾成群的鹽商謝啟，作了商人之妾。

《無聲戲》第一回《醜郎君怕嬌偏得豔》中談到嘉靖年間湖廣荊州府財主闕里侯，祖上原以忠厚起家，後來一代富似一代。作為「荊州第一個富翁」之家，被鄒長史看中，就將自己遠未到出閣年齡的幼女許聘於闕富翁：「此女係長史婢妾所生，結親之時，才四五歲，長史只道一個通房之女，許了鼎富之家，做個財主婆也罷了，何必定要想誥命夫人？所以一說便許，不問女婿何如。」雖然後來知道準女婿「愚醜至此」，女兒「聰明至此」，心有懊悔之意，「曉得錯配了姻緣，卻已受聘在先，悔之不及」。這個闕富翁不僅相貌醜陋、愚笨粗俗，而且體味怪異，當他被鄒小姐拒絕時，他咒罵之語中不能看出門戶之間的隔礙：「……你說你是個小姐，又生得標致，我是個平民，又生得醜陋，配你不來麼？不是我誇嘴說，只怕沒有銀子，若拚得大主銀子，就是公主西施，也娶得來！你辦眼睛看我，我偏要娶個人家大似你的、容貌好似你的回來，生兒育女，當家立業。你那時節不要懊悔！」而且說到做到，「里侯罵完了，就去叫媒婆來吩咐，說要個官宦人家女兒，又要絕頂標致的，竟娶作正，並不做小，只要相得中意，隨她要多少財禮，我只管送。就是媒錢也不拘常格，只要逐得意來，一個元寶也情願謝你」。剛好碰到何運判壞了官職，「要湊銀子寄到任上去完贓，目下正要打發女兒出門，財禮要三百金」，何家小姐，「年方二八，容貌賽得過西施」。在里侯的欺瞞與「銀彈攻勢」下，官僚與富翁結締了婚姻。而他第三個娶進門的也袁進士的小妾，被袁進士性子極妒的夫人打發出門，更是才貌雙全。李漁最後給「累世積德，自己又會供養佳人」的闕里侯安排了一個喜劇性的「美報」結局。雖然以忠厚起家的闕富翁不一定是商人，但卻可視為「多金」的代表，在士商聯姻問題的探討上，可暫歸於擁有「貲財」的商販一流。

由於案例較少，還由於時間所限，我們更願意把對此類文學現象的解讀放在以後的努力之中。

第二節　士商聯姻的歧變

　　士與商兩個階層，不僅由於種種原因而締結婚姻，也常常會由於其他情形如婚外情與風月場上的角逐，從而產生複雜的情感糾葛。這兩種情形，一個發生在與家庭相關的領域，一個發生在風月場上。我們不妨將前者視為士商聯姻的常態，將後者視為士商聯姻之變種、之歧出。

一、婚外情

　　婚外情是士與商之間情感糾葛的重要方面，從主體具體情況而言，基本上包括商人婦與士子、士子妻與商人兩種婚外情。

　　男女雙方在婚姻關係上地位的不平等，也許是導致婚外情發生的重要原因之一，這由《二刻拍案驚奇》卷十一《滿少卿饑附飽颺　焦文姬生仇死報》中的一段議論可以看出：「卻又一件，天下事有好些不平的所在！假如男人死了，女人再嫁，便道是失了節、玷了名，污了身子，是個行不得的事，萬口訾議；及至男人家喪了妻子，卻又憑他續弦再娶，置妾買婢，做出若干的夠〔勾〕當，把死的丟在腦後不提起了，並沒有道他薄倖負心，做一場說話。就是生前房室之中，女人少有外情，便是老人的醜事，人世羞言；及至男人家撇了妻子，貪淫好色，宿娼養妓，無所不為，總有議論不是的，不為十分大害。所以女子愈加可憐，男人愈加放肆，這些也是伏不得女娘們心裏的所在。不知冥冥之中，原有分曉。若是男子風月場中略行著腳，此是尋常勾當，難道就比了女人失節一般？但是果然負心之極，忘了舊時恩義，失了初時信行，以至誤人終身、害人性命的，也沒一個不到底報應的事。從來說王魁負桂英，畢竟桂英索了王魁命去，此便是一個男負女的榜樣。不止女負男如所說的陸氏，方有報應也。」作者將婚外情歸於負心之列，某種程度上指出了婚姻「出軌」的「惡之源」，即在於情慾的張揚與道德的鬆弛。

（一）商婦與士子

　　從男權之惡的角度看，當商人在外風流瀟灑於娼樓妓館時，商人的妻子卻「整年月在家守活孤孀」，她們因情慾的難奈或心理的不平衡，若碰到風流士子，也常常紅杏出牆。這即是商人婦的偷情，而偷情的對象往往也會發生在士人身上。

　　偷情之過在於雙方，但是，當上述的熱鬧喧嚷與寂寞難奈在一方的內心中積澱成鮮明對比，想像成真實事件，並不自覺地形成論證後，這一方就成

為偷情的主動者，至少也會以此為自己出軌行為作事後解脫的藉口。

《喻世明言》第一卷《蔣興哥重會珍珠衫》中薛婆一段話，揭示了商婦獨居與商人「兩頭大」的不對等的情感生活：「大凡走江湖的人，把客當家，把家當客。比如我第四個女婿朱八朝奉，有了小女，朝歡暮樂，那裏想家？或三年四年，才回一遍。住不上一兩個月，又來了。家中大娘子替他擔孤受寡，那曉得他外邊之事？」薛婆攻破商婦三巧兒「心理防線」的，就是「做客的那一處沒有風花雪月？只苦了家中娘子」的「不對等」的「情慾生活」的邏輯。

《警世通言》卷二十四《玉堂春落難逢故夫》中，山西商人沈洪的妻子皮氏就因「打熬不過」而紅杏出牆：「且說沈洪之妻皮氏，也有幾分顏色，雖然三十餘歲，比二八少年，也還風騷。平昔間嫌老公粗蠢，不會風流，又出外日多，在家日少。皮氏色性大重，打熬不過，間壁有個監生，姓趙名昂，自幼慣走花柳場中，為人風月，近日喪偶。雖然是納粟相公，家道已在消乏一邊。一日，皮氏在後園看花，偶然撞見趙昂，彼此有心，都看上了。」當一心追求情慾的皮氏在把家當都倒貼給監生趙昂的同時，竟然還打算與貪戀她的美色還要「騙他錢財」的趙昂一起謀殺親夫，然後逃走他方。皮氏的情慾追求是盲目的，不理智的，通知全情的讀者不免為其擔心。皮氏後來罵丈夫帶娼妓玉堂春回家道：「為妻的整年月在家守活孤孀，你卻花柳快活，又帶這潑淫婦回來，全無夫妻之情。」自己卻主動紅杏出牆，並且早有了上述偷情一事。導致皮氏主動追求情慾滿足的重要因素有二：「一是她們的人生觀大抵也是個人主義的，把個人的幸福看得高於所謂的節操」，「二是她們的行為也往往是出於對丈夫的報復心理」〔註14〕。而通過對此問題的揭示，文學家給我們展示了「新的商婦形象」，「構築起了近世戲曲小說中充滿肉慾的商婦世界，使它完全不同於中世紀詩歌中詩意而浪漫的商婦世界」〔註15〕。

商人長年沽販在外，冷落了商婦，尤其是年輕貌美的商婦，在傷春悼秋之際，最易突破夫婦倫理的束縛，商人的婚姻家庭中潛在著解體的危險。《西湖二集》第二十九卷《祖統制顯靈救駕》中的少年祖域，文武雙全，在人家園中讀書，恰好「內中有一個韓慧娘，其夫出外做生意，一去十年不回。這

〔註14〕 邵毅平：《文學與商人：傳統中國商人的文學呈現》，上海古籍出版社，2010年版，第256頁。

〔註15〕 邵毅平：《文學與商人：傳統中國商人的文學呈現》，上海古籍出版社，2010年版，第257頁。

韓慧娘只得二十八歲，正在後生之時，房中清冷，甚是難守。又值春天豔陽之際，花紅柳綠，事事關心。……不免傷春，好生愁悶」，便打算將這一表人材的少年當作「醫奴家傷春病的一帖好藥」。這是一個為了情慾絕不顧及禮法的少婦，她想盡辦法勾引祖小官，可惜「祖小官是天生的一尊活神道，鐵石心腸，那裏曉得邪淫二字」。最終商婦因小官呵止，丈夫回家而醒悟，為她那份情慾熾烈的「出軌」之念劃上了「休止符」。

商人固然因工作原因長年不歸家，但不免在外眠花宿柳，這對獨守空房的商婦不公平。有了適宜的時空便當，持守不謹的商婦往往會紅杏出牆。《喻世明言》卷三十八《任孝子烈性為神》中生藥鋪主管任珪，他的外地妻子梁聖金，嫌棄丈夫「老實本分」，「早出晚歸」，與未嫁時即已勾搭的對門周待詔之子周得借機重敘舊歡。為了和周得廝守，她還設計陷年邁眼瞎的任老於不倫之地。後來被識破後，任珪「小膽番為大膽，善心改作噁心」，連殺姦夫淫婦及無辜共 5 人後，心中思忖：「我今殺得快活，稱心滿意。逃走被人捉住，不為好漢。不如挺身首官，便吃了一剮，也得名揚於後世。」任珪認罪伏法，在行刑時坐化了。後來時常顯靈，玉帝憐他是「忠烈孝義」之人，還令他做上牛皮街的土地神。商人任珪快意情仇，血腥殘忍，逃不脫世間的刑罰，卻得到玉帝的垂憐，享受到神力的護祐。這類因果，對當時的市井小民而言，當具有一定的教化意義。

憑一技之長謀生的「工」，雖然不能算作嚴格意義上的商人，但因其工作性質與商人極為接近，且常有「工商」並稱現象，所以筆者也願意在此順便談談長期在外作工的傭工的感情生活。

就刻工而言，清人錢泳《履園叢話》中說：「雕工隨處有之，寧國、徽州、蘇州最盛，亦最巧。」對於這些工匠的情感生活，《西湖二集》第三十三卷《周城隍辨冤斷案》中則稍有涉及。故事中，記載了京師的劉婦人，因為她的丈夫長年「在外傭工」，「經年不回」，「欲心如火一般」的傭工妻子已與一個羅長官通了姦。因此，他們的婚姻家庭生活充滿著危機，至少也暗含著不穩定的因素。

（二）士妻與商人

士人尤其是上層士大夫的妻子們，一般都是知書識禮，深懂「三從四德」的傳統道德準則，深知婚外情對封建士大夫家庭造成的破壞性作用，所以她們很難主動紅杏出牆。

　　但任何事情都會有例外，明清新興市民階層希望看到士大夫階層「後院起火」的情況，而中晚明以降世人情慾的張揚也讓這類事件的上演成為必然，所以也會觸動文學家敏感的神經，文學生態中便留下了此類「趣味」話題。

　　對於「內闈」不嚴造成的偷情事件，重「家聲」的士大夫是絕對不能容忍的，他們的報復有時是非常極端而可怕的。

　　《歡喜冤家》第四回《香茱根喬裝姦命婦》中的御史張英，因到陝西任職需三年，被廣東賣珠子客人邱繼修瞅空，喬裝改扮成賣珠婦，並設計姦淫了御史夫人。三年後，張御史「以年例轉升外道」，回來打算「取家眷赴任」之際，看出破綻，設計殺害了自己的夫人與婢女，將賣珠客送進監獄。本來天衣無縫，卻被洪按院查清，張御史「治家不正，無故殺婢」，其罪不可赦，但他宦遊在外，長年不歸，導致年輕貌美的妻子被姦人誆騙姦淫，他也算是當時政治制度的受害者。御史夫人一旦被迫失節，確不自警醒，反放縱情慾，與賣珠客深陷欲壑不能自拔。賣珠客給御史夫人開的安心「良方」是御史的「顧忌」：「他居官的人，怕的是閨門不謹，若有風聲，把個進士丟了。」士婦失節，「理該死」；商販「姦命婦亦該死」。

　　人生無常，仕途艱險，社會複雜，人心險惡，士大夫不免拋下他們年輕貌美的妻子，而捐館、早逝。守寡的妻子，或被商人誘姦，或主動求歡，走上了偷情之路。在這條「偷情」之路上，他們「不顧他人的百年恩義」，不惜「消花這些本錢」，甚至不顧「便死也罷」，他們都是不同程度上的「偷情至上主義者」。〔註16〕

二、風月場上的角逐

　　婚外情關涉士與商的家庭生活，士與商之間的情感糾葛，除了這個動搖

〔註16〕　邵毅平先生指出，由於商人偷情題材的挑戰性，「很容易引起作為個人的文人的內心共鳴」，文人在創作時存在著矛盾：「是忠於他們作為個人的直覺和感情，還是忠於他們作為社會成員的道德信念？在發表評論時，他們常偏向於後者；而在實際描寫時，他們卻常常偏向於前者。」（參氏著《中國文學中的商人世界》，復旦大學出版社，2005 年版，第 382 頁。）還說：「不管作者的態度是如何的矛盾，作品的傾向又是如何的含混，明代文學對於商人偷情題材的有力揭示與大膽描寫，已足以讓人留下深刻的印象。即使是他人的內眷，只要自己喜歡上了，哪怕付出生命的代價，也要千方百計地搞上手，這是一種『偷情至上主義』。信奉這種『偷情至上主義』的商人形象，在明代文學中出現了許多。」（參前著，第 383 頁。）

家庭根基的方面外，還包括士、商與妓女的三角戀情。〔註17〕在士、商、妓之間的三角關係中，如果就其生活方式而言，「妓」可能由於自己的經濟獨立而近「商」，可能由於自己的才情而近「士」。發生在士商之間的三角戀情模式中，士人－妓女－商人模式被關注較多，而普通的士人－女人－商人三角戀情則常被忽視。

「官妓」要實現傳統社會「夫榮妻貴」的願望，她可能通過他贖、自贖、官許而脫籍從良。不過，明清小說中不乏脫籍從良之難的描寫。在財富、金錢的衝擊下，社會上不乏「笑貧不笑娼」陳腐觀念，這使得從良之「妓」掩蓋陳跡、改頭換面，「重新做人」。秦樓楚館中的柳如是，隱逸自適，後嫁給年已花甲的東林名士錢謙益。像白娘子的再嫁許宣，美貌的蛇妖願嫁老實厚道的市井小民，這與名妓莘瑤琴最終嫁給小賣油的模式是相同的。

婦人再嫁與妓女從良，都被社會所容忍。明清文學生態中的婚戀觀，出現了較多的時代氣息。

（一）士與妓女聯合打敗商人

因妓院即是「銷金之窟」，所以風月場上的士人，基本可以分為貧士與富士。那些出身世家的富家子弟，往往被文學家描寫成才貌雙全、家財萬貫而又醉心於風月場上的「撒漫使錢」、揮金如土者。而如果是貧士，也多半是些「潛在」的暴發戶，包括科場的「一朝成名天下聞」，也包括商場的「一夜暴富」。

由於前來青樓「適興」的士人或商人，都必須支付一定的金錢，二者有著「市場」上起點的公平；妓女為了生存乃至奢侈揮霍，既不會拒絕、不能拒絕前來撒漫使錢的士人，也不會拒絕、不能拒絕攜重金前來出手闊綽的商人。

士人身上更可能有潛在的官權，而官本位社會中唯此為大。雖然商賈手中的錢可以買通官員，變相地使權為我用，但是左右官權的主動權卻在士人手中。不難理解，在一般妓女眼中，商人的社會地位肯定不如士人，而且她們有對士人比較商人更多的幻想與要求。因為即使貧士，一開始步入青樓已不欠煙粉錢，詩酒唱和中既又顯得有情有義，也極有可能秋榜之後春榜「聯

〔註17〕鄭振鐸先生曾撰文就元代士、商與妓女的三角戀情作了精典論述，參見鄭著《論元人所寫商人、士子、妓女間的三角戀愛劇》，原載《文學季刊》1934年第 1 卷第 4 期。

捷」，之後又極有可能將發跡變泰獲得的經濟收入更多地投向青樓，甚至幫助她們脫籍從良，超離賤流，升入仕階。

出身名公鉅卿的年輕士子，更是風月場上的寵兒。《警世通言》第二十四卷《玉堂春落難逢夫》中罷職回籍的王尚書三兒子王三官，「生得眉目清新，丰姿俊雅。讀書一目十行，舉筆即便成文，原是個風流才子」。父親讓三官留京收回三萬銀賬，被妓院的玉姐勾住。王三官打動老鴇的，其實不僅是「眉清目秀，面白唇紅，身段風流，衣裳清楚」，還有他那不凡的家世：「一百兩財禮，小哉！學生不敢誇大話，除了當今皇上，往下也數家父。就是家祖，也做過侍郎。」他打動老鴇的，也是「金錢攻勢」。從一開始就甩出二百兩銀子、四匹尺頭和散碎銀二十兩，他在青樓隨處「撒漫使錢」，過著「朝朝寒食，夜夜元宵」的日子。不想一年工夫三萬銀子被鴇兒騙完花空。床頭金盡，薄情立見。他隨即便遭驅趕，被譏諷爲「窮鬼」。因與玉姐交情頗深，王三官「欲待回家，難見父母兄嫂；待不去，又受不得亡八冷言熱語。我又捨不得你。待住，那亡八淫婦只管打你」，玉姐也道「哥哥在時，奴命在；你眞個要去，我只一死」，二人竟成了生命之交。所以，後來「有整萬銀子」的山西販馬商人沈洪前來約玉堂春，也被拒絕。沈馬販向老鴇不滿的原因，只是看到錢這一方面：「王三官也是個人，我也是個人。他有錢，我亦有錢。」尚書家公子的身份，以及年輕風流，都沒有成爲馬販子心甘情願低伏於世家公子哥的參考因素。

《初刻拍案驚奇》卷二十五《趙司戶千里遺音　蘇小娟一詩正果》中，錢塘名妓蘇盼奴，愛上皇家宗人太學生趙不敏，「他才思敏捷，人物風流。風流之中，又帶些忠誠眞實，所以盼奴與他相好。盼奴不見了他，飯也是吃不下的。」後來趙秀太學科選在外，因思念盼奴得相思病而死。這邊盼奴也頂住各方面的壓力，尤其是商人的金錢攻勢：「卻說蘇盼奴自從趙司戶去後，足不出門，一客不見，只等襄陽來音。豈知來的信，雖有兩次，卻不曾見幹著了當的實事。他又是個女流，急得亂跳也無用，終日盼望納悶而已。一日，忽有個於潛商人，帶者幾箱官絹到錢塘來，聞著盼奴之名，定要一見，纏了幾番，盼奴只是推病不見，以後果然病得重了，商人只認做推託，心懷憤恨。小娟雖是接待兩番，曉得是個不在行的蠢物，也不把眼稍帶者他。幾番要矸在小娟處宿歇，小娟推道：『姐姐病重，晚間要相伴，伏侍湯藥，留客不得。』畢竟纏不上，商人自到別家嫖宿去了。」

　　在面對攜重金前來風月情場爭奪的富商時，士人以「你雖有萬貫財，爭如俺七步才」自恃，其胸中詩情，腹內才學，取得科舉功名後所帶來的權勢，才是士人自信的依據，也決定了他能在「情場」上佔領主動，最終打敗商人。《警世通言》卷二十四《玉堂春落難逢故夫》中，尚書公子王順卿，先中舉人，後中金榜二甲第八名，刑部觀政三個月後，選了眞定府理刑官，「在任年餘，官聲大著，行取到京」，很快又欽點山西巡按，最終與玉堂春再度重逢，走了「夫貴妻榮」之路。

　　這些士與妓女聯合，在風月場上打敗商人的文學場景，是文學家樂於看到的。士人們「完勝」的決定性因素，可能還在於士子的「用意攻書」，甚或最後科第成名。

（二）商人作為風月場的勝利者

　　文學家筆下的商人，一般是難於在風月場上獲得最終勝利的。一方面，粗蠢的商人不懂得風情，而深知風花雪月情調的文士正是適逢勝場；另一方面，文學家作為文人，與士人同類，所以不願意看到金錢的力量，心底裏不願讓商人在情場獲得徹底勝利。

　　儘管如此，文學家家在表達類似主題時，總是情緒複雜，並讓文學生態中的風月爭奪呈現出多面性，增強了文學敘事的時代感。其中，明清小說中杜十娘的形象刻畫，卻讓我們讀出風月場上情感糾葛的多重性與世態人心的複雜性。

　　《警世通言》第三十二卷《杜十娘怒沈百寶箱》中，浙江紹興府監生李甲，出身布政使之家，生得「俊俏龐兒，溫存性兒，又是撒漫的手兒，幫襯的勤兒」，在京坐監時迷戀花魁杜十娘，一年多來便花空了遊資。二人「一雙兩好，情投意合」，而十娘「久有從良之志，又見李公子忠厚志誠，甚有心向他」，將從良之志的希望寄託在李甲身上。但軟弱的李甲，擔心「老父盛怒之下，若知娶妓而歸，必然加以不堪，反致相累。展轉尋思，尚未有萬全之策」，敢做不敢承擔責任。回途中遇到「家資鉅萬」的新安商人子弟孫富，孫富係揚州鹽商後代，現「年方二十，也是南雍中朋友。生性風流，慣向青樓買笑，紅粉追歡，若嘲風弄月，到是個輕薄的頭兒」，他看中了杜十娘，許以千金納歸。就科名而言，孫富也名列士流，不過他是南京國子監的納監生，而「其實未得登科，援例入於北雍」的李甲是北京的納監生，二人出身原自不同，現在的身份則是相同的。

　　表面上看來，文學家在取材創作上，似乎已經給主人公的「命名」賦予了褒貶的意義：李甲之「甲」，實入科甲士類之流，其重似在「名」；孫富之「富」，確位新安巨賈之列，其重似在「利」。而在人物性格方面，李甲因柔弱無主張而近於儒士之內斂，容易讓人想像到才子的情義與風流；孫富則在風月場上撒漫使錢，一擲千金，欺友使詐，實為不仁之商賈，容易讓人聯想到整天滾打於利欲膠漆盆中不解風月的俗鄙形象。實際上，這卻我們的「偏見」、「成見」在起作用。

　　在這一成見的作用下，歷來的研究者都認為，孫富是為商不仁不義，也無李甲的風流，他在風月場上幾乎完勝的原因就在於他頗有貲財。其實，孫富固然不仁不義，逢場作戲，但那只是風月場的遊戲規則；李甲情急之中拋棄「情投意合」的杜十娘，始亂終棄，才是真正的不仁不義。

　　說到風流，小說描寫的與其說是李甲，倒不如說更多地著墨於孫富的風流，他夜間聞聽十娘「清歌」嘹亮，覺得如「風吟鸞吹，不足喻其美」；他高吟高學士《梅花詩》中「雪滿山中高士臥，月明林下美人來」二句，正是應景之詩；在李甲眼中，他是「少年風流之士」。文學生態中的孫富，有文士的吟誦之才，賞歌之情，有粗鄙商人所不具備的「少年風流」，有李甲所不具有的識見、果斷與擔當。作為鹽商子弟，他的形象，實在遠比士大夫家的公子哥要豐滿，要真實，要可靠。

　　因此，如果非要將孫富本人而不是他的出身視為商賈的話，那麼，小說家通過塑造孫富這一新的商人形象，也著實打破了商人不解風月的舊套路。

　　但是，作品對孫富的經商活動卻幾乎沒有著墨，反而更多地突出了他近於文士的方面，如監生身份，吟弄之態，賞景之情，等等。另外，孫富較容易即引李甲上鈎，說明他諳熟世故，而李甲「原是沒主意的人」，二人見面後「先說些斯文中套話，漸漸引入花柳之事。二人都是過來之人，志同道合，說得入港，一發成相知了」。可見二人的興奮點俱在風月情場，更無高下之分。杜十娘之罵孫富「以姦淫之意，巧為讒說」，其實李甲更甚，冶遊風月場直接就有了「姦淫」事體。李、杜二人雖「備嘗艱苦，不是容易到此」，但李甲「相信不深，惑於浮議，中道見棄，負妾一片真心」。

　　小說家通過描繪「杜十娘之死」，在中國文學生態中創造了一種新的悲劇：它以一種青春生命殞亡、散盡金錢的淒美，讓風月場上的所有掙扎者、勝利者都成為失敗者。

　　杜十娘脫離肉體交易場，看來從良成功了，但還是在情感交鋒與命運之爭中失敗了；李甲在風月場上能贏得妓女眞心，看來他成功了，但由於家庭的壓力、外界的誘惑，他終於還是在士人道德與君子人格上失敗了；孫富用千金和讒說，從李甲手中贏得風月佳人，似乎是完勝，最後卻人財兩空，又幾乎是完敗。

　　這樣看來，無論是作爲風月場上爭奪者的李甲與孫富，還是作爲風月場上反抗者的杜十娘，他們都成了失敗的代名詞，都是悲劇性的人物。他們的悲劇是那個畸形社會的悲劇。

　　文學形象背後的原因，應該是文學家本身的價值觀在起作用，這才是前臺演戲木偶後面的那根線、那個人。在文學家眼中，風月場上的爭奪與抗爭，都注定無勝者；根源在於不正常社會造成的風月場的不合理存在。

　　明清之際的小說中反映的市井小民的婚姻、戀情觀，在何爲終身依靠階層的社會認定上，也有著更爲清晰地呈現。「三言」「二拍」中都不乏此類作品，其最著者爲《醒世恒言》第三卷《賣油郎獨佔花魁》。在妓女莘瑤琴眼中，身爲市井小民的秦重，遠不若「衣冠子弟」那麼受尊崇：「難得這好人，又忠厚，又老實，又且知情識趣，隱惡揚善，千百中難遇此一人。可惜是市井之輩，若是衣冠子弟，情願委身事之。」秦重，諧音「情重」、「情鍾」。「重情」一念，情之所鍾，在身爲當紅妓女的莘瑤琴心目中，地位何其重要，自不當再贅。但紅塵滾滾，想親近有所繫戀對象的基礎，是生活的獨立。重情之人秦重的知情與識趣，忠厚與老實，雖彌足珍貴，卻是不足依恃的東西。傳統社會中最足依恃的，是權勢、地位、聲望與財富；侯門高第，仕宦權貴，豪富科名，則最爲近之。出身市井的賣油郎秦重，除了鍾情俏娘、一念溫柔外，什麼都沒有。情感上可親可愛，而但在生活上卻極不可靠，這在長期沉淪娼門、渴求穩定生活的莘瑤琴看來是在所不取的。

本章結論

　　傳統社會的婚姻講究門當戶對，婚禮的成禮過程繁縟，「父母之命，媒妁之言」是必不可少的程序。從橫亙在士、商兩階層之間的門第高牆看來，無論是士子與商女或商子與士人之女的締姻都是較罕見的。文學家似乎從來都不乏發現生活中新突破的細節的敏感，明清之際的文學家更是如此，他們對士商之間的聯姻開始自覺不自覺地反映在他們的作品中，形成中國文學生態

網絡中的重要景觀。

士與商締結婚姻之所以能夠成功，與傳統社會門第觀念的變化密切相關。正如前文所言，明清之際社會轉型期中，四民社會結構的鬆動，社會秩序的重組，極大地衝擊了傳統社會的門第觀念以及其他社會等級觀念，「士」與「商」不再是處於不對等、不相融的社會之兩極，而是出現了日益接近、相互混融的情形，而且在婚姻結締上也出現了突破性進展。正是由於商的地位相對上升、士的地位同時相對下降，士與商才有各方面的接近、接觸，而我們也可以從明清之際的思想家、文學家的筆下讀到士商聯姻成爲普遍之事的情形。

與貧士的「仇富」而又嚮慕富貴而言，富而不貴卻是成功商賈永恒的遺憾。傳統社會的特點之一即是官本位社會，官員對商人的盤剝讓商人內心深處充滿著「仇官」又「崇官」的複雜心理。傅衣凌先生說：「中國商業資本假如不是託庇於官僚政治之下，便難獲得超經濟的超額利潤。」〔註18〕商人結交官府，既爲自保，也爲進一步獲得利潤輔展道路。

爲了結交官府，步入上流社會，商賈向官僚士大夫賄納以錢雖爲常態，卻難保長久且穩定的良好關係。因此，與士人締結婚姻成爲商賈彌補富而不貴的內心遺憾的重要選擇，只要有可能，他們幾乎都會毫不猶豫地選擇。甚至士人只具備步入仕途的「可能」，尚處於經濟困境中，只要把握其必有科甲希望，商賈們也會暫時委曲求全，拭目以待。不過，商賈有時也會看走眼，科舉之途又比不得商途的暴發速效，貧士與富商甚至一般商賈締姻時，也難免出現不那麼理想的狀況。

有的表面上看來是富富聯姻，只要前溯一二代，搜尋一下直系與旁系姻親關係，便可知它們實際上卻是士商聯姻。《二刻拍案驚奇》卷九《莽兒郎驚散新鴛燕　偽梅香認合玉蟾蜍》的鳳來儀，父母雙亡，依靠母舅周濟，已得中舉人；而他邂逅相遇的佳人楊素梅，也是父母雙亡，傍著兄嫂同居。他們二人暗通情款，最終也要靠媒妁之言、父母長上之命締結姻緣。楊素梅的外婆，嫁在錢塘門裏馮家，「雖沒了丈夫，家事頗厚，開個典當鋪在門前。人人曉得他是個富室，那些三姑六婆沒一個不來奉承他的」。素梅的母親，是馮孺人的獨女。馮孺人想給外甥女兒許聘人家，媒婆所言卻頗能說明問題：「若只託楊

〔註18〕傅衣凌：《明清時代商人及商業資本；明代江南市民經濟試探》，中華書局，2007年版，第84頁。

大官人出名，說把妹子許人，未必人家動火。須得說是老孺人的親外甥，就在孺人家裏接茶出嫁的，方有門當戶對的來。」當她聽說鳳來儀的母舅金三員外是「本處財主」，便叫人通知了外甥楊大官人，「當下許了」。金員外聽說「馮家有個女兒，才貌雙全，尚未許人。叫討了他八字來，與外甥合一合看。那看命的看得是一對上好到頭夫妻，夫榮妻貴，並無衝犯」，也「大喜」，「即央人去說合」。從中可見傳統所謂的「門當戶對」觀念，發生了一定的變異。只要「當家人」覺得不錯，中不中科第也不甚要緊。而科第者似乎也並不怎麼拿自己的科舉功名來說事。當鳳來儀中了三甲進士，一舉成名，又選了福建福州府推官後，我們見他心裏想道：「我如今便道還家，央媒議親，易如反掌。這姻緣仍在，誠爲可喜，進士不足言也！」似乎對於鳳來儀而言，只要相貌動人、才情可觀，是否出於商門已經無關緊要了。可見，士商締姻已爲常態，士人和商人均已不再介懷。

第四章　士商互濟

　　雖然我們在第二章第三節談「賈而好儒」時，已分析過士商之間發生的儒賈相濟情形，表面上看來，似乎「儒賈相濟」和「士商相濟」沒有多大的不同，實際上所強調的重點並不一樣。需要首先說明的是，儒賈相濟主要指一個家庭內部各業的分工，強調以「賈業」佐助「儒業」；士商互濟則主要用來泛指社會上「士」與「商」兩個階層相互扶助、互相救濟。

　　據周暉《二續金陵瑣事》上卷《蠅聚一膻》記載：「鳳州公同詹東圖在瓦官寺中。鳳州公偶云：『新安賈人見蘇州文人，如蠅聚一膻。』東圖曰：『蘇州文人見新安賈人，亦如蠅聚一膻。』鳳州公笑而不語。」〔註1〕如果撇開徽州休寧人詹景鳳同名士王世貞各自出於「幽暗」心理的爭執，那麼，我們或可見這一「事件」也隱曲地表達了「士」與「商」之間相互絷堆、某種程度上相互依存的關係。筆者認為，這種或屬於正常的扶助，或懷有私心而偏離正途的相依關係，可以籠統地稱為「互濟」關係，而大致包括士攀附於商、商阿附於士兩種情形。

第一節　士攀附於商

　　士攀附於商的情形常常表現於窮士與富商之間。這種關係之所以最終能夠確立，關鍵在於窮儒與富商之間有相互需求，但文士有才華而囊中羞澀，

〔註1〕　周暉：《金陵瑣事；續金陵瑣事；二續金陵瑣事》，南京出版社，2007年版，第312頁。

商賈多貲財卻文欠藻飾，「夫富於文藻，與富於貲財，常不並立」〔註2〕，因而正可相濟爲用。一方面，貧士依傍商門，充當清客、幫閒，增彩其門庭，甚至自甘俳優以取悅商賈。另一方面，當士商之間有著某種程度上的詩文酬唱的朋友關係時，士人可能還會不十分有損尊嚴地獲得商賈的周恤。

一、士人依傍商門

對於治生能力較弱的士人來講，在未能獲得「致身通顯」前，如果沒有祖蔭祖產的扶助，他們多半會因爲讀書業儒，處於無力或無心從事治生之事狀態。士人貧無所措時，手握重金的富商巨賈就成爲他們所依傍的理想對象。士人屈尊依傍商門時，常常也會因發生借貸關係而使士人受制於商人的情況。

（一）士人為商門清客、俳優、幫閒

明代中後期，「士與商、官與商結託交遊的現象非常普遍，不少文人學士、達官顯宦不僅拋棄了輕商、賤商的傳統觀念，而且競相結交、恭維商人」〔註3〕。一些貧士甚至自降身份，不顧尊嚴，自甘爲商門的清客、幫閒，甚至淪落成爲遊走商門的俳優。

貧士阿附富商，主要在於富商的經濟實力。其情形可以用《儒林外史》中杜少卿的話來概括：「鹽商的富貴奢華，多少士大夫見了就銷魂奪魂！」在第四十七回中，代表世家的余、虞兩家，代表商賈家庭的方家，各種人在各自的入祠儀式上的表現，展現了明清之際鹽商實力強大所帶來的社會變化。而余、虞兩家的士人子弟們，不參加本家叔祖母、伯母、叔母的入祠儀式，而群趨到方鹽商家參加方老太太的入祠儀式，上演了一幕商人的勝利和「士人的投降」〔註4〕的社會劇。一方是世家入祠儀式的冷清：「虞華軒換了新衣帽，叫小廝挑了祭桌，到他本家八房裏。進了門，只見冷冷清清，一個客也沒有。八房裏堂弟，是個窮秀才，頭戴破頭巾，身穿舊襴衫，出來作揖。虞華軒進去拜了叔祖母的神主，奉主升車。他家租了一個破亭子，兩條扁擔，

〔註2〕 袁中道著，錢伯城點校：《珂雪齋集》卷之十七《吳龍田生傳》，上海古籍出版社，1989年版，第739頁。

〔註3〕 黃瑞卿：《明代中後期士人棄學經商之風初探》，《中國社會經濟史研究》1990年第2期，第36頁。

〔註4〕 邵毅平：《文學與商人：傳統中國商人的文學呈現》，上海古籍出版社，2010年版，第58頁。

四個鄉里人歪抬著，也沒有執事。亭子前四個吹手，滴滴打打的吹著，抬上街來。虞華軒同他堂弟跟著，一直送到祠門口歇下。遠遠望見，也是兩個破亭子，並無吹手，余大先生、二先生弟兄兩個跟著，抬來祠門口歇下。」另一方面是鹽商的場面的浩大：

> ……祠門前尊經閣上，掛著燈，懸著綵子。擺著酒席。那閣蓋的極高大，又在街中間，四面都望見。戲子一擔擔挑箱上去。抬亭子的人道：「方老爺的戲子來了！」又站了一舍，聽得西門三聲銃響，抬亭子的人道：「方府老太太起身了！」須臾，街上鑼響，一片鼓樂之聲，兩把黃傘，八把旗，四隊踹街馬，牌上的金字打著「禮部尚書」、「翰林學士」、「提督學院」、「狀元及第」，都是余、虞兩家送的。執事過了，腰鑼、馬上吹、提爐，簇擁著老太太的神主亭子，邊旁八個大腳婆娘扶著。方六老爺紗帽圓領，跟在亭子後。後邊的客做兩班：一班是鄉紳，一秀才。鄉紳是彭二老爺、彭三老爺、彭五老爺、彭七老爺，其餘就是余、虞兩家的舉人、進士、貢生、監生，共有六位，都穿著紗帽圓領，恭恭敬敬跟著走。一班是余、虞的秀才，也有六七十位，穿著襴衫、頭巾，慌慌張張在趕著走。鄉紳末了一個是唐二棒椎，手裏拿一個簿子，在那裏邊記帳。秀才末了一個是唐三痰，手裏拿一個簿子，在裏邊記帳。那余、虞兩家，到底是詩禮人家，也還厚道，走到祠前，看見本家的亭子在那裏，竟有七八位走過來作一個揖，便大家簇擁著方老太太的亭子進祠去了。便是知縣、學師、典史、把總，擺了執事來。吹打安位，知縣祭、學師祭、典史祭、把總祭、鄉紳祭、秀才祭、主人家自祭。祭完了，紳衿一哄而出，都到尊經閣上赴席去了。這裡等人擠散了，才把亭子抬了進去，也安了位。虞家還有華軒備的一個祭桌，余家只有大先生備的一副三牲，也祭奠了。抬了祭桌出來，沒處散福，算計借一個門斗家坐坐。余大先生抬頭看尊經閣上，繡衣朱履，觥籌交錯。

世家眾多子弟，為了那頓席面，竟然不顧斯文體面，撇下家族祠祭，去捧爆發戶的場。而面對這樣的喧囂鬧擾的場面，余大先生「看不上眼」，不免歎息縣裏「禮義廉恥，一總都滅絕了。也因學宮裏，沒有個好官」，希望以前虞博士推行的德化之事再次出現，以成「化民成俗」的盛況。相比社會上普遍的

鬧嚷而言，他們四人的抗議之聲顯得十分微弱，他們變革現狀的途徑又顯得那麼迂腐。

商人們認識到，「要在商業競爭中求得生存發展，必須提高經營者的自身素質，必須具備地理、輿圖、交通、氣象、物產、會計以及風俗民情、歷史沿革諸多文化知識。商人們愈益認識到知識的力量，認識到提高自身文化教育水準，吸收文化人參與經營管理的重要性」〔註5〕。窮窘無聊的士人，有時也會「乘虛而入」，加入商遊隊伍中來。

在這種窮士與行商「才」與「財」的相互「幫襯」的關係中，如果處理得當，士商各自均有可能處於相對超然的狀態。《初刻拍案驚奇》卷一《轉運漢遇巧洞庭紅　波斯胡指破鼉龍殼》中，文若虛與海商張大等結夥同行，因可互相笑樂，甚至可以提供一些地理知識等，故可相容。但說到湊本錢，卻無人回應。書中一句「說著錢，便無緣」，道出這類士商關係的內中玄機。這極有可能是由於海外貿易的風險之大，如同賭場上的押注，充滿著許多不定因素，海外貿易的本錢如同賭場上的賭本，卻都須自己出。

文若虛在無形中成為「準幫閒」，這時眾海商只願略備餐宿路費，本錢分開，他們雖無施濟文若虛之實，卻也可視為士商同遊之樂，這種帶有「聯誼」性質的商遊行為，反而顯得比簡單的施報關係相對超然。

另外一種更超然的聯誼行為，是士商搭伴同行。《初刻拍案驚奇》卷十二《陶家翁大雨留賓　蔣震卿片言得婦》中，成化年間浙江杭州府餘杭縣的蔣霆（字震卿），「本是儒家子弟，生來心性倜儻佻撻，頑耍戲浪，不拘小節。最喜遊玩山水，出去便是累月累日，不肯呆坐家中」，這樣一位儒生，不喜寒窗苦讀，卻遊興盎然，一日想道：「從來說山陰道上，千岩競秀，萬壑爭流，是個極好去處。此去紹興府隔得多少路，不去遊一遊？」事也湊巧，「恰好有鄉里兩個客商要過江南去貿易，就便搭了伴同行。過了錢塘江，搭了西興夜船，一夜到了紹興府城。兩客自去做買賣，他便蘭亭、禹穴、葳山、鑒湖，沒處不到，遊得一個心滿意足。兩客也做完了生意，仍舊合伴同歸」。士人與商人的界限，被鄉誼沖淡。

士遊與商遊的短期交集，小說中並非曲盡其致，但其中極有可能碰撞出了新的火花，為新的交流夯實了基礎。

〔註 5〕　夏咸淳：《明代後期文士與商人的關係》，《社會科學》1993 年第 7 期，第 59 頁。

（二）士人因向商人借貸而受制於商人

士人因向商人借貸而受制於商人，這是士人因經濟原因被商人算計，被商人的金錢「迷陣」所戰勝。

《初刻拍案驚奇》卷十五《衛朝奉狠心盤貴產　陳秀才巧計賺原房》中，放高利貸的衛朝奉，在金陵三山街開解鋪，是個「愛財的魔君」，小說家說他「平素是個極刻剝之人」。陳秀才是個「撒漫的都總管」，熱心風月場上游冶，「又吟得詩，作得賦，做人又極溫存幫襯，合行院中姊妹，也沒一個不喜歡陳秀才的」。過了七八年「朝朝寒食，夜夜元宵」、「好不受用」的日子，窘境降臨，「風花雪月了七八年，將家私弄得乾淨快了。馬氏每每苦勸，只是舊性不改，今日三，明日四，雖不比日前的鬆快容易，手頭也還拼湊得來。又花費了半年把，如今卻有些急迫了」。於是，「眾人攛掇他寫一紙文契，往那三山街開解鋪的徽州衛朝奉處借銀三百兩。那朝奉又是一個愛財的魔君，終是陳秀才的名頭還大，衛朝奉不怕他還不起，遂將三百銀子借與，三分起息。陳秀才自將銀子依舊去花費」。誰知這正中了衛朝奉的計：

> 那陳秀才這三百兩債務，衛朝奉有心要盤他這所莊房，等閒再不叫人來討。巴巴的盤到了三年，本利卻好一個對合了，衛朝奉便著人到陳家來索債。陳秀才那時已弄得罄盡杯乾，只得收了心，在家讀書，見說衛家索債，心裏沒做理會處。只得三回五次回說：「不在家，待歸時來討。」又道是，怕見的是怪，難躲的是債。是這般回了幾次，他家也自然不信了。衛朝奉逐日著人來催逼，陳秀才則不出頭。衛朝奉只是著人上門坐守，甚至以濁語相加，陳秀才忍氣吞聲。

實在被逼無路的陳秀才，被迫用價值千金的房產，抵了三百兩銀子的本息。後來陳秀才的妻子使出私房銀錢幫助丈夫贖回產業，衛朝奉也不肯原價退回。逼得陳秀才想出栽贓陷害的狠辣招數，才勉強要回了房產。

今人讀這類小說，很難有「一邊倒」的同情。高利貸商人固然可憎，但秀才亦俗濫不堪。雖然陳秀才自有「委屈」處，然而也帶有「咎由自取」的味道。陳秀才的妻子不計丈夫「出軌」、勇捐「釵珥之資」的「義舉」，也讓今人心底如打翻「五味瓶」般情感複雜。然而，小說家罵完「愛財的魔君」的高利貸者後，最終還是讓占盡風月豪情的隱忍秀才「扳回」險局，不能不說是小說家的「偏見」在作怪。

二、商賈周恤士類

明清文學生態中士商互濟的可期待場景，常常是士人得到商賈的周恤。商賈與文人學士有時因性情相近、喜好相同而結成較好的友誼，商賈利用自己的雄厚資金，有時也會為周恤貧士而慷慨解囊，而他們的付出也常常會得到不菲的回報。

（一）商賈為士類文友的付出

晚明以來，士商關係空前密切，「那時有識見的商賈大都樂於結交文人墨客，或與文士交流切磋藝文之事，或延文士為其子弟指授詩文書畫，或求文士撰寫傳記、壽序、碑銘等文字，或請文士校勘評選書冊。在這些方面，商人都要給予報酬，也樂意慷慨解囊。」〔註6〕

商賈周恤士人的方式有諸多種，最常見的方式，是生前補貼生活，死後安葬、刊刻遺文、撫恤家屬等。

這方面，「揚州二馬」即是典型。揚州鹽商馬曰琯、曰璐兄弟，雅好清賞，交結士望，必要時候還不吝惜銀子，慷慨周恤士類。「揚州二馬」對當時活躍的文人集團的幫扶，也集中體現了這一特點。比如，文士姚世鈺去世後，「吾友馬曰琯、曰璐、張四科為之料理其身後，周恤其家，又為之收拾其遺文，將開雕焉，可謂行古之道者也」〔註7〕。「作為商人的馬氏兄弟對文人們尊重有加，與文人們結下了深厚的情誼。他們以自己的經濟實力，為一批潦倒的文人提供了從事文學創作、文史研討的物質條件和溫馨的氛圍，撫慰了他們的心靈，讓他們保持了文化的自尊。」〔註8〕

徽商程元利，與善詩歌、工書法且有文名的崑山文士俞允文交好。允文死，程商「不惜重貲，梓其遺稿千餘篇，使不泯沒」。對此，鍾惺不免感慨說：「富者餘貲財，文人饒篇籍。取有餘之貲財，揀篇籍之妙者而刻傳之，其事甚快。非惟文人有利，而富者亦分名焉。然而苦不相值者何也？非人也，天也。奚以明之？貲財者，造化之膏脂；篇籍者，造化之精神。瀝膏脂以洩其精神，此其於事理兩虧之數也。人不能甘，而造化肯聽之乎？故曰天也。

〔註6〕　夏咸淳：《明代後期文士與商人的關係》，《社會科學》1993年第7期，第61頁。

〔註7〕　全祖望：《鮚埼亭集》卷二十《姚薏田壙誌銘》，《全祖望集彙校集注》，上海古籍出版社，2000年版，第360頁。

〔註8〕　朱萬曙：《明清時期商人的文學創作》，《文學評論》2008年第3期，第71頁。

嗚呼，此貨財之所以益盡，而篇籍之所以益晦也！」〔註9〕鍾惺從帶有哲理味的「形上根據」角度，「曲折」然而「曼妙」地表達了士商之間的「互利」、「互補」關係，由「篇籍」對「貨財」的需求，「隱曲」地道出文士心底對商人的期待。

錢謙益（1582～1664）《列朝詩集小傳》甲集載：「〔王〕行，字止仲，長洲人。髫時，從其父爲閶門南市人市藥籍，記藥物，應對如流。迨晚，爲主嫗演說稗官詞話，背誦至數十本。主人翁異之，授魯論，翌日已成誦。乃令遍閱所庋書。年未弱冠，辭去，授徒於城北望齊門，議論踔厲，貫穿今古。家徒壁立，幾無留冊。詢所學，曰：『得之藥肆翁耳。』」〔註10〕這段事跡既點出商人家人「主嫗」對「稗官詞話」、通俗文學的愛好，也說明藥商往來之人中亦不乏日後榮入士範之輩。尤其是藥鋪老闆「異之」並愛之，不僅「授魯論」（親授或請人授講），而且「乃令遍閱所庋書」，增廣士子的見聞，助發其才識，這也從一個側面說明了「商」與「士」之間的良性互動。

《醉醒石》第十回《濟窮途俠士捐金　重報施賢紳取義》中的浙商浦仁，雖承父業做「糶糴生理」，卻有一顆「輕財惜人」的豪爽之心，「做人會算計靈變，有信行，又慷慨，所以立得住。卻因慷慨，做不得家」。他很有些「俠商」的形象。當他攜銀走在往常州去「遠糴」的路上，看見三個福建舉人被盜，「行李劫去，僕從打傷，衣服剝盡，往京回閩，進退無資」，他又慷慨解囊，「就在近村，打些水白酒與他湯寒，又把自己被褥與他御風」，而且「到了蘇州，在閶門邊，與他尋了下處。爲他買氈條、綢布做被褥，爲三個舉人做衣服。失了長單，爲他府中告照。又贈盤費三十兩」。當得知三人都中了進士，浦商「原沒有結交望報的心」，也不存回報妄想，「圖報之心甚淡，不曾去尋邸抄，看大選報」，不想三人均科場順利，官場如意，時刻立意報恩。

這是一種相對超然的施報關係，是士人理想的施報關係，增強了他們回報商人的道德責任感，也減輕了士人受施時的負擔感。隨著走出困境的士人獲得政治權力，他們時刻在心的「回報」之念便變爲實實在在的行動。另一種可能，文人學士也會出於緩解內心強大壓力的考慮，才讓施助的商人形象

〔註 9〕　鍾惺：《隱秀軒集》卷第三五《題潘景升募刻吳越雜誌冊子》，上海古籍出版社，1992 年版，第 564 頁。
〔註10〕　錢謙益：《列朝詩集小傳》，上海古籍出版社，2008 年版，第 101 頁。

「變形」為無欲無求的「俠義」之士。然而，文人精心塑造的「俠義之士」終究不由「有道之盜」、富貴雙全的官紳來「扮演」，而由廣擁貲財的商賈來承擔，讓今人讀出小說家的複雜心態。

《醒世恒言》第二十卷《張廷秀逃生救父》中，木匠之子張廷秀，被王員外招為婿，卻受到長婿趙昂夫婦的忌恨與陷害。張廷秀兄弟被趙昂派的人捆綁沉江後，文秀被富商褚衛救起，而廷秀被戲班救出。後來，張廷秀被禮部主事邵承恩收留為子，兄弟二人考中了同榜進士。這段商人挽救士人之命的故事，雖非典型的商賈周恤士類，卻反映了複雜的士商關係。木匠之業，工商一流，卻因時節因緣而攀姻士門、因讀書而榮晉士類。

（二）商賈周恤士類的回報

一般而言，富商希望回報，他們基本上是把周濟行為當作他的一種社會「投資」。按其心理預期與外在表現而言，富商周濟窮士而產生實質的施報關係，其類型至少可能有以下幾種狀況：（1）直接希望回報，有了窮士他年榮貴發達後報施的口頭許諾後，商人心理才會熨帖；（2）內心渴求回報，但並不明言，不過一切盡在不言中；（3）以為施報為「惠而不費」之舉，不望回報，是謂俠商。

商賈們施捨周濟時期望得到的，如果不是受施者記在心裏的報恩之心，便多是外顯的實際內容：（1）千金之財；（2）一定的社會地位與社會聲望；（3）人身安全與獲取財富的社會權力庇護。

小商販因處於底層，他們最可能接觸、收容受難士人，體察其心，但也較有可能在施助時盤算回報之事。《連城璧》第一回《譚楚玉戲裏傳情　劉藐姑曲終死節》中的莫漁翁，「一向賣魚趲聚得幾包銀子」，當他老夫婦二人從波濤中救出殉情投水流走三百餘里的譚楚玉與劉藐姑後，聽見二人打算回楚地，「待我依舊讀書，奮志幾年，怕沒有個出頭的日子」，而回去莫非籌措路費不可。「莫漁翁看見譚楚玉的面貌，知道不是個落魄之人，就要放起官債來」，打算將以前積攢的銀子助他們，但有條件：「只是一件，你若沒有好處，我一釐也不要你還；倘若讀書之後，發達起來，我卻要十倍的利錢，少了一倍，我也決不肯受的。」譚楚玉苦讀三年，就進了學，接著中舉、中進士，殿試之後，選了福建汀州府節推。他「圖報恩人之念重」，打算帶了莫漁翁一同上任，共享榮華富貴。故事中「放官債」一詞，最堪玩味。

清初史學家全祖望（1705～1755，字紹衣，號謝山），在眼疾篤重時，馬

氏兄弟寄書請他到揚州，並請醫治療。全氏在臨終前，特意交待弟子董純，將自己所抄的五十卷文集，「移交維揚馬氏藏書樓」〔註11〕。對於有文名的鹽商而言，回報以文，遠過於回饋以金銀珠玉。

　　士商之間不打不相識，後又因結成生死情誼，便長久地密切往來。《初刻拍案驚奇》卷十一《惡船家計賺假屍銀　狠僕人誤投真命狀》中，浙江溫州府永嘉縣的王生，「家道亦不甚豐富」，「尚不曾入泮，只在家中誦習，也有時出外結友論文」，卻因買薑事與湖州薑客呂大王生發生聯繫。呂大身為賣薑客，極力為客戶「業儒」的王生「辨誣」，主動將客戶「受屈」、「受苦」之因歸罪於己，顯示了仁義之心。王生經此一番牢獄之苦，為避禍全身而主動惕厲改容，更進了士商關係。「那呂大見王生為他受屈，王生見呂大為他辨誣，俱各致個不安，互相感激，這教做不打不成相識，以後遂不絕往來。王生自此戒了好些氣性，就是遇著乞兒，也只是一團和氣。感憤前情，思想榮身雪恥，閉戶讀書，不交賓客，十年之中，遂成進士。」王生與薑客呂大之士商互動情景，反映了當時社會中市井小民交往的真實。「皇帝亦有幾家窮親戚」，何況「業儒」而尚未仕進的「儒家子弟」、「負屈寒儒」？

　　由此類文學生態的敘事類型略作引申，可見當時人們各因自保自救而結成某種或緊密或鬆散的社會關係，這本身已經打破了原來以血緣宗法為核心紐帶的「四民社會」的底層結構，形成了一種新的社會流動、人際互動模式。

　　當然，還有一些偶發性的施助行為。文學生態中這類故事中的商人，則或明或暗地得到了道德獎賞。

　　士商互濟的正向關係，也許促成了士為商「正名」、立傳、作序，產生了士商間的詩酒唱和和情誼締結。

　　心學家王守仁（1472～1529，字伯安，號陽明）曾於嘉靖乙酉（四年，1525）為崑山商人方麟諭墓，在墓表中明確發出「四民異業同道」的宏論。文徵明則為談惟善、慎元慶、朱榮等商人撰寫了墓誌銘。在《南槐慎君墓誌銘》中，文徵明給「江淮之間稱良賈」的商人慎元慶賦予了新形象。商業成功後的慎氏，因自覺「行賈」為「丈夫賤行」，改而「力本」。

　　李夢陽的祖父王（李）忠，「為小賈能自活，乃後十餘歲為中賈」〔註12〕。

〔註11〕　全祖望：《鮚埼亭集內編》卷首附《全謝山年譜》，《全祖望集彙校集注》，上
　　　　　海古籍出版社，2000年版，第25頁。
〔註12〕　李夢陽：《空同集》卷38《族譜》。

有這樣的家庭背景，李夢陽爲不少士而商、商而士者的詩文集作序、撰記、爲商人作傳，也就成了情理中事。李夢陽曾爲歙縣商人鮑弼撰《梅山先生墓誌銘》〔註 13〕、鮑允亭立傳〔註 14〕，爲蘭陽商人丘琥撰《處士松山先生墓誌銘》〔註 15〕，爲蒲商王現撰《明故王文顯墓誌銘》〔註 16〕。像《潛虬山人記》〔註 17〕、《方山子集序》〔註 18〕及《缶音序》〔註 19〕等此類序傳之文，也是表達李夢陽重要文論思想的篇章。

　　李夢陽《潛虬山人記》中的徽商佘育，將非結交權勢亦得贏利歸功於自己體認出的「商道」，後來又棄商爲山人，散財以自贖：

> 山人少商宋梁間，然商非劇廛不售也，非交豪官勢人即售，受侮壓，售未有不賖者也，非豪勢人力，賖鮮有還也。山人寓劇廛則治靜屋，日閉關苦誦吟，弗豪勢人交，及終歲算息盈縮則顧與他商埒。他商怪問之，山人曰：「商亦有道焉，夫價之昂昇，豈一人容力哉？君既靡力，吾隨其昂昂昇昇焉，已是以吾身處劇廛而心恒閒也。夫爭起於上人，吾既隨其昂昂昇昇，息與諸埒也。侮壓又胡從至矣？吾是以弗勢豪交而息罔獨縮，故曰商亦有道焉。」此爾乃後山人有子矣。於是始棄商而歸潛虬山，云山人。既歸山則於山間構潛虬書院，以館四方交遊暨來學者，而收訓其族子弟。於中又構屋數十以居其族無屋者，云厥費不貲矣。或謂山人曰：「夫商人出入風波盜賊中，遠父母兄弟之親而生尺寸於千萬里之外亦難矣，宜若是費乎？」山人笑而不答，退謂其族子弟曰：「夫散者聖賢之懿，而聚者嗇夫之瑣行也。若以爲金帛果足使子孫守哉？」〔註 20〕

而他爲徽商所作的《梅山先生墓誌銘》，也可爲此類重要代表，其中敘述道：

> 嘉靖元年九月十五日，梅山先生卒於汴邸。李子聞之，繞楹彷徨行，……辟踴號於棺側。李子返也，食弗甘、寢弗安也數日焉，時自念曰：「梅山，梅山！」……正德十六年秋，梅山子來。李子見

〔註 13〕李夢陽：《梅山先生墓誌銘》，《空同集》卷 45。
〔註 14〕李夢陽：《鮑允亭傳》，《空同集》卷 58。
〔註 15〕李夢陽：《處士松山先生墓誌銘》，《空同集》卷 45。
〔註 16〕李夢陽：《明故王文顯墓誌銘》，《空同集》卷 46。
〔註 17〕李夢陽：《空同集》卷 48《潛虬山人記》。
〔註 18〕李夢陽：《空同集》卷 51《方山子集序》。
〔註 19〕李夢陽：《空同集》卷 52《缶音序》。
〔註 20〕李夢陽：《空同集》卷 48《潛虬山人記》。

其體腴厚，喜握其手曰：「梅山肥邪？」梅山笑曰：「吾能醫。」曰：
「更奚能？」曰：「能形家者流。」曰：「更奚能？」曰：「能詩。」
李子乃大詫喜，拳其背回：「汝吳下阿蒙邪？別數年而能詩、能醫、
能形家者流。」李子有貴客，邀梅山。客故豪酒，梅山亦豪酒。深
觴細杯，窮日落月。梅山醉，每據床放歌，厥聲悠揚而激烈。已，
大笑，觴客。客亦大笑，和歌，醉歡。李子則又拳其背回：「久別汝，
汝能酒，又善歌邪？」

李夢陽用細膩的筆觸，刻畫了將他與墓主的詩酒豪興，將他和商人鮑弼之間親密無間的交誼和盤托出。文豪與「能詩」的商賈之間的交結竟然如此自然，這不能不說是代表了當時社會的一種普遍情形。

第二節 商阿附於士

商賈在古代四民社會中處於最末位，社會地位最爲卑下。在漫長的傳統社會中，「士」從文化品格上貶損「商」，統治階級在政治與經濟上對商賈謀利行爲進行雙重打壓，在這種情況下「商」阿附於「士」的情形便自然形成。〔註21〕

一、賈仕合作

中國傳統社會是一個官本位社會，「通過與功名利祿密切聯繫的科舉制度，封建統治者輕而易舉地將知識階層置於自己的控制之下，使這個居於『四民之首』的階層自覺地團結在統治者的周圍」〔註22〕。對於商人而言，如果能得到官位的保護，政商合一，賈仕合作，商賈之業就能得到畸形發展，否則便不能發展。傳統「官」、「商」關係對我們重建新型「官」、「商」關係起著重要的警示作用：警惕「官商經濟」、官商勾結、權錢交易及「權力資本化」，「官」、「商」要交往，但交往須有道。〔註23〕

〔註21〕 朱萬曙說：「在一般情形下，徽商『賈而好儒』，是爲了得到文士們的肯定，以獲得精神上心理上的滿足；同時，他們廣結文士名流，也能夠提高自己的社會地位，在經商過程中獲得更有力的支持。」參氏撰《明清徽商的壯大與文學的變化》，《文學遺產》2008年第2期，第97頁。
〔註22〕 劉良明，劉方：《市井民風：〈二拍〉與民俗文化》，黑龍江人民出版社，2003年版，第43頁。
〔註23〕 葉小文：《官商交往要有道 相敬如賓而非勾肩搭背》，《人民日報》2013年3

（一）權錢交易

在中國傳統農本社會結構中，商人的地位是十分尷尬的。一方面，他們擁有金錢財富，物質欲望的膨脹感時刻要求他們改變自己現有的地位，重新調整社會價值秩序；另一方面，他們社會地位的低下，遭世人尤其是士人的鄙棄，他們有著現實的壓抑。所以，官本位社會下的商人心底，有一種投資政治、改換地位的天然渴求。〔註24〕巨商富賈「以富致貴」的手段，主要是用錢捐贈、行賄，結交官吏，攀附權貴，抬高身價；甚或出錢賣官，優入士類，躋身官場，掌握權柄，左右吏治。

在官本位社會制度中，依託官府勢力做生意，才有可靠的保護傘。《文獻通考》卷十二《職役一》：「開元十八年敕：『天下戶等第未平，陞降須實。比來富商大賈多與官吏往還，遞相憑囑，求居下等。』」王陽明《議南贛商稅疏》談到江西南、贛二府商稅問題時，引用嶺北道兵備副使楊璋呈子說：「過往客商，或假稱權要而挾放，或買求官吏而帶過；及被店牙通同客商，買求書算，以多作少，以有作無，奸弊百端！」〔註25〕《金瓶梅》第四十五回中應伯爵的話說得不差：「常言道：『秀才無假漆無真。』進錢糧之時，香裏頭多放些木頭，蠟裏頭多攙些柏油，那裏查帳去？不圖打魚，只圖混水，借著他這名聲兒，才好行事。」這也正是做官錢糧生意的李智、黃四等商人的經營之道，他們正是希望通過借西門慶的高利貸來獲得他的保護。黃四說：「李三哥他不知道，只要靠著向那內臣借，一般也是五分行利。不如這裏借著衙門中勢力兒，就是上下使用也省些。」第九回中，西門慶在毒殺炊餅販武大郎後，也通過「連夜將官吏都買囑了」，逃脫了武松告官的人命重案，「原來知縣、縣丞、主簿、典史，上下都是與西門慶有首尾的，因此官吏通同計較，這件事難以問理」。即便受親家牽連，親黨案中有名之時，西門慶用同樣的方法，派夥計送給蔡太師「白米五百石」，由太師之子蔡攸轉求當朝右相李邦彥，而「邦彥見五百兩金銀只買一個名字，如何不做到分上。即令左右抬書案過來，取

月 14 日。

〔註24〕 邱紹雄說：「有雄厚財力的商人們並不滿足富而不貴的地位，入仕為官，富貴並至，這是他們建立在身份等級觀念之上的人生理想境界，是根植於其心靈深處的難以移奪的人生目標。在當時的歷史條件下，商人若想改變命運，只有借助於手中的金錢，躋入官吏行列。」參氏著《中國商賈小說史》，北京大學出版社，2004 年版，第 21 頁。

〔註25〕 王守仁：《王陽明全集》，上海古籍出版社，2011 年版，第 373 頁。

筆將文卷上西門慶名字，改作賈廉」。商人的錢和相府中的權相勾結，將風險降到最低限度，也將那個漏洞百出的法律玩弄於股掌之間。

在強大的官僚勢力面前，商人的力量是極其有限的，他們有時不免奮力抵抗。但即便是「大本錢的富翁，從不曾受這般羞辱」，他們的憤怒之舉只會遭到更大的壓制，他們的反抗也是無力的。《石點頭》第八回《貪婪漢六院賣風流》中的吾愛陶在荊州任監稅提舉時，欺壓商民，「做買賣的，那一個不叫苦連天」。徽州姓汪的富商，在蘇杭收買了幾千金絞羅綢緞，前往川中去發賣，稍有不滿，便遭毆打。當查出少報兩箱時，就以漏稅論處，「例該一半入官，教左右取出剪子來分取」，吾受陶的做法更其非人道之處在於：「從來入官貨物，每十件官取五件，這叫做一半入官。吾愛陶新例，不論綾羅綢緞布匹絨褐，每匹平分，半匹入官，半匹歸商。可惜幾千金貨物，盡都剪破，雖然織錦迴文，也只當做半片殘霞。」汪商為了尊嚴，無奈之下將剩下的一半殘緞破綢，「堆在衙門前，買幾擔稻草，周回圍住，放了一把火，燒得煙塵飛起，火焰衝天」，然後逃逸而去。反抗之後，不惟無補於事，而且元氣大傷。

德國思想家馬克斯‧韋伯說：「一個大國的最大危險莫過於被一群政治上毫無教養的市儈所領導。」〔註26〕士商對流容易帶來政商合一的局面，那些所謂的「紅頂商人」，作為政治舞臺上的投機者與小民爭利。官商橫行，他們亦仕亦賈，造成社會上新的不公平競爭。

商人階層在經濟力量強大的同時，其社會參與的主動性甚至政治參與意識也獲得了空前膨脹。「商而士」的潮流，展現了商人參與政治的願望。商人階層實現自身參與政治願望的途徑之一，即是在身份上實現轉變，商人通過科舉、捐納等「曲線方式」變成「士」階層的一員。商人參政熱情、政治意識的萌發、強化，可能會導致商人的「在商言政」。商人出於趨安厭亂、保護自身利益的考慮時，也可能強化自身積極的政治態度。託庇於政治權勢的祐護之下，更大可能地擺脫封建條塊分割、抑商貶賈的政策束縛與社會偏見的限制，也極有可能使商人階層依附於士大夫階層。

商賈商業成功以後，常常會進行政治投資，呂不韋「奇貨可居」成為最早也是最大的政治投資的贏家。清代的徽商胡雪巖，同官員保持著密切聯

〔註26〕　〔德〕馬克斯‧韋伯：《韋伯政治著作選》，〔英〕彼得拉斯曼、羅納德斯‧佩爾斯編，閻克文譯，東方出版社，2009 年版，第 20 頁。

繫，最後成爲從二品的布政使，可穿戴飾有鏤空珊瑚的「紅頂子」，同時具有官、商兩種身份，被稱爲「紅頂商人」。後來「紅頂商人」便被泛指那些由商入仕、政官結合、紳商合一的官商。

從歷史上看，是捐納制度打開了商賈入仕的方便之門。「從制度建設的角度而言，明清捐納制度的實行對於科舉制的衝擊是巨大的，其最致命的是，它使得傳統科舉取士制度的合理性及至神聖性由於金錢的侵蝕而受到削弱」，從社會心態的影響而言，「這種大量通過金錢捐納而獲得官職的做法，使得兢兢業業地遵守科舉正途的士子們產生一種強烈的失落感甚至被剝奪感」〔註27〕。《萬曆野獲編》卷十一「監生選正官」條說：「本朝監生本重，至景泰時許納馬而漸輕。然至正嘉間尚選教職及知州、知縣等官，以錢虜白丁得專民社，所至貪暴不作進步想，雖吏議旋及，而民不聊生矣。至隆慶間，高新鄭以首揆掌銓，始議禁革，其雙月考中第一者，亦僅得州同知、州判官，一時仕路爲之稍清。近年準貢事起，初猶以實廩，十年科舉三次者加納，既而甫補廩未科舉者亦濫觴矣。久之，而增附亦以居閒提學批廩納矣。近日則胥吏市儈亦藉手津要，竟批廩生入貲稱準貢，旋以錢神選府判而出，儼然與二千石稱僚友，瀾倒至此，令人切齒。」〔註28〕

據鍾惺所載，道虙的父親身爲「名儒」，卻不欲將兒子「限以學究，將以世務鍊之……使治生」〔註29〕，而道虙後來也是「一室之中，圖史爲鄰，延名師友課其子，能文章」〔註30〕，最終走上以商助儒的傳統路子上。鍾惺筆下還出現了「儒而官，官而商」的典型。他贊美商人程敬弘儒商合一身份正是出於「誠心」：「公負至性，內行醇備，儒而官，官而賈，皆有條理，而以誠心出之。」〔註31〕

清光緒年間，盛昱在提到徽州兩淮鹽商攀結官府的情形時說：「乾隆盛時，揚州鹽商供巡典、辦年貢而外，名園巨第，絡繹至於平山，歌童舞女、

〔註27〕 張海英：《明中葉以後「士商滲透」的制度環境——以政府的政策變化爲視角》，《中國經濟史研究》2005 年第 4 期，第 138 頁。

〔註28〕 沈德符：《萬曆野獲編》，中華書局，1959 年版，第 282～283 頁。

〔註29〕 鍾惺：《隱秀軒集》第 32 卷《程次公行略》，上海古籍出版社，1992 年版，第 516～517 頁。

〔註30〕 鍾惺：《隱秀軒集》第 32 卷《程次公行略》，上海古籍出版社，1992 年版，第 517 頁。

〔註31〕 鍾惺：《隱秀軒集》第 33 卷《司城程公墓誌銘》，上海古籍出版社，1992 年版，第 537 頁。

圖畫金石、衣服肴饌，日所費以鉅萬計。官以商之富也而朘之，商以官之可以護己而豢之，在京之縉紳，往來之名士，無不結納。甚至聯姻閣臣，排抑言路，占取鼎甲，凡其力之能致此者皆以賄，皆取之國家之課與民之膏血。」雖然徽商的賄銀多半來自對國家專賣權的壟斷及商賈對民眾的高利盤剝，但不可徑謂「皆取之國家之課與民之膏血」。不過，鹽商們不擇手段地攀結勢要，甚至「聯姻閣臣」，均可視為自保、求富甚而達貴的必要準備。

（二）官僚士大夫羽翼商賈

權錢交易是士商之間不正當的關係，而官僚士大夫羽翼商賈更不乏關心市井底層民眾的正當之事。《二刻拍案驚奇》卷十五《韓侍郎婢作夫人 顧提控掾居郎署》中，顧掾吏因工作關係，「平日迎送官府出城，專在城外一個賣餅的江家做下處歇腳」。而江老兒是個「老實忠厚」的人，生意儘好，而顧吏典「舉動端方，容儀俊偉，不像個衙門中以下人」，江老「私心敬愛他」，「待如上賓」，兩家「竟成了一家骨肉一般」。可是江家「被海賊誣扳」，將有牢獄性命之憂，顧提控百般幹旋，「幸得太平無事」，為報恩德，老兩口決定結親相報：「不若送與他做了妾，扳他做個女婿，支持門戶，也免得外人欺侮。」可顧掾吏「堅辭不受」，認為「他家不幸遭難，我為平日往來，出力救他。今他把女兒謝我，我若貪了女色，是乘人危處，遂我歡心，與那海賊指扳、應捕搶擄肚腸有何兩樣？顧某雖是小小前程，若壞了行止，永遠不吉！」即使江老將女兒愛娘「強留在彼，他與妻子待以賓禮，誓不相犯。獨處室中一月，以禮送歸」，身上有一股柳下惠、魯男子坐懷不亂、竭力避嫌的高風。

在社會地位上，底層士人如「顧提控」這樣的小官，與市井中的底層商人如賣餅商，他們與「縣令」（所謂「官」）的周旋，必待眾「提控」（與「官」相對的「吏」）聯合，始能有一定的回旋餘地。

二、附庸風雅：商人消費生活的雅化向慕

雖然明清時期商人日漸成為文學形象的主角之一，部分思想史資料也反映了思想家們對商人的褒揚，商人的成功也往往提供了士人轉業的外部誘惑，但是商人追逐私利的行為畢竟缺少道德資源、缺乏倫理合理性論證，商人精神要真正崛起與張揚，必須有效拋棄充滿銅臭氣的舊臉譜，更多地標榜、弘揚其正面、公益、自強、好儒的一面。

明清之際商人的物質生活出現了普遍的文雅化，這便從一個側面促成了士商良性互動的高潮。成功後的富商巨賈，因為擁有雄厚的經濟實力、較多餘暇，所以能夠聚攏文士形成一定的詩酒文會氛圍，最終也提升他們的文雅趣好。商人講究美食，注重私家園林的設計與建造，推崇並收藏文人字畫，支持並參與詩社、文壇活動。

（一）「以道義相劘切，以文章相期許」：士商詩酒文會的宗旨

明清小說家們對財富不常存，盛景不常在，保持著格外的清醒。《初刻拍案驚奇》卷二十二《錢多處白丁橫帶　運退時刺史當艄》有一段入話點出了時人的財富觀：「俗語兩句說得好：『寧可無了有，不可有了無。』專為貧賤之人，一朝變泰，得了富貴，苦盡甜來滋味深長。若是富貴之人，一朝失勢，落魄起來，這叫做『樹倒猢猻散』，光景著實難堪了。」傳統社會以道德至上主義為特徵的「泛政治化」模式下，政治被道德化，文本知識成為道德的載體，作為知識掌握者象徵的士大夫階層成為道德的代言人，包括商人在內的其他廣大的市井之徒的牟利活動的成功，已經很難成為社會理直氣壯的價值目標，他們必須適時打造新的社會形象，用急公好義之類的道德光環來「包裝」他們的經商成功的牟利行為。

商人的文心、詩情，商人精神生活的「雅化」，多出現於大商人身上，幾乎成了大商人的「特權」。大鹽商「揚州二馬」馬曰琯、曰璐昆仲，熱心詩詞，研習經史，俱有詩名，雅好文會詩酒，均有詩文集刊刻。同時，馬氏兄弟還以刻書、藏書引動文人聚會，築「小玲瓏山館」延納文人騷客，「以道義相劘切，以文章相期許，風雨明晦，始終無間」，絕非那些「務聲氣，矜標榜」者所能比。〔註32〕正如時下學者所說的那樣：「作為『四民之末』的商人，儘管他們擁有鉅額的財富，可以揮金如土，可以毫無顧慮地享受物質生活，但他們的社會地位永遠也趕不上士大夫階層。他們的自卑，是拂之不去的陰影。就現實而言，能夠染翰操筆的商人，大多在年輕的時候都曾經有過踏上士大夫道路的夢想，馬曰琯、江春等人都曾經參加過科舉考試。這種夢想，或是隨著科舉考試的失利，或是因為生計之所迫，而不得不放棄。但年輕時候的夢想是難以徹底忘懷的，這也是他們在經商成功後，熱衷於和文人士大夫交往的重要原因，他們要在這種交往中尋找自己的『精神勝利』感，尋找因為

〔註32〕陳章：《沙河逸老小稿序》，見馬曰琯《沙河逸老小稿》（王雲五主編《叢書集成》初編），商務印書館，1935年版。

夢想未能實現的心理平衡。除此之外，文化修養比較高的商人，他們和文人一樣，有著種種寂寞和孤獨感，有著和文人一樣敏感的心靈。對於生活中挫折的感受，對於生命意義的扣問，他們同樣有能力用文學表達。就這一層而言，商人的文學創作仍然有著普遍意義。」〔註33〕

明末大名士陳繼儒，在指出商人與社會名士之間密切交往時說：「新安故多大賈，賈啖名，喜從賢豪長者遊。」〔註34〕說明文藝的發展，實離不開商人的風雅之好。士商之間詩酒高會的風雅盛況，歷來不乏詩文記載。據《揚州畫舫錄》卷八載，「揚州詩文之會，以馬氏小玲瓏山館、程氏筱園及鄭氏休園為最盛。至會期，於園中各設一案上置筆二、墨一、端研一、水注一、箋紙四、詩韻一、茶壺一、碗一、果盒茶食盒各一，詩成即發刻，三日內尚可改易重刻，出日遍送城中矣。每會酒肴俱極珍美，一日共詩成矣。請聽曲，邀至一廳甚舊，有綠琉璃四，又選老樂工四人至，均沒齒禿髮，約八九十歲矣，各奏一曲而退。倏忽間命啓屛門，門啓則後二進皆樓，紅燈千盞，男女樂各一部，俱十五六歲妙年也」〔註35〕，「詩牌以象牙為之，方半寸，每人分得數十字或百餘字，湊集成詩，最難工妙」〔註36〕。其中佳句流傳，珍饈美酒，聽曲賞樂，非有巨商大賈的豪奢撐持不可。在傳統社會中，這種高雅事業往往成為風流而侈靡的象徵，也成為士人與商人最可能較快接近的手段之一。正如羅宗強先生所說：「山水遊樂、宴飲賦詩、書畫往來、入青樓、蓄聲伎，以放蕩為快，以侈靡相高，正是弘治至嘉靖間吳中部份（分）士人之風尚。此一士人群落之此種風尚，實開晚明此類風氣之先河。……他們的此種風尚，與其時之城市生活、與其時商人之生活風尚甚相一致。」〔註37〕

與當時「兩淮殷富」的新安大族程氏家族「豪侈，多蓄聲伎狗馬」判然，徽州鹽商程晉芳甘棄鬧熱而獨守「寒清」，研究經世學問：「獨惜惜好學，服行儒業，罄其資以購書，庋閣之富，至五六萬卷，論一時藏書者，莫不首屈一指。好交遊，招致多聞博學之士，與討論世故，商量舊學。」〔註38〕後雖

〔註33〕　朱萬曙：《明清時期商人的文學創作》，《文學評論》2008年第3期，第69頁。
〔註34〕　陳繼儒：《晚香堂小品》卷十三《馮咸甫遊記序》，明崇禎年間刊本。
〔註35〕　〔清〕李斗：《揚州畫舫錄》，中華書局，1960年版，第180～181頁。
〔註36〕　〔清〕李斗：《揚州畫舫錄》，中華書局，1960年版，第181頁。
〔註37〕　羅宗強：《弘治、嘉靖年間吳中士風的一個側面》，《中國文化研究》2002年冬之卷，第31頁。
〔註38〕　徐珂：《清稗類鈔》第20冊《義俠類·程魚門周濟親友》。

因「鹺業折閱，家道中落」，但其眞心向學之念確然無移，並有詩名，被當時名士袁枚尊爲「淮南程氏四詩人」之一。〔註39〕

在中晚明以來的商品經濟日趨繁榮發展的情勢下，士大夫階層中不乏因警醒、敵視甚至提防商人階層擺脫自身身份資本缺乏的低賤地位的努力。這是一種變形了的輕商思潮。商人在「慕義強仁」的行動背後，其實還有一種天生自卑而又不甘心久沉下層的反撥意識。

在這樣的情況下，明清小說家們便如其所願地爲經商牟利行爲鍍上了道德光環，市井之輩的「高義」形象得到發揚。不過，他們常常也會留下爬上大概高處猴子的「紅屁股」：因爲大多商賈的家庭倫理觀、友道觀等，常常以合不合算的商賈心理來猜度、衡估，並由此決定取捨。淩濛初著眼於家族利益和名譽，認爲市井之民最好不涉訟端，「那官司豈是好打的」？「他傾向於鄉村自治，私下講和，而不要希圖通過訴訟討來公道。」〔註40〕家庭內部的問題還是在內部解決，一起訟端，無有底極，往往帶來「折家蕩產」乃至家庭敗亡的沒頂之災。《二刻拍案驚奇》卷十《趙五虎合計挑家釁　莫大郎立地散神奸》有一段說官場「吃完原告吃被告」毫無公正可言的現狀道：

> 「些小言詞莫若休，不須經縣與經州。衙頭府底賠杯酒，贏得貓兒賣了牛。」這首詩，乃是宋賢范弇所作，勸人休要爭訟的話。大凡人家些小事情，自家收拾了，便不見得費甚氣力；若是一個不伏氣，到了官時，衙門中沒一個肯不要賺錢的，不要說後邊輸了，就是贏得來，算一算費用過的財物已自合不來了。何況人家弟兄們爭著祖、父的遺產，不肯相讓一些，情願大塊的東西作成別個得去了。又有不肖官府，見是上千上萬的狀子，動了火，起心設法，這邊送將來，便道：「我斷多少與你。」那邊送將來，便道：「我替你斷絕後患。」只管埋著根腳漏洞，等人家爭個沒休歇，蕩盡方休。又有不肖縉紳，見人家是爭財的事，容易相幫，東邊來說，也叫他「送些與我，我便左袒」；西邊來說，也叫他「送些與我，我便右袒」，兩家不歇手，落得他自飽滿了。世間自有這些人在那裏，官司豈是

〔註39〕　袁枚《隨園詩話》卷十二第 55 條稱：「淮南程氏，雖業禺莢（筴）甚富，而前後有四詩人：一、鳳衣，名嗣立；一、虁州，名鈐；一、午橋，名夢星；一、魚門，名晉芳。四人俱與余交。」參《隨園詩話》，人民文學出版社，1982 年版，第 413 頁。

〔註40〕　王昕：《漫說「三言」「二拍」》，人民文學出版社，2005 年版，第 141 頁。

容易打的？自古說鷸蚌相持，漁人得利。到收場想一想，總是被沒

相干的人得了去。何不自己骨肉，便吃了些虧，錢財還只在自家門

裏頭好？

在淩濛初看來，「無訟」當然是最好的狀態，實在不行，「大凡人家些小事情，自家收拾了」，內部「息訟」亦是不錯的結果。若能「得一個人有主意，處置得風恬浪靜」，那他便真是「見識高強」的人。

正話中的莫大郎是個「老成有見識的人」，善於識破光棍們的挑撥爭訟、從中牟利的把戲，他勸母親道：「媽媽切不可造次，這件事了不得。我家初喪之際，必有姦人動火，要來挑釁，紮成火囤。落了他們圈套，這人家不經折的。只依我指分，方免禍患。」所以，他能在莫老翁靈堂上冷靜處理突然闖進來的莫小三哭靈事件。莫大郎不像莫媽怒不可遏，言其利害後，當即認下莫三，把他留在家裏，以「尋人家閒頭腦，挑弄是非，打幫生事」、「無風起浪，無洞掘蟹」的趙家五虎析產圖謀落空。「莫大郎並不是手足情深、慈悲忠厚的人物，他只是一個很精明世故的家主公。」〔註41〕後來公堂上還稱，若非當時立地認了兄弟，「一涉訟端，正是此輩得志之秋。不要說兄弟這千金被他詐了去，家裏所費，又不知幾倍了」。太守贊他「不惟高義，又見高識」。其實莫大郎的扶幼「高義」之舉，也是在拈量輕重之後做出來的。他的「高識」是遠離訟端，家和保業：「我家富名久出，誰不動火？這兄弟實是爹爹親骨血，我不認他時，被光棍弄了去，今日一狀，明日一狀告將來，告個沒休歇。衙門人役個個來詐錢，親眷朋友人人來拐騙，還有官府思量起發，開了口不怕不送。不知把人家折到那裏田地！及至拌得到底，問出根由，少不得要斷這一股與他，何苦作成別人肥了家去？所以不如一面收留，省了許多人的妄想，有何不妙？」

《喻世明言》第八卷《吳保安棄家贖友》中，吳保安為救同鄉郭仲翔以報謀職提攜之恩，他「傾家所有，估計來止值得絹二百匹。遂撇了妻兒，欲出外為商，又怕蠻中不時有信寄來，只在姚州左近營運。朝馳暮走，東趁西奔；身穿破衣，口吃粗糲。雖一錢一粟，不敢妄費，都積來為買絹之用。得一望十，得十望百，滿了百匹，就寄放姚州府庫。眼裏夢裏只想著『郭仲翔』一字，連妻子都忘記了。整整的在外過了十個年頭，剛剛的湊得七百匹絹，還未足千匹之數」。後來妻子兒子難以活命，在尋保安的路上遇到了繼任的都

〔註41〕王昕：《漫說「三言」「二拍」》，人民文學出版社，2005 年版，第 141 頁。

督楊安居，楊為保安補足了千匹之數，贖回了郭仲翔。後來，郭長途負保安骸骨歸葬，給兒子婚娶、分給家產，又上書願將官職讓給吳天祐。吳保安棄家十年，「經營百端，撇家數載，形容憔悴，妻子飢寒」，只為報答「從無一面，徒以意氣相慕」的同鄉友的知遇之恩：「吾向者偶寄尺書，即蒙郭君垂情薦拔；今彼在死生之際，以性命託我，我何忍負之？不得郭回，誓不獨生也！」批語裏說：「保安所施之恩，是從來未有之恩；仲翔所以報恩者，亦從來未有之報。」吳保安當年高義報恩，有人說他「未免賢智之過」，眉批云：「虞仲翔有言：『士有一人知己，死可無恨。』」當郭仲翔上書陳述好友高義熱腸時，朝臣歎服二人為「死友」之交：「雖然保安施恩在前，也難得郭仲翔義氣，真不愧死友者矣。」禮部認為「宣破格俯從，以勵澆俗」，也就是要提倡朋友倫理的重新振拔。

從明清之際的文學作品中，我們不難看到：士人與商人因為多為行走在外之人，他們相遇於途，危難時相互扶助，最後時常會發生士商結義之事。《喻世明言》第十六卷《范巨卿雞黍死生交》裏介紹了一則信友端士的極端行為。張邵上京應試途中，因救病臥旅店的范巨卿，而誤了考期，二人結為金蘭之誼，並約定范巨卿來年重陽節到張邵家拜望其母，張邵設雞黍以待。至期，張邵一早就殺雞炊飯。母親還有些疑惑：「山陽至此，迢遞千里，恐巨卿未必應期而至。持其來，殺雞未遲。」張劭說：「巨卿，信士也，必然今日至矣，安肯誤雞黍之約？」母親總是向著兒子，她說：「吾兒之友，必是端士。」遂烹炮以持。未料范巨卿幾乎爽期：「自與兄弟相別之後，回家為妻子口腹之累，溺身商賈中，塵世滾滾，歲月匆匆，不覺又是一年。向日雞黍之約，非不掛心；近被蠅利所牽，忘其日期。今早鄰右送茱萸酒至，方知是重陽。忽記賢弟之約，此心如醉。山陽至此，千里之隔，非一日可到。若不如期，賢弟以我為何物？雞黍之約，尚自爽信，何況大事乎？尋思無計。」不過，他終於想到一條極端的方法：自刎以陰魂赴結義友之約。因他聽信古人「人不能行千里，魂能日行千里」之言，遂安排好後事，「自刎而死，魂駕陰風，特來赴雞黍之約」。本來，楚州山陽人氏范巨卿「世本商賈，幼亡父母，有妻小」，「近棄商賈，來洛陽應舉」，亦是棄商就儒的代表，但其不忘舊業，既然有「妻子口腹之累，溺身商賈」，不得不為「蠅利所牽」。為踐雞黍之約，因義激而殺身，不復顧惜多年來（巨卿死年當已 41 歲）為家庭、為「妻子口腹之累」所做的努力，所定位的目標，有了性命之友，而丟棄了更大的社會責任。商人

一味誇飾重義形象，假意豪舉，常常引來極端誇大的社會效應，附加上不少額外的世情意義與人間想像，大概並不始於今時。張邵也不含糊，因巨卿「不以千里之程，肯為辭親，到山陽一見吾屍」之請，捨棄高堂老母千里奔喪，哭祭之後，亦自刎身亡，同巨卿做陰間鬼友去了。本州太守表奏皇帝，建「信義之祠」、「信義之墓」，「亦可褒贈，以勵後人」。不過，這種社會上的認許，又將原來重朋友一倫，而偏離家庭內倫、悖離孝道一方面的色彩，給沖淡了許多。

　　馮夢龍編選《智囊》之《閨智部第九》第 982 條，載有應天「民家女」黃善聰女扮男裝隨父「業販線香」，與金陵販香同輩李英「約為火伴」，後二人因官判而結合的故事，突出黃善聰的貞節之行。《喻世明言》第二十八卷《李秀卿義結黃貞女》敷演這個故事，不僅延展了黃公的生意——「以販線香為業，兼帶賣些雜貨」，還給他經商的聲譽作了誇飾，說他「慣走江北一帶地方」，而「江北人見他買賣公道，都喚他做『黃老實』」。因識間壁販香客應天人李英，主動提出願與之「結為異姓兄弟，合夥生理」，「兩個商議，輪流一人往南京販貨，一人住在廬州發貨討帳，一來一去，不致擔誤了生理，甚為兩便」。以前多限於仕女的貞節品格，現被賦予商販之女：「那黃善聰女扮男妝，千古奇事，又且恁地貞節，世世罕有，這些媒嫗走一遍，說一遍，一傳十，十傳百，霎時間滿京城通知道了。人人誇美，個個稱奇。雖縉紳之中談及此事，都道：『難得，難得！』」商人的故事被人們拿來當作「一椿奇事」渲染，而「秀卿自此遂為京城中富室，夫妻相愛，連育二子，後來讀書顯達」的結局，亦被人津津樂道。更「有好事者，將此事編成唱本說唱，其名曰《販香記》」，無疑又將商販的身世推向前臺，成為市井關注的焦點。

（二）「行散之餘，不廢吟弄」：商賈日常生活中的詩興

　　明清之際商品經濟日益繁榮的情況下，部分商賈日常生活中的詩興不減於士類，促使文學創作主體的擴張，商人與文學的關係也從而成為明清文學生態環境中的重要一環。實際上，「商人介入文人圈，無論是作為『出資人』或『召集人』，還是和文人有唱和酬答，往往都見於文人的筆端。但也許是我們需要關注的問題太多，也許是我們多少有著鄙視商人的潛在心理，因此在研究中對他們的創作視而不見」〔註42〕，「他們的文學創作活動無疑是歷史本

〔註42〕　朱萬曙：《明清時期商人的文學創作》，《文學評論》2008 年第 3 期，第 72 頁。

原的組成部分，是文學史曾經發生過，只是被遺忘的存在」〔註43〕，現在確實應該關注明清文學史上的這一現象、這一支流。

研究者指出，「在大量的徽商傳記裏可以看到，很多商人都是因家計窘迫或者科舉不利而走上經商的道路。因為曾經讀書，即使他們經商之後，也仍然留心於經史詩賦，保持著文人的風調」〔註44〕，這實在是商人與文人保持密切交往的重要原因。

清代八大鹽商之一江春（1721～1789），早年專攻舉業，入塾後就因才思敏捷而被「目為奇童」。辛酉科舉失敗後，「棄帖括，治禺筴業」，因「練達多能」被推為總商，並以「勤慎急公」譽冠朝野，還被「加授布政使銜，薦至一品」。〔註45〕江春的從弟，「嘗綜漢皋鹽筴」的江昉，「性好學，氣度淵雅。所居紫玲瓏閣，名流萃聚，詩酒盤桓。詞學躋宋人閫域，與鶴亭方伯（江春）同為物望所歸。一時廣陵風雅之盛，自馬氏後，以二家為壇坫主」〔註46〕。清人李斗《揚州畫舫錄》卷十二《橋東錄》中也對江春詩歌創作高置不已：「（江春）初為儀徵諸生，工制藝，精於詩。與齊次風、馬秋玉齊名。先是論詩有『南馬北查』之譽。迨秋玉下世，方伯遂為秋玉後一人。」該錄還提到他還著有《水南花墅吟稿》、《深莊秋詠》等。〔註47〕《深莊秋詠》共一卷72首，由江春卷前小序，亦可見他自足於自己的詩吟才情雅興：「余性不耐暑，每至背夏涉秋，則洗然以喜。今夏更苦炎亢，入秋後連雨始解。因屢至深莊，行散之餘，不廢吟弄，意有偶屬，輒以五言二韻寫之。」行事思慮盡入詩稿，因避暑之地而結集，這與文人騷客並無二致。

與「其時兩淮司禺筴者侈侈隆富，多聲色狗馬投瓊格五是好」不同，江春「少年淵雅」，「遊山賦詩」，令袁枚「灑然異之」。〔註48〕袁枚在江春的墓誌銘中說他「性尤好客，招集名流，酒賦琴歌，不申旦不止」〔註49〕，可見

〔註43〕 朱萬曙：《明清時期商人的文學創作》，《文學評論》2008年第3期，第64頁。
〔註44〕 朱萬曙：《明清徽商的壯大與文學的變化》，《文學遺產》2008年第2期，第97頁。
〔註45〕 許承堯：《歙事閒譚》卷十八《江鶴亭　江橙里》，黃山書社，2001年版，第618頁。
〔註46〕 許承堯：《歙事閒譚》卷十八《江鶴亭　江橙里》，黃山書社，2001年版，第619頁。
〔註47〕 〔清〕李斗：《揚州畫舫錄》，中華書局，1960年版，第274頁。
〔註48〕 袁枚：《小倉山房續文集》卷三十一《誥封光祿大夫奉宸苑卿布政使江公墓誌銘》，《小倉山房詩文集》，上海古籍出版社，1988年版，第1862頁。
〔註49〕 袁枚：《小倉山房續文集》卷三十一《誥封光祿大夫奉宸苑卿布政使江公墓誌

詩興之豪。還說：「邗江地當衝要，公卿大夫下至百工伎藝，得珍怪之物及法書名畫，無不從從然屢及公門，如龍魚之趨大壑。公一與中納周旋，必副其意使去。以故賓從藉公起家者無慮數十輩，而公轉屢空。」〔註 50〕江春生前的高義知遇、詩酒雅集，讓袁枚歎曰：「四民之末，三揖以前……歌吹已寂，聲華未休。」〔註 51〕儘管詩友酬唱，賦詩屬詞，留連山水，表面上熱鬧非常，可在「以布衣交天子」的總商江春內心深處，仍有著商人與生俱來的自警與自卑：「公自念一商人，並非勳舊閥閱，而帝心簡重如此，受寵若驚，躬躬如畏，亦不自知其所以然。」〔註 52〕

　　商人精神的突起，也讓一些文人學士主動爲商人立心，從另一個層面反映了士商互動造成的文學革新運動。李漁就是「應運」創作，他「大力提倡和推動白話小說和戲曲，十分典型地體現了晚明時期一種創新的文化和思想潮流。同時，他本人又做出了實際的貢獻，其特徵可看作一種個人主義，他也十分重視普通百姓的反應，他的戲曲和小說主要爲他們而作」〔註 53〕。文人如果爲生計不得已經商，那如何可以做到不離文雅之氣？李漁認爲從商當以販書、畫、香爲名目。也就是說，坐賈亦可獲得文人的精神享受。

　　一般而言，商人經商之餘的文雅之好源於內心對士人階層的嚮慕，「經商固然能賺錢贏利、養家贍親，但經商之餘、忙碌之暇，未免會有精神匱乏之感，於是以讀書作文、吟詩繪畫等文化活動爲樂趣，寄託個人在賺錢以外的精神追求，尋求內心世界的平衡充實。知識和文化的博大精深引發著商人對讀書的渴求」〔註 54〕。歙商凌順雷，「雅嗜經史，嘗置別業，暇則披覽於其中，叫諸子以讀書爲首務」，不僅自己閑暇即讀經史於別業，還爲諸子垂範。明代中葉的徽商鄭孔曼，「雖遊於賈，然峨冠長劍，褒然儒服，所至挾詩囊，從賓客登臨嘯詠，脩然若忘世慮。著騷選近體若干首，若《弔屈子賦》、《岳陽回

銘》，《小倉山房詩文集》，上海古籍出版社，1988 年版，第 1863 頁。
〔註 50〕袁枚：《小倉山房續文集》卷三十一《誥封光祿大夫奉宸苑卿布政使江公墓誌銘》，《小倉山房詩文集》，上海古籍出版社，1988 年版，第 1863 頁。
〔註 51〕袁枚：《小倉山房續文集》卷三十一《誥封光祿大夫奉宸苑卿布政使江公墓誌銘》，《小倉山房詩文集》，上海古籍出版社，1988 年版，第 1864 頁。
〔註 52〕袁枚：《小倉山房續文集》卷三十一《誥封光祿大夫奉宸苑卿布政使江公墓誌銘》，《小倉山房詩文集》，上海古籍出版社，1988 年版，第 1862 頁。
〔註 53〕〔美〕張春樹、駱雪倫著，王湘雲譯：《明清時代之社會經濟巨變與新文化——李漁時代的社會與文化及其現代性》，上海古籍出版社，2008 年版，第 126 頁。
〔註 54〕蔣文玲：《明清士商滲透現象探析》，《江海學刊》1995 年第 1 期，第 121 頁。

雁》、《君山吹臺》諸作皆有古意，稱詩人矣」〔註55〕，商遊不廢嘯詠，選有詩集，且有詩人美稱，實在可堪歡賞。據光緒《婺源縣志》卷29，婺源人董邦直兄弟五人棄儒經商後，暇則「仍理舊業，出必攜書盈篋」，「稍暇，手一編不撤。喜歌詩，兼工詞，著有《停舸詩集》四卷，《小頻伽詞集》三集」。明代中期的休寧商人許竹齋，「創可久之業於楚，昆季共業焉。……而其居商也，積而能散，不苟取。見人有不給，必思為之濟，而濟寒士為尤多。故一時名公如程篁墩公、顏梅田公、唐守之公、汪從仁公、柳應辰公皆加禮於公，而公則絕請託，惟往來吟詠焉耳矣。用是有《壯遊》一卷，以記遊觀之勝；《歸興》一卷，以述逸樂之情，是皆公之實可徵也。」〔註56〕商場成功，然後以餘力學文，有詩文集傳世，並且躋身文壇領袖之列，這對商賈來說確可視為更大的自信。

關於商人與文學家的交往情形，「有的純粹是附庸風雅，有的則是崇尚風雅，也有的商人本來就品第不俗，不宜一概而論」〔註57〕。當然，有詩稿結集者，鄭商亦不乏同行者，清代黟縣商人胡際瑤即為其例。胡商「雖業商，然於詩書皆能明大義，舟車往返，必載書篋自隨。每遇山水名勝之區，或吟詩或作畫以寄興，著有《浪談齋詩稿》一冊」〔註58〕。不少名士甚至主動出來為商賈的詩稿作序。

由大量文史資料可見，明代中葉以後，商人不但加強了與文人的密切交往，他們自己也熱心文學創作，並從中獲得精神的滿足。

明清商賈的文學創作，雖然缺乏對民生疾苦的關心、對社會動盪的憂慮，但是卻因其中也包含有豐富的感情，蘊含有山水風光的自然性情，描述了一定歷史時期的人情風物，因此既具有一定的文學價值，又具有一定的文化價值和史實價值。誠如朱萬曙所說：「如果我們把一個時期的文學視為互相聯繫、互相影響、互相制衡的生態系統的話，明清兩代商人階層的壯大，作為一個新的社會因素，則實在改變了以往的文學生態：他們不僅是文人士大夫們頻繁交往的對象，而且因彼此的需要帶來了文人士大夫們思想觀念乃至深層心理的變化，從而外化到他們的文學創作之中，豐富了文學題材，也帶來

〔註55〕歙縣《雙橋鄭氏墓地圖志・明故徠松鄭處士墓誌銘》。
〔註56〕《許氏統宗譜・許竹齋行狀》。
〔註57〕朱萬曙：《明清徽商的壯大與文學的變化》，《文學遺產》2008 年第 2 期，第98 頁。
〔註58〕同治《黟縣三志》卷十五《藝文・人物》。

了文學體裁的變化。商人出於『好儒』或牟利的動機，促進了文學傳播，進而繁榮了文學市場，在客觀上也促進了文學創作。還有一部分商人也加入了文學創作隊伍，使作家的成分發生了變化。」〔註 59〕

本章結論

　　商人在經商成功後，將很大一部分資本投向文化教育、經濟扶助、民間政治活動及個人的奢靡消費上，既分散了資金，又將儒學精神中重道德輕財利、重家族輕個人、重公平輕效率的待改良的諸傾向滲透進商賈后備隊伍的頭腦中，這不能不同商業經營觀念、商業精神相齟齬。商人子弟在接受教育後，走上科舉之路，可能又削減了商業隊伍，增大了傳統社會中商賈隊伍培養的社會成本。李琳琦先生說：「如果說徽商對新的商業價值觀的宣傳還稍稍能顯露出一點與傳統『抗爭』的意味（其實不能說『抗爭』，只能說是對傳統的變通和調和而已），那麼接下來他們在生活方式上的奢侈誇耀以及利用財富謀求政治身份的行為就是完全在向傳統妥協了，因為他們無非是想通過這些行為方式達到傳統『士』的境界，向『士』階層一樣被人羨慕、受人尊重。可見，崇儒重仕的傳統價值觀念仍然牢牢地吸附在徽商的內心深處。」〔註 60〕

　　就明清文學生態而言，商賈的尚義之舉，亦已化為文士筆底的崇義形象。其間固然亦不無文士曲筆、逢迎之舉，但此處筆者僅呈現其積極方面。小商販也不乏附庸風雅之輩。《儒林外史》第二十一回《冒姓字小子求名　念親威老夫臥病》中的牛浦郎，與七十多歲的祖父靠開小香蠟店「胡亂度日」，因聽見學堂念書的「聲音好聽」，「因在店裏偷了錢，買這本書來念」，對所領會的詩「不由的心裏覺得喜歡」的情景，卻可見小生意人家對詩禮之意的傾慕。這引起甘露庵里老和尚的注意，發現他念的是詩，不是應考的科舉時文。浦郎有自己的看法：「我們經紀人家，那裏還想甚麼應考上進！只是念兩句詩，破破俗罷了。」不過，他後來以偷、騙為生，甚至還假冒大名士誆騙士流，毫無廉恥德性可言。

〔註 59〕　朱萬曙：《明清徽商的壯大與文學的變化》，《文學遺產》2008 年第 2 期，第104 頁。

〔註 60〕　李琳琦：《傳統文化與徽商心理變遷》，《學術月刊》1999 年第 10 期。

第五章　士商互識

　　前面所談主要針對士商交往的文學樣態，而士商互識則主要涉及兩階層之間相互的評價。此類評價，既包括因相近而認同、贊許，也包括因相反而歧出、批評。

　　士商互識中，就相互的接納、推許與認可而論，有士稱許商的高義、豪俠，商與士甚至因肝膽相照、情趣相投而結義交友。關於士商互識過程中的歧見，至少包括（1）士大夫鄙棄依附於權勢的商人，（2）商人歧視落魄的士子、貶損清廉的無用，這兩方面。正是由於士商互識過程中出現了歧見，文人學士為此反思而力圖追尋突破的思路。

　　即使到了明清之際，在創作文學作品時，文人們在反映士商態度時存在著猶疑，存在著不少雜糅意味與矛盾之處。〔註1〕既然不能迴避二者，就該如實剖示他們真實的人生場景、生活百態、愛恨情仇、生活技巧、成功秘訣。

第一節　士商互斥

　　作者在敘述故事時，多為直抒己見，沒有構築起「士」的「應然」的理想形象。比如，文人在構設「風流才子」形象的時候，似乎有些過度渲染了

〔註 1〕 就文學創作層面講，姜革文認為：「中唐詩歌中的農商對比，實際上是詩人對於商人真正開始認識、瞭解、互動。眾多唐代詩人對商人的抨擊，說明商人真正走入詩人的視野，詩人開始關注商人。……詩人對於商人的描寫過程，同樣是商人行為作用於詩人的過程。商人的行為本身，啟發了詩人的日常行為，成為日常生活決策的參照系。詩人本身，開始發生變化。」參姜革文著《商人‧商業‧唐詩》，復旦大學出版社，2007 年版，第 212～213 頁。

才子的落拓不羈、超脫禮俗的氣質、作派、行爲。作者在不少時候，似乎在暗示：「士」是高於甚至優於「商」的。而在另一些時候，作者似乎又有些猶疑。之所以出現這類情況，或許是因爲作者對「士」與「商」在品格上到底那個更優、更適合成爲社會「成功人士」的理想形象這樣的問題思之甚少，或思之未決。

一、「下流之人」：士鄙商

傳統社會中經商業賈被視爲「小人之事」，商人被斥爲「下流之人」。如有所謂「負擔者，小人之事也」〔註2〕，「行賈，丈夫賤行也」〔註3〕之言。據說《史記》最早係楊惲開始傳播的。在《漢書新注》第六十六卷附有《楊惲傳》，惲「輕財好義」，「廉潔無私」，但是喜自誇，「又性刻害，好發人陰伏」，在政爭失敗被削爵後，「身率妻子，戮力耕桑，灌園治產」。楊惲《報孫會宗書》，與其外祖司馬遷《報任少卿書》相似，他在《報孫會宗書》還說：「惲幸有餘祿，方糴同販賈，逐什一之利，此賈豎之事，汙（污）辱之處，惲親行之。下流之人，眾毀所歸，不寒而慄。雖雅知惲者，猶隨風而靡，尚何稱譽之有！」他認爲董仲舒所言「明明求仁義，常恐不能化民者，卿大夫意也；明明求財利，常恐困乏者，庶人之事也」，只有後者適合不在卿大夫之列的自己。

在門第觀念尚熾的唐代，士族柳氏府中的侍婢，聞知要將己嫁與蓋姓富商，氣急欲絕，謂：「某雖賤人，曾爲柳家細婢，死則死矣，安能事賣絹牙郎手？」〔註4〕。侍婢的觀念如此，更不用說其他。

（一）「僭擬無涯」：商人的無禮

馬端臨在《文獻通考》卷二十《市糴考》一《均輸市易和買》的注語中說：「古人之立法，惡商賈之趨末而欲抑之。後人之立法，妒商賈之獲而欲分之。」如果將這種看法放在明清之際士人對商賈的評價上，也有一定的適用性。商人富而求貴，然後又以貴求財，似乎占盡了好處。士人對商人可能因嫉妒而產生的指斥，最顯著的莫過於商人「處處綠楊堪繫馬」、極度誇耀財勢的粗俗，因爲富商巨賈在建築、服飾及日常聲色之好等方面「僭擬王侯」的張

〔註2〕 《漢書·董仲舒傳》。
〔註3〕 《史記》卷百二十九《貨殖列傳》第六十九。
〔註4〕 孫光憲：《北夢瑣言》卷五《柳婢識蓋巨源》。

揚，衝擊了士大夫在經濟生活領域乃至政治、文化秩序中原有的優越感。在「車船店腳牙，無罪也該殺」這樣的貶商語調中，隱含著士人複雜的心態。

1.「有了錢諸般趁意」：商人誇耀財勢的粗俗

儘管國家政策從來都有服飾禮制方面對商賈的限制，但似乎從來都沒有真正強制實行過。洪武十四年，明太祖對服飾做出的規定云：「農家許著細紗絹布，商賈之家，止許著絹布；如農民之家，但有一人爲商賈者，亦不許著細紗。」〔註5〕據《明史》記載，正德年間尚重申「商販、僕役、倡優、下賤不許服用貂裘」〔註6〕，「商賈、技藝家器皿不許用銀」〔註7〕之類歧視性禁令。中晚明以降，世人服飾習尚的界限越來越趨於模糊。談遷在《國榷》中引述時人評論說：「承平日久，風俗日侈。器服裝飾，樂舞音容，通於王公，達於眾庶。恥儉約而愚貞廉，男則女飾，女則道裝。」〔註8〕還引曰：「近日胥吏峨冠切雲，僮隸倡優錦綺曳地，朱碧紅紫，刺繡縈組，日異月新，一倡群效。以至居室器用，無不誇奇，豪貴一筵，抵窮民歲費。」〔註9〕士大夫階層喜愛使用女人的首飾和僕人的服裝，夫人小姐則熱衷於男性裝扮或妓女服飾，山東等地小販、僕人、傭隸等下層人也穿戴起他們以前買不起的絲綢了。正如論者所言，「在中國晚明時期，發生了一個幾乎是全國範圍的消費革命，轉變了中國人的物質生活」〔註10〕。

明人張瀚《松窗夢語》對晚明服飾違禮越制現象提出批評：「國朝士女用飾，皆有定制。洪武時律令嚴明，人遵畫一之法。代變風移，人皆志於尊崇富侈，不復知有明禁，群相蹈之。如翡翠珠冠、龍鳳服飾，惟皇后、王妃始得爲服；命婦禮冠四品以上用金事件，五品以下用抹金銀事件；衣大袖衫，五品以上用紵絲綾羅，六品以下用綾羅緞絹；皆有限制。今男子服錦綺，女子飾金珠，是皆僭擬無涯，逾國家之禁者也。」〔註11〕還道：「南都服飾，在

〔註 5〕　田藝蘅：《留青日箚》卷二十二《我朝服飾》，上海古籍出版社，1982 年版，
　　　　　第 746 頁。
〔註 6〕　《明史》卷六十七。
〔註 7〕　《明史》卷六十八。
〔註 8〕　談遷：《國榷》，中華書局，1958 年版，第 5520 頁。
〔註 9〕　談遷：《國榷》，中華書局，1958 年版，第 5521 頁。
〔註 10〕　〔美〕張春樹、駱雪倫著，王湘雲譯：《明清時代之社會經濟巨變與新文化
　　　　　——李漁時代的社會與文化及其現代性》，上海古籍出版社，2008 年版，第
　　　　　119 頁。
〔註 11〕　張瀚：《松窗夢語》卷之七《風俗紀》，中華書局，1985 年版，第 140 頁。

慶、歷前猶爲樸謹，官戴忠靜冠，士戴方巾而已。近來以來，殊形詭制，日異月新。」〔註12〕其中，「首服之侈汰，至今日極矣」，顧起元對此不免徑斥「今之巾履」爲「服妖」。〔註13〕

明代嘉靖、萬曆年間的江寧人顧起元，引用王丹丘《建業風俗記》批評明末盛行的違禁世風說：「嘉靖十年以前，富厚之家，多謹禮法，居室不敢淫，飲食不敢過。後遂肆然無忌，服飾器用，宮室車馬，僭擬不可言。又云：正德已前，房屋矮小，廳堂多在後面，或有好事者，畫以羅木，皆樸素渾堅不淫。嘉靖末年，士大夫家不必言，至於百姓有三間客廳費千金者，金碧輝煌，高聳過倍，往往重簷獸脊如官衙然，園囿僭擬公侯。下至勾闌之中，亦多畫屋矣。」〔註14〕對於諸多建築「僭擬王侯」之舉，一般市井富民，即已違禮越制，何況豪富之家？顧氏認爲，現在的風氣之變更是「日異而月不同」。

不僅建築爲然，其他方面如人名字號方面，亦多有僭越祖制之處。明初洪武二十六年十二月十五日，曾下旨：「一醫人只許稱醫士、醫人、醫者，不許稱太醫、大夫、郎中。梳頭人只許稱梳篦人，或稱整容，不許稱待詔。官員之家火者，不許稱閽者，不許稱太監。」種種禁約，到了晚明時卻成形同虛設。顧氏亦引用王丹丘《建業風俗記》之論，認爲正德年間，士大夫有號者十有四五，「雖有號，然多呼字」，然而「嘉靖年來，束髮時即有號。末年，奴僕、輿隸、俳優，無不有之」。〔註15〕這與「嘉、隆以來，士風文字雅好古風，官名稱謂亦多從古」〔註16〕的風習大不一樣。明人于愼行認爲很多稱謂實爲「無稽」，「名言之間，禮分所寓，豈宜猛浪如此」〔註17〕。

文人在現實中失去的，正被他們以折射的形式重新奪取回來。通過醜化作品中的商賈，文人「報復」了商人，獲得了心理平衡。「比起此前任何時代，明清兩朝的士商關係也是最爲密切的，那些仕途不順的士人們往往爲了糊口養家投靠富商門下，作幕作賓，爲人犬馬。面對有錢有勢的商人們，原本應該處於統治階層的士人其滿腹的優越感和尊嚴自然就受到了沉重的打

〔註12〕顧起元：《客座贅語》，中華書局，1987年版，第24頁。
〔註13〕顧起元：《客座贅語》，中華書局，1987年版，第25頁。
〔註14〕顧起元：《客座贅語》卷五《建業風俗記》，中華書局，1987年版，第170頁。
〔註15〕顧起元：《客座贅語》卷五《建業風俗記》，中華書局，1987年版，第170頁。
〔註16〕于愼行：《谷山筆麈》卷十三《稱謂》，中華書局，1984年版，第148頁。
〔註17〕于愼行：《谷山筆麈》卷十三《稱謂》，中華書局，1984年版，第148～149頁。

擊。種種如是，使得落泊的士人們將其在社會上的挫折感轉化成了對商人們的憤恨、嫉妒。那麼，他們在小說中、筆記中將商人的負面形象誇張放大，變本加厲，刻意醜化，也就不足爲奇了。」〔註18〕

文人士大夫對商人的露財揚己頗爲不滿，認爲其終將因財致禍。《杜騙新書》第八卷專列「露財騙」條，《炫耀衣妝啓盜心》中的販鐵商人游天生，喜張揚財勢，「好裝飾」，搭艄公李雅船到建寧買鐵，「其時船至建陽縣，天生起岸，往拜鄉親。將衣箱打開，取出衣服鮮麗，所帶用具俱美。雅一見生心。至晚，天生叫艄公買些酒饌。雅暗將陀陀花入酒中」〔註19〕。迷倒天生後，將其主僕推入深潭，淹死天生。《初刻拍案驚奇》卷二十四《鹽官邑老魔魅色　會骸山大士誅邪》入話故事中遊玩的那位徽商，因「好勝喜名」，又有「崇信佛事」之癖，見燕子磯是個「萬人往來去處」，「只要傳開去，說觀音閣是某人獨自修好了，他心上便快活」。卻在託大修閣時，因露財「惹火」了寺廟裏的和尚。寺僧「一眼瞟去，看見餘銀甚多，就上了心」，最終徽商被身殺財劫。這一方面在說明商途之險，另一方面似乎還能讀出作者意在說明：商人只該老實謹愼，不該假充斯文，假充文士之「閒散」、「風流」於商人當是極危險的事。《西湖二集》第三十二卷《周城隍辨冤斷案》中的徽客，在富陽道旁看見一黏鳥鵲之人，「竿上縛著二鵲，二鵲見徽客不住悲鳴，有求救之意。徽客甚是哀憐，把二分銀子付於黏竿之人，買此二鵲放生」，但由於「徽客不老成，一邊打開銀包之時，其中銀兩甚多，散碎者不計其數，當被驢夫瞧見，遂起謀害之心。走至將晚幽僻之處，從驢上推將下來，用石塊打死，埋於道旁，取其銀包而去」。而另一個湖州百姓洪二，「腰了重資，要到蘇州置辦貨物，到湖州發賣，叫了一隻船。洪二在船中等候小廝，久而不至，梢公王七見洪二行囊沉重，獨自一個在船，小廝又不來，況且地僻無人看見，遂起謀害之心。把洪二一聳推落水中而死，把這行囊提了回去」。商賈這種有意無意的顯闊露財，極有可能招致殺身之禍。

2.「以官長自居」：僭越官僚士大夫

洶湧的商品經濟大潮，不僅洗刷了士大夫階層的經濟優越感，還衝擊了士大夫的政治優越感。清人程麟的筆記小說《此中人語》卷三《張先生》中，

〔註18〕　李琳琦，孟醒：《明清小說與歷史文獻中的徽商形象之比較》，《安徽師範大學學報》2008 年第 2 期，第 166 頁。
〔註19〕　（明）張應俞：《江湖奇聞杜騙新書》，百花文藝出版社，1992 年版，第 46 頁。

指斥徽商典當業的飛揚跋扈道：「近來業典當者最多徽人，其掌櫃者謂之朝奉。若輩最為勢利，觀其形容，不啻以官長自居，言之令人痛恨。」〔註 20〕這些氣勢洶洶的社會「新貴」們，從社會形象上僭越了官僚士大夫，造成文士的落寞與憂憤，促使士人進行深層反思。

《儒林外史》中鄧質夫的歎息中亦道出虞博士的名士標引風範：「小姪也恨的來遲了！當年，南京有虞博士在這裡，名壇鼎盛，那泰伯祠大祭的事天下皆聞。自從虞博士去了，這些賢人君子風流雲散。」對於泰伯祠大祭之事，當時眾人都說：「我們生長在南京也有活了七八十歲的，從不曾看見這樣的禮體，聽見這樣的吹打！老年人都說，這位主祭的老爺是一位神聖臨凡，所以都爭著出來看！」小說第五十三回記載，若干年後南京公府裏進行了一次頗具感傷意味的談話：

> 陳木南道：「可惜我來遲一步。那一年，虞博士在國子監時，遲衡山請他到泰伯祠主祭用的都是古禮古樂。那些祭品的器皿，都是訪古購求的。我若在那時在南京，一定也去與祭，也就可以見古人的制度了。」徐九公子道：「十幾年來，我常在京，卻不知道家鄉有這幾位賢人君子，竟不曾會他們一面，也是缺陷事。」

當年的真名士漸次零落，只剩下陳和尚、丁言志等市井之流冒充名士，彼此傾軋，丟人現眼，正如小說所謂「風流雲散，賢豪才色總成空」。

鹽商與海商是明清社會中最易暴發的兩大商賈隊伍，但是都因封建社會的限制而不能取得完全的獨立。當他們暴發以後，如果不能實現自身政治地位的改變，也不能更快地由子姪輩實現門第貴顯的向上攀升願望，那麼他們除了與政治「聯姻」、結交顯貴外，便是通過嚮慕文雅及奢靡消費，來證明本階層的力量，安放本階層的心態。學者指出，海商的消費對封建社會具有兩面性：「消費需求對經濟發展也是一把雙刃劍，過度的或畸形的消費不僅僅浪費資源，而且敗壞社會風氣，造成道德倫理的紊亂與失範，社會秩序的混亂與運行機制的失衡，腐朽僵化的上層建築無法形成一套新的行之有效的道德規範和約束機制，社會失去上進方向，財富耗盡的國家最終走向衰落。」〔註 21〕

〔註20〕 程麟：《此中人語》，參陸林主編、趙生群選注《清代筆記小說類編》，黃山書社，1994 年版。
〔註21〕 李慶新：《明代海外貿易制度》，社會科學文獻出版社，2007 年版，第 528 頁。

（二）「只愛有『貝』之『財』」：商人的粗俗

文人筆下的商賈，多因困於財貨之場，糾心於繩頭小利，所以不懂風月，粗俗無文，他們依附權勢，顯得十分可惡、可鄙。因此，文人士大夫賤商，恥談「利市」財富，視商賈販夫為「賤大夫」、「五蠹」、「九流」之末，社會地位低，多斥商賈之道為「銅臭不可近」。

1.「論英雄錢是好漢」：士人指斥商人的「銅臭氣」

文人筆下商人的粗俗，首先就表現在他們崇拜「阿堵物」、遠離詩書文典上。

小說揭露了金錢至上觀念支配下，人們癡迷地追逐金錢厚利，連做夢也不忘此癡心。朱載堉《醒世詞》中《做好夢》詩云：「正三更，我做了個好夢……出了幾股本錢，置地土，買下莊院，幹監生，成鄉宦。眾親友齊來瞧看，我家下驟馬成群，喜地歡天。我的銀錢！被那不成材的妻兒一足蹬散。我的銀錢！再想做好夢難上難。」朱載堉《醒世詞》中《山坡羊‧錢是好漢》：「世間人睜眼觀看，論英雄錢是好漢。有了錢諸般趁意，沒了他寸步也難。拐子有錢，走歪步合款，啞叭有錢，打手勢好看。如今人敬的是有錢，蒴文通無錢也說不過潼關。實言，人為銅錢，遊遍世間，實言，求人一文，跟後擦前。」《歡人敬富》中又云：「勸人沒錢休投親，若去投親賤了身。一般都是人情理，主人偏存兩樣心。年紀不論大與小，衣衫整齊便為尊。恐君不信席前看，酒來先敬有錢人！」明人薛論道《林石逸興》卷五中的一首晚明民歌《沉醉東風‧題錢》，則代表了對這種逐利之風的強烈抨擊：「人為你跋山渡海，人為你覓虎尋財，人為你把命傾，人為你將身賣。細思量多少傷懷，銅臭明知是禍胎，吃緊處極難布擺。（又）人為你名虧行損，人為你斷義辜恩，人為你失孝廉，人為你忘忠信。細思量多少不仁，銅臭明知是禍根，一個個將他務本。（又）人為你東奔西走，人為你跨馬浮舟，人為你一世忙，人為你雙眉皺。細思量多少閒愁，銅臭明知是禍由，每日家營〔蠅〕營狗狗〔苟〕。（又）人為你生煩惹惱，人為你夢擾魂勞，人為你易大節，人為你傷名教。細思量多少英豪，銅臭明知是禍苗，一個個因他喪了。」〔註22〕這首民歌批評了「見利忘義」、「人為財死」的沒落世風，典型地代表了有良知的士人對社會弊病的揭露。後面還提到有錢和沒錢時的世態人情：「有你時肥羊美酒，有你時緩

〔註22〕薛論道：《林石逸興》卷五，《續修四庫全書‧集部‧曲類》，北京圖書館藏明萬曆刻本影印原書版，第142頁。

帶輕裘，有你時百事成，有你時諸般就。有一朝金盡床頭，一任英雄貫斗牛，告人難誰憐素手。（又）有你時眉揚氣吐，有你時膽大心粗。有你時說話豪，有你時胸襟富。有一朝用盡青蚨，朋友無情骨肉疏，說甚麼能文善武。（又）有你時紅纓白馬，有你時皂蓋烏紗。有你時爵祿崇，有你時功名大。有一朝囊裏消乏，頓覺從前事已差，眼看著情疏援寡。（又）有你時人人見喜，有你時事事出奇。有你時坐上席，有你時居高位。有一朝運去時移，垂首縮肩雨內雞，想從前交情有幾。（又）不得你，赤身露體；不得你，忍餓耽饑。不得你，言語低；不得你，精神細；不得你，半步難移。哪怕聲名山斗齊，空著手高高弔起。（又）不得你，箝舌閉口；不得你，爽背縮頭。不得你，體貌微；不得你，形骸瘦；不得你，萬事難周。哪怕文章過孔丘，空著手急忙快走。（又）不得你，見官無理；不得你，與吏為敵。不得你，反是非；不得你，違條例；不得你，禍福時移。哪怕胸中氣正直，空著手先不見喜。（又）不得你，英雄失色；不得你，壯士傷懷。不得你，家國亡；不得你，功名敗；不得你，美玉塵埋。哪怕胸藏八斗才，空著手人先不睬。」〔註23〕

明清小說中多有「人心本好，見財即變」，「白酒紅人面，黃金黑世心」之類金錢腐蝕人心的說法。《二刻拍案驚奇》卷三十七《疊居奇程客得助　三救厄海神顯靈》中說徽州風俗極是重金崇財：「徽人因是專重那做商的，所以凡是商人歸家，外而宗族朋友，內而妻妾家屬，只看你所得歸來的利息多少為重輕。得利多的，盡皆愛敬趨奉；得利少的，盡皆輕薄鄙笑。」金錢侵蝕下的淪落風俗觀，可從《歧路燈》第六十四回《開賭場打鑽獲厚利　姦孌婦逼命赴絞椿》中夏逢若的話看出：「吃了給肉錢，喝了給酒錢，賭了給頭錢，嫖了給房錢。」

從文學家筆下諸多人物看似矛盾的價值觀上，可以看到社會上對經商的較為複雜的心態。《歧路燈》第七十四回王氏與弟弟王春宇關於讀書與經商的爭論，頗能代表這種傾向。舅爺王春宇「立起一個春盛大字號」之後，一發而再發，第一百零七回寫他「到了臘月，舅爺王春宇的生意已發了大財，開了方，竟講到幾十萬上。年來在漢口成了藥材大行，正要上京到海岱門東二條胡同如松號發賣」〔註24〕。但作為商人的王春宇，卻自認「不讀書」低人

〔註23〕 薛論道：《林石逸興》卷五，《續修四庫全書·集部·曲類》，北京圖書館藏明萬曆刻本影印原書版，第142～143頁。
〔註24〕 〔清〕李綠園：《歧路燈》，齊魯書社，1998年版，第432頁。

一等，「到了人前，不勝人多著哩」，認為「官可以不做，書不可不讀」。王氏陋識，她說：「世上只要錢，不要書，我是個女人，也曉得這道理。」王春宇正安慰姐姐，樓下譚紹聞的繼室、出身暴發戶家庭的巫翠姐聽見道：「你聽王舅爺胡說的。像俺麴米街，如今單單巫家與王家是財主，兩家倒不曾讀書。前月俺家不見了騾子，值五六十兩銀子。後來尋著，與馬王爺還願唱堂戲，寫的伺候大老爺崑班。真正城內關外，許多客商、住衙門哩，都來賀禮，足足坐了八十席。誰不說體面哩。」〔註 25〕這些矛盾背後，當然是作者內心價值觀念的糾結。

　　淩濛初在「二拍」中揭示了晚明商品經濟社會中的混亂狀況。「『二拍』在反映明代商業活動的同時，也暴露了金錢衝擊社會、衝擊家庭關係以致利欲橫流、道德淪喪、社會風氣敗壞的現實。」〔註 26〕「面對道德淪喪、人情淡泊，淩濛初反過來又用封建倫理道德來拯救。像《趙六老舐犢喪殘生、張知縣誅梟成鐵案》這一頗為成功的作品，仍以封建『孝道』作為勸誡內容，並雜以因果報應。」〔註 27〕人與人之間的交往中，朋好交誼也不能過了金錢這一關。「三言」「二拍」中多處引及的諺語「說著錢，便無緣」即能說明這種情況。像《警世通言》第三十二卷《杜十娘怒沈百寶箱》中的監生李甲迷戀名妓杜十娘，親友們因為他留戀行院，「都不相顧」，為湊足三百金贖取十娘，他打算「只做束裝起身，各家告辭，就開口假貸路費，湊聚將來」，卻又陷入另一難堪之境：「公子出了院門，來到三親四友處，假說起身告別，眾人到也歡喜。後來敘到路費欠缺，意欲借貸。常言道：『說著錢，便無緣。』親友們就不招架。他們也見得是，道李公子是風流浪子，迷戀煙花，年許不歸，父親都為他氣壞在家。他今日抖然要回，未知真假，倘或說騙盤纏到手，又去還脂粉錢，父親知道，將好意翻成惡意，始終只是一怪，不如辭了乾淨。」在緊要關頭，涉及借錢，藉口就來了，而且「人人如此，個個皆然，並沒有個慷慨丈夫，肯統口許他一十二十兩。李公子一連奔走了三日，分毫無獲」。在財利面前，普通朋友之間牽涉不得銀子。《初刻拍案驚奇》卷一《轉運漢遇巧洞庭紅　波斯胡指破鼉龍殼》中，「專一做海外生意」的張乘運，「秉性爽慨，肯扶持好人」，聽說文若虛要隨船出海，打算「大家計較，

〔註 25〕〔清〕李綠園：《歧路燈》，齊魯書社，1998 年版，第 306～307 頁。
〔註 26〕蕭欣橋，劉福元：《話本小說史》，浙江古籍出版社，2003 年版，第 345 頁。
〔註 27〕蕭欣橋，劉福元：《話本小說史》，浙江古籍出版社，2003 年版，第 346 頁。

多少湊些出來助你，將就置些東西去也好」。可惜沒有結果。張大氣忿忿地說道：「說著錢，便無緣。這些人好笑，說道你去，無不喜歡。說到助銀，沒一個則聲。今我同兩個好的弟兄，拼湊得一兩銀子在此，也辦不成甚貨，憑你買些果子，船裏吃罷。日食之類，是在我們身上。」即使是平日「相好」之交，一提起借貸事宜，被告貸一方也難免「心中起了好些歹肚腸」。《二刻拍案驚奇》卷三十三《楊抽馬甘請杖　富家郎浪受驚》中也頗演說了一番為富必慳的道理：

> 大凡富人沒有一個不慳吝的。惟其看得錢財如同性命一般，寶惜倍至，所以錢神有靈，甘心跟著他走；若是把來不看在心上，東手接來西手去的，觸了錢神嗔怒，豈肯到他手裏來？故此非慳不成富家，才是富家一定慳了。真個「說了錢便無緣」。這富家子雖與楊抽馬相好，只是見他興頭有術，門面撮哄而已。忽然要與他借貸起來，他就心中起了好些歹肚腸。一則說是江湖行術之家，貪他家事，起發他的，借了出門，只當捨去了；一則說是朋友面上，就還得本錢，不好算利；一則說是借慣了手腳，常要歆動，是開不得例子的。
>
> 只回道是：「家間正在缺乏，不得奉命。」

那種「為朋友兩肋插刀」，「士為知己者死」，置生死於度外，棄性命而不顧，一味為朋友著想的「管鮑之誼」、「性命之交」，在真正商潮中都被重新淘洗、鑄煉，塗上了一層銅臭。

　　即使受到如此商潮的影響，明清小說中亦不無對貧儒窘況的描寫，而且不少士人主人公還對自己的清廉生活堅守不移。《石點頭》第二回《盧夢仙江上尋妻》在寫揚州江都博雅老儒李月坡生存狀況時說：「月坡自來無甚產業，只靠坐館膳生，從古有硯田筆耒之號，雖為冷淡，原是聖賢路上人。」《初刻拍案驚奇》卷十《韓秀才乘亂聘嬌妻　吳太守憐才主姻簿》中的韓秀才道：「吾輩若有寸進，怕沒有名門舊族來結絲蘿？這一個富商，又非大家，直恁希罕！況且他有的是錢財，官府自然為他的。小弟家貧，也那有閒錢與他打官司？」憤激的話中表達了他對舊家子弟的社會地位優越感。而故事中還刻畫了一個為官清廉、行事剛決的憐才太守：「原來那吳太守是閩中一個名家，為人公平正直，不愛那有『貝』字的『財』，只愛那無『貝』字的『才』。自從前日準過狀子，鄉紳就有書來，他心中已曉得是有緣故的了。」這正是自恃才具的士人袒護同類，貶斥無才商賈的經典依據。

文雅風流向來爲士人的領地，當商賈富而思文時，常會受到文士的嘲諷。在明人浮白齋主人的《雅謔》裏，有則故事對暴發的商賈極盡揶揄。據說青州的東門有個姓王的皮匠，他也是發家後不願人們重提他的舊業，也是想附庸風雅，請名士爲他新建的樓房題寫匾額。結果，他得到了「闌玻樓」三字，還很得意，可是看到這匾額的人都笑痛了肚皮，因爲將「闌玻」二字拆開，恰是「東門王皮」四字。

對於那些勤苦勞作的底層商販，文學家的筆下有時會流露出一絲溫情。作者於《初刻拍案驚奇》卷十一《惡船家計賺假屍銀　狠僕人誤投眞命狀》表達對小販的同情：「原來人生最不可使性，況且這小人賣買，不過爭得一二個錢，有何大事？常見大人家強梁僮僕，每每借著勢力，動不動欺打小民，到得做出事來，又是家主失了體面。所以有正經的，必然嚴行懲戒。」這段話顯示了作者同情弱者的悲憫情懷。

2. 「黃金黑世心」：士人指責商人不義

商人與世人交往遵循他們的職業信條，那就是「銀錢上取齊」、「利上取齊」，平日裏的「見面熟」、熱情好客、優惠信義等仁義幌子，不過是他們對「目標顧客」進行人情攻勢的策略手段而已。有的商人嫌貧愛富，反覆無常。像《韓秀才趁亂聘嬌妻》中的金朝奉，在哄傳朝廷選秀女之際，爲了女兒不被選秀女，胡亂許下窮秀才婚約，消息平息後，爲賴婚約，又百般生出奸計，甚至不惜訴諸公堂。

商人的奸詐與刻薄貪婪，是商人的一張著名臉譜，小說家在有些故事中就有意無意地保留了這些定型化的描述。《初刻拍案驚奇》卷二十二《錢多處白丁橫帶　運退時刺史當艄》中，郭七郎父親曾做「江湘大商」，「家資鉅萬，產業廣延，有鴉飛不過的田宅，賊扛不動的金銀山，乃楚城富民之首。江、淮、河朔的賈客，多是領他重本，貿易往來」。不過，篇中明顯貶斥那些不義商人：「卻是這些富人惟有一項，不平心是他本等：大等秤進，小等秤出。自家的，歹爭做好；別人的，好爭做歹。這些領他本錢的賈客，沒有一個不受盡他累的。各各吞聲忍氣，只得受他。你道爲何？只爲本錢是他的，那江湖上走的人，拚得陪些辛苦在裏頭，隨你盡著欺心眞帳，還只是仗他資本營運，畢竟有些便宜處。若一下衝撞了他，收拾了本錢去，就沒得蛇弄了。故此隨你剋剝，只是行得去的。本錢越弄越大，所以富的人只管富了。」

文學家筆下的商人，有些是刻剝昧心。《初刻拍案驚奇》卷十五《衛朝奉

狠心盤貴產　陳秀才巧計賺原房》中的徽商衛朝奉，因爲他的經商謀利的行當及相應手段，而被描寫爲「平素是個極刻剝之人」：「初到南京時，只是一個小小解鋪，他卻有百般的昧心取利之法。假如別人將東西去解時，他卻把那九六七銀子，充作紋銀，又將小小的等子稱出，還要欠幾分兌頭。後來贖時，卻把大大的天平兌將進去，又要你找足兌頭，又要你補勾成色，少一絲時，他則不發貨。又或有將金銀珠寶首飾來解的，他看得金子有十分成數，便一模二樣，暗地裏打造來換了；粗珠換了細珠，好寶換了低石。如此行事，不能細述。」他還利用手裏掌握的債券，以三年爲期，打算謀取欠他三百兩債務的陳秀才的「莊房」。三五次索債未果之後，衛朝奉又「逐日著人來催逼」，漸至於「著人上門坐守」，「甚至以濁語相加，陳秀才忍氣吞聲」。讀者至此，看到商人對士類的催逼脅迫，想不恨奸商都難。《初刻拍案驚奇》卷三十五《訴窮漢暫掌別人錢　看財奴刁買冤家主》賈仁當「窮漢」時，甚覺世間不平：「總是一般的人，別人那等富貴奢華，偏我這般窮苦！」可是當他得周秀才家裏「一垜舊坍牆」下窖藏的「不計其數」的金銀之後，改變自己身無正業、居無定所、衣食不周的窘境：「先假做些小買賣，慢慢衍將大來，不上幾年，蓋起房廊屋舍，開了解典庫、粉房、磨房、油房、酒房，做的生意，就如水也似長將起來。旱路上有田，水路上有船，人頭上有錢，平日叫他做窮賈兒的，多改口叫他是員外了。又娶了一房渾家。」他還請了一位「老學究」在家裏「處館」，「在解鋪裏上帳目，管些收錢舉債的勾當」。老學究陳德甫給解鋪老闆暴發戶賈仁當帳房先生，是「士」依附於「商」的表現。但無兒無女的賈仁，「生性慳吝苦剋，一文也不使，半文也不用，要他一貫鈔，就如挑他一條筋。別人的恨不得劈手奪將來；若要他把與人，就心疼的了不得。所以又有人叫他做『慳賈兒』」當得知賣兒的周秀才是個窮秀才時，他還說：「秀才倒好，可惜是窮的。」雖然財主家心性，一味賣大：「我財主家心性，指甲裏彈出來的，可也吃不了。」但在寫賣約時「把正經的賣價竟不曾塡得明白」，「他與陳德甫也都是迂儒，不曉得這些圈套，只道口裏說得好聽，料必不輕的。豈知做財主的專一苦剋算人，討著小便宜，口裏便甜如蜜，也聽不得的」。最後，賈財主鑽了賣約的空子，只用了「便買個泥娃娃，也買不得」的一貫鈔，賺取了受困的周秀才，將周家兒子過繼了，不料天道循環，他掘周家窖金的所得及生息，又於無形中還給了周家。

　　文學家筆下的商賈，不乏貪財無恥，不顧禮義之輩。《二刻拍案驚奇》卷

二十八《程朝奉單遇無頭婦　王通判雙雪不明冤》中，心裏只喜歡女色的程朝奉，見人家婦女生得有姿容的，必要千方百計地弄到手才住。富商程朝奉弄李方哥的妻子的手段，是「拼捨」自己手裏掌握的銀子明目張膽地「買」：「天下的事，惟有利動人心，這家子是貧難之人，我拼捨著一主財，怕不上我的鈎？私下鑽求，不如明買。」錢可通神，可購買一切，這是部分商人的「金錢邏輯」。開酒店的李方哥爲了一包銀子，不顧羞恥，主動勸說「有幾分姿色」的妻子和一老翁作了一夜歡。爲了白燦燦的銀子，「羞人答答的」的事兒也是可以做的，見了銀子男子漢也「捨得老婆養漢」，並來主動做老婆的工作：「難得財主家倒了運來想我們，我們拚忍著一時羞恥，一生受用不盡了。而今總是混帳的世界，我們又不是甚麼閥閱人家，就守著清白，也沒人來替你造牌坊，落得和同了些。」妻子陳氏見自己丈夫只重銀子不顧羞恥，「算來也不打緊的，當下應承了」。這種爲了銀子不顧羞恥，連妻子清白也不顧惜的現象，說明了物欲橫流時代，禮教鬆弛，金錢至上。「然而這種直觀的、形象化的觀念未必反映了實際生活中的眞實情況，我們很難設想，如果將『欺詐』奉爲行事的主要準則，商人之間以及商人與社會其他階層人士之間，是否還能維持較爲持久穩定的關係。實際情況是，雖然社會上的確存在一小部分唯利是圖的商人，但大部分商賈還是講究貨眞價實的，這倒並非因爲他們從心底裏關心顧客的利益，而是由客觀的社會、歷史條件決定的。封建時代的商人，尤其是開設店鋪的坐賈，顧客中有一大部分比較穩定，左鄰右舍、前街後巷，都是他們經常性的客戶。在這樣的情況下，如果短斤少兩、以次充好，無異於趕走顧客，自斷財路。不過話又說回來，由於中國古代抑商、賤商觀念的長期影響，再加上小說、戲曲這些深受普通平民百姓喜愛的文藝形式對商人定型化、臉譜化的刻畫，『無商不奸』的觀念還是深入人心。」〔註28〕

有些商人揮金如土，重色任性，在「紅繡鞋」問題上毫不吝嗇。《韓侍郎婢作夫人》中的徽商，因慕色心重，根本不把數百金放在眼裏。《許察院感夢擒僧》中的鹽商王祿，專好尋花問柳，得病而死。《二刻拍案驚奇》卷三十一《行孝子到底不簡屍　殉節婦留待雙出柩》中，專一放債的王良，眼中只認得銀子，族叔曾借他二兩銀子，已還過兩倍的利錢，還仍被追索，最後被活活打死。爲圖人錢財，商人豢養強盜，害命奪財。《青樓市探人蹤》中，紅

〔註28〕劉良明，劉方：《市井民風：〈二拍〉與民俗文化》，黑龍江人民出版社，2003年版，第 18 頁。

花場主楊僉憲爲圖賴他人銀兩，不惜殺害多條人命。《無聲戲》第二回《美男子避惑反生疑》中開緞鋪的趙玉吾，「爲人天性刻薄，慣要在窮人面前賣弄家俬，及至問他借貸，又分毫不肯。更有一椿不好，極喜談人閨闥之事。坐下地來，不是說張家扒灰，就是說李家偷漢。所以鄉黨之內，沒有一個不恨他的」。因爲看到姓何的木客「家資甚富」，「玉吾因貪他殷實，兩下就做了親家」。

貪財加上薄情厭舊，一些商人便捨棄親情。《二刻拍案驚奇》卷六《李將軍錯認舅　劉氏女詭從夫》入話中「在江淮做大商」的王八郎，爲娶娼歸家，「只管尋是尋非，要趕逐妻子出去」。《初刻拍案驚奇》卷三十三《張員外義撫螟蛉子　包龍圖智賺合同文》中，劉氏爲了金錢，把失散多年的侄子棒打出門。

金錢從來都係從辛苦得來，但勤苦並非與正義直接等同或總是一致，明清小說家們在創作中還接觸到了富裕背後道義追求的複雜性。在黟縣有名的古民居村落西遞的履福堂，懸掛了一幅將「商」與「士」相提並論的楹聯：「讀書好營商好效好便好，創業難守成難知難不難。」吳敬梓《儒林外史》第二十二回鹽商萬雪齋「愼思堂」的金箋對聯與此相近，僅換了三個字，改成：「讀書好耕田好學好便好，創業難守成難知難不難。」不過，似乎只談耕讀傳家，尙屬於士類優異的傳統之見。與黟縣徽商民居對聯相比，寓意大相徑庭，根本沒提「營商」一念，更勿庸談經商與業儒的價值對列。

《醒世恒言》第三十五卷《徐老僕義憤成家》就告訴了我們這樣一個社會問題：豈能以一「勤」掩眾「惡」？雖然作者贊揚徐老僕經商致富靠的是勤苦：「富貴本無根，盡從勤裏得。請觀懶惰者，面帶飢寒色。」但是卻引發我們更多的思考，正如徐朔方等先生說：「這是我國古代文學中替商人作辯護的最早的幾篇作品之一。它說明經商發財同貴族地主多數出於沿襲、繼承的情況不同，以一個乾乾淨淨的『勤』字掩蓋了壟斷投機、巧取豪奪的眞相，公開宣揚這是天經地義的眞理。於是另一方面，廣大群眾的貧窮苦難，也自然被說成是『懶惰』之過，咎由自取，連同情也是多餘的了。這個思想以《恒言》的《施潤澤灘闕遇友》發揮得最爲露骨。」〔註29〕在《施潤澤灘闕遇友》中，蘇州盛澤鎮小機戶施潤澤，原來過著「妻絡夫織」的日子，因爲

〔註29〕徐朔方，孫秋克著：《明代文學史》，浙江大學出版社，2006 年版，第 402頁。

拾金不昧、不殺生，幸免於兩次死亡之禍，終於家業興旺，「冠於一鎮」。值得一提的是，在施潤澤得藏金而擁有的原始資本中，還包括開點心鋪子的老漢一輩所積、留作送終之用的八兩銀子。老漢的勤儉未能致富，反而喪其養老送終之銀。該篇反映了傳統社會中「工商業者」的觀點，「並爲他們圓謊，因而使作品帶有濃重的迷信說教，但這並不妨礙作品所表現的這個階層的性質」〔註30〕。

有著深切社會關切的士人，對逐利之風進行反思的重要表現之一，即是對商人貪婪奸詐行爲的強烈批評。「佔有『利』的多少，或獲取『利』的多少，是商人及其周圍人看輕看重的標尺，就像封建條塊等級觀念中的官品的高低、功名的高低一樣，正是染有市民色彩的新思潮向舊觀念的一種挑戰」，「『二拍』在反映明代商業活動的同時，也暴露了金錢衝擊社會、衝擊家庭關係以致利欲橫流、道德淪喪、社會風氣敗壞的現實」。〔註31〕

二、「滿臉餓文」：商斥士

在士人守持自己的「昔日輝煌」，不時指點商賈的傲慢與無禮時，商人也開始逐步完成其意識形態的自足性，並時不時地歧視士人的無用與平庸。「商人對士的認識，從基本方面說仍是自愧不如的，這與全社會的一般看法是相一致的。在商人眼中，更多注意的還是士階層的實際社會地位和與之相伴隨的利益。在他們看來，士人不受歧視，又爲入仕爲官的主要途徑。一旦廁身士的階層，便可提高自身社會地位，擺脫人們的賤視；如果僥倖考得一官半職，便可遠則光宗耀祖，近則保護自己的切身利益不受侵害，成爲既有錢又有勢的紳商階層」〔註32〕，而社會上也確實有一種聲音與商人相應和。我們確實可以從文學家的描述中看到，對於士人而言，即使讀書成功而科第僥倖，不少人也只是只會寫些半通不通文字的庸才，請師爺、吏員、門客代筆；「一人得道，雞犬昇天」，養活著一大家子人，爲後世子孫營謀著田產和房產，做著清濁兩可的庸官；自視清廉者多亦無甚高蹈之處。比如像《南雍志》卷十所載洪武三十年的榜示，即言當時秀才的無能：「有等入學十有餘年，尚且不通文理，不能書算，不曉吏事。甚者抗拒師長，不遵教誨，放僻邪侈，靡所

〔註30〕徐朔方，孫秋克著：《明代文學史》，浙江大學出版社，2006 年版，第 403 頁。
〔註31〕蕭欣橋，劉福元：《話本小說史》，浙江古籍出版社，2003 年版，第 345 頁。
〔註32〕謝景芳：《明人士、商互識論》，《史學月刊》1993 年第 6 期，第 49 頁。

不爲。如此習以成風，傷化敗俗，虛曠歲月，徒費廩祿，教養無成，不得實材之用，甚辜朝廷興建美意。」於是不得不條例榜示，申明學規。因此，如同前述所言，士類的不自振拔成爲社會問題。當士人生活際遇中的偶然因素與兩可之間的可能性經常存在時，它就不可避免地成爲不少商賈輕賤士類、高自標榜的藉口。

（一）「功名須有命」：在生計與顯貴之間的徘徊者

當科舉制度異化之後，士子所懷之「才」，多爲無用之才，而且由於讀無用書的士子治生能力極低，亦不能使其「才」順利地轉換成「財」，從而改變自己命運，這樣尚未顯貴的窮儒頭上常懸掛著一個「滿臉餓文」的形象。擁有雄厚貲財的商賈，更願意看到士子的落魄，貶損清廉的無用與士人的無能。也許在他們看來，貧儒不過是一群在生計與顯貴之間的徘徊者：他們或者「一世也不能夠發際」，掙扎在夢想的邊緣，是一群現實中的不得意者；或者一朝憑藉科舉成名，飛黃騰達，青雲直上，又成爲一群被商賈敬而遠之或趨而近之的顯貴。

1.「一世也不能夠發際」：漫長科舉仕途的掙扎者

在科舉制度相對成熟也相對僵化的明清時期，讀書人考中舉人方取得當官的資格，而考中秀才不過初步進入下層紳士行列，但距離仕途功名只有一步之遙了。從經濟上來說，秀才被免除了徭役和賦稅，部分優秀者還可成爲國家「公費生」即廩膳生，基本上沒有吃飯問題了；從政治上看，秀才還有參見知縣不必下跪、知縣不可隨意對其用刑、遇公事可稟見知縣等特權。

不過，雖然秀才已在社會地位上高出平民百姓一等，但由於終究未享朝廷俸祿，他們在經濟上並不富裕，社會地位只是稍高於平民，故仍不免有「窮秀才」之稱。即使像曾短期入仕的唐甄，也認爲士人的處境十分低賤：「公卿賤士，士無及門者；不敢望其犬馬之食，即求其鵝鶩之食而不可得也。」〔註33〕爲了使士人貧不失節，那唯有像孔子「富而可求，雖執鞭之士，吾亦爲之」了。有鑒於此，唐甄甚至坦然承認自己就是「爲貧而仕」〔註34〕。

在明清話本小說大家中，凌濛初和李漁二人所渴望通過科舉仕途一展抱

〔註33〕 唐甄著，黃敦兵校釋、導讀：《潛書校釋》（附詩文），嶽麓書社，2010年版，第119頁。

〔註34〕 唐甄著，黃敦兵校釋、導讀：《潛書校釋》（附詩文），嶽麓書社，2010年版，第120頁。

負的想法相同，但終於未能如願的情景也相同。凌濛初是考而不中，李漁則是因國變而不再能參試。凌濛初也曾於晚歲參試以達仕途之願，一展胸中佐王之計，似乎脫卻了風流浪子放曠不羈的形象；李漁則始終被人「以俳優視之」，落下豔遇風流的話柄而不能自拔。

　　毫無疑問，凌濛初心目中的自己，肯定是久困場屋、懷才不遇之士。凌濛初早年得名，後來卻科場蹭蹬，壯志難酬，「公試於浙，再中副車；改試南雍，又中副車；改試北雍，復中副車。乃作《絕交舉子書》，為歸隱計，將於杼山、戴山間營一精舍，以終老焉，作《杼山賦》、《戴山詩》以見志」〔註35〕。就是在這樣屢戰屢敗於科場而鬱憤不已的情況下，凌濛初開始了退隱著述。凌濛初久困於諸生，在應舉之途上連蹇不遇。「通過文學創作以抒發胸中的因失意而生的鬱悶、憤懣，這既是凌濛初的，也是可以說是不少古代作家創作心態的概括。」〔註36〕作者「科場失意」，使得他更願意在自己創作的作品塑造與「科場失意」相對共生的「商場奇遇」、「商場得意」的文學生態情景，在求得心理平衡的同時，設置一種獨特的文學表達視角。《二刻拍案驚奇小引》所寫也許是他屢試不售後的真實描述：「丁卯之秋，事附膚落毛，失之正鵠。遲徊白門，偶戲取古今所聞一二奇局可紀者，演而成說，聊舒胸中磊塊。非曰行之可遠，姑以遊戲為快意耳。」是年，凌濛初已經48歲了，為排遣鬱悶，他在南京創作了《拍案驚奇》，不料被書商聽說，「因以梓傳刻，遂為抄撮成編，得四十種」。五年後他再撰《二刻拍案驚奇》。經過幾次進京謁選，終於在崇禎七年55歲時，才以優貢得授上海縣丞、署海防事，崇禎十五年擢徐州通判。崇禎十七年（1644），被李自成農民起義軍一部圍困於房村，拒絕投降，嘔血而死，以此完成了自己以士大夫自居的一生。

　　當商賈用他們的優勢看待士人的劣勢時，他們不免誇大自己的優越感，開始嫌棄沉滯於社會底層的士人了。《初刻拍案驚奇》卷十《韓秀才乘亂聘嬌妻　吳太守憐才主姻簿》中的書生韓師愈雖當婚齡，卻因貧窘成為被婚姻遺忘的角落。開典當鋪的徽商金朝奉雖胡亂許了婚姻，卻「不捨得把女兒嫁與窮儒」，還不乾不淨地貶損秀才：「那人是個窮儒，我看他滿臉餓文，一世也不能夠發跡。前年梁學道來，考了一個三老官，料想也中不成。教我女兒如何嫁得他？」《生綃剪》第十一回中的曹復古，滿腹史書，卻因家窮，父親

〔註35〕　鄭龍采：《別駕初成公墓誌銘》。
〔註36〕　蕭欣橋，劉福元：《話本小說史》，浙江古籍出版社，2003年版，第342頁。

－139－

也是飽學秀才，世人對這樣家庭的評價是：「美名是接續書香，其實是世家窮鬼」〔註37〕。老僕耕旺對復古整日讀史不問生計抱怨：「小官人年紀小的時節，掙來養你，也還說小，該的；如今老大一個漢子，整日咿咿呀呀，蕩來蕩去，要吃自在飯，功不成，名不就。父親又不思量養，生意也不尋件做做，怎的了結？」〔註 38〕在老僕人看來，讀書是幼小閒適所為，老大功名不就時卻宜拋棄。曹父認為，「我們做窮秀才的，財主們見了就如眼中釘一般」〔註 39〕，出門告貸也底氣不足，矮人一頭。

手握重金的商人相信手中金錢的力量，憑藉這個孔方兄，他們堅信幾乎可以擺平一切。尤其是當他們的對手是貧士、貧儒時，他們的自信更是十足。選秀女風波過後，「金氏夫妻見安平無事，不捨得把女兒嫁與窮儒，漸漸的懊悔起來」。當金朝奉的舅子徽州程朝奉領著親兒阿壽來時，他們的悔親之念便有了實際行動。程朝奉頗有主張，他諳熟「衙門事體」，「常言道：『有錢使得鬼推磨。』我們不少的是銀子，匡得將來買上買下。再央一個鄉官在太守處說了人情，婚約一紙，只須一筆勾消。剪下的頭髮，知道是何人的？那怕他不如我願！既有銀子使用，你也自然不到得吃虧的」，相信金錢的力量，而直視婚約如兒戲。

在商賈看不起貧士的同時，士人也越來越看不起自己了，他們只有將自己時運的不濟歸因於科舉制度的不公。《初刻拍案驚奇》第四十卷《華陰道獨逢異客　江陵郡三拆仙書》直接反映了「人生只有科第一事，最是黑暗，沒有甚定準的」。而「初刻」中不少篇章也進行了直接議論。如第二十九卷《通閨闥堅心燈火　鬧囹圄捷報旗鈴》說：「直到近來，把這件事越重了。不是科甲的人，不得當權。當權所用的，不是科甲的人，不與他好衙門、好地方，多是一帆〔番〕布置。見了以下出身的，就不是異途，亦必揀個懶懶所在打發他。不上幾時，就勾銷了。總是不把這幾項人看得在心上。所以別項人內便盡有英雄豪傑在裏頭，也無處展布。」

宋明理學「存天理，滅人欲」的總體導向，雖意在扼殺人的情慾之私，卻束縛了人的個性，也使讀書人的思想日益僵化。明代科舉制度的流弊，使士子讀書不知何為，「咸以孔子之是非為是非」，科舉僅為取得仕宦的「敲門

〔註37〕 《生綃剪》，瀋陽：春風文藝出版社，1987年版，第 225 頁。

〔註38〕 《生綃剪》，瀋陽：春風文藝出版社，1987年版，第 225 頁。

〔註39〕 《生綃剪》，瀋陽：春風文藝出版社，1987年版，第 226 頁。

磚」，長期沉滯於讀無用書的階段，使得士子喪失了很強的謀生能力。清初顏元憤怒痛斥這種制度說：「率天下入故紙堆中，耗盡身心之力，作弱人、病人、無用之人，皆晦庵爲之也。」〔註 40〕明清士人生存能力低下，常被思想家痛切陳述。嘉靖萬曆年間的歙人許文穆的父親，對兒子好讀書並不支持，認爲「書足以記姓名而已，安用苦學」，在父親的影響下，文穆終於棄文從商了。〔註 41〕

當包括商賈在內對士人清廉無用的外在批評與鄙視日益擴大化時，部分士人內在的價值目標也開始發生動搖乃至變遷。曲家湯顯祖的著名詩句「欲識金銀氣，多從黃白遊；一生癡絕處，無夢到徽州」，無疑反映了落寞士子的對富有者「金銀氣」籠罩下閒適光環的追逐，巨商富賈所在地的徽州便成爲士子長期沉淪社會底層、要求擺脫經濟困窘的熱切夢想。在「崇尚財貨」世風下，看來永無「發市」機會的貧儒，對日用違禮越制之舉的富商表示了空前的親近。如前引明人董含所說：「曩昔士大夫以清望爲重，鄉里富人，羞與爲伍，有攀附者，必峻絕之。今人崇尚財貨，見有擁厚貲者，反屈體降志，或訂忘形之交，或結婚姻之雅，而窺其處心積慮，不過利我財耳。遂使此輩忘其本來，趾高氣揚，傲然自得。」〔註 42〕這裡雖然是董含批評商人之語，卻反映了當時社會上人們觀念的變化。

2.「一登科第，便像昇天」：科舉場屋的暴發者

包括商賈在內的幾乎所有人的共識是：靠「朱衣神」的點頭，貧士有可能改變寒窗苦讀的沉淪狀況，實現從「寒窗苦讀無人問」到「一朝成名天下聞」的飛躍。不過，商賈更願意從自己「暴發」的經歷上來領會士人的這種「發際變泰」。

商賈眼中的窮酸士子，因和自己並無直接聯繫而成爲一群無足輕重之人，就像一批還沒能叫得起價的商品，被丟在牆角。《初刻拍案驚奇》卷十《韓秀才乘亂聘嬌妻　吳太守憐才主姻簿》敘窮秀才韓子文登科前的一段婚姻波折，韓生窮而聘妻，丈人要等他考個優等才肯嫁女，無奈貪婪宗師趁科考斂財，因韓生無財力奉承而判入三等，人人歡賞之才因而埋沒。該篇入話部分

〔註 40〕 顏元：《顏元集》，中華書局，1987 年版，第 272 頁。
〔註 41〕 《許文穆公集》卷 13《世積公行狀》。
〔註 42〕 董含：《三岡識略》卷一〇《吳風俗十六則》，遼寧教育出版社，2000 年版，第 225 頁。

對士子登科前後世間的冷暖描繪得淋漓盡致，尤其是下面一番議論：

> 如今世人一肚皮勢利念頭，見一個人新中了舉人、進士，生得女兒，便有人搶來定他為媳，生得男兒，便有人捱來許他為婿。萬一官卑祿薄，一旦夭亡，仍舊是個窮公子、窮小姐，此時懊悔，已自遲了。盡有貧苦的書生，向富貴人家求婚，便笑他陰溝洞裏思量天鵝肉吃。忽然青年高第，然後大家懊悔起來，不怨悵自己沒有眼睛，便嗟歎女兒無福消受。所以古人會擇婿的，偏揀著富貴人家不肯應允，卻把一個如花似玉的愛女，嫁與那酸黃齏、爛豆腐的秀才，沒有一人不笑他呆癡，道是：「好一塊羊肉，可惜落在狗口裏了！」一朝天子招賢，連登雲路，五花誥、七香車，盡著他女兒受用，然後服他先見之明。這正是：凡人不可貌相，海水不可斗量。只在論女婿的賢愚，不在論家勢的貧富。當初韋皋、呂蒙正多是樣子。

在懷著勢利之心的人看來，「賒得不如現得」，科舉是不可見的前途，權勢金錢是眼見的富貴，在與何門第結親一事上，「何如把女兒嫁了一個富翁，且享此目前的快活」，可見人們往往只顧眼前，那顧長遠，何況窮酸秀才不可知的前程？作者的見解是：「只在論女婿的賢愚，不在論家勢的貧富。」「目前貴賤都是論不得的」，故此擇婿以賢能為主，不論家勢的貧富，這實際上也就是在批評嫌貧愛富、門當戶對的傳統婚姻觀念。儘管「天下好人也有窮到底的，難道一個個為官不成」？但是不如一方面跟著「命」，「就是會擇婿的，也都要跟著命走。一飲一啄，莫非前定」；另一方面還要撞「時運」，兩者比較，「卻畢竟不如嫁了個讀書人，到底不是個沒望頭的」。

科舉制下的士人生活，如果沒有祖父輩的厚蔭，他們多半會因為仕途淹蹇，經濟貧窘，生活能力低下，從而處於艱窘狀況，反而處處顯得不入流俗，被人賤視。

在社會地位上，落魄文人並不比市井小民優越多少，他們不被流俗所奉承高揚並不難於理解。明人歸莊（1613~1673）曾憤激地說：「蓋今之世，士之賤也甚矣！自京朝官、外吏以至諸生，陷之以升斗逋賦，輒禁錮；鄉、會試中式之士，久滯不選，而投誠者輒得官；薦紳制於賤隸，兩榜不如盜賊，今日為士之效如此，尚欲令子弟弄筆墨治制舉之業耶！」〔註43〕所以，他出於不出仕新朝的政治動機，建議「不能謝廢著之業，而雅好文墨」的好友舜

〔註43〕歸莊：《傳硯齋記》，《歸莊集》，上海古籍出版社，2010年版，第360頁。

工,自己安心於商途,「宜專力於商,而戒子孫勿爲士」。面對明清之際士人
「投誠」,毫無民族大義而言的情況,歸莊不無憤激地提議:商賈之家用家傳
之硯讀書作畫自娛可也,切不要「作經義策論干進之具」,再沉淪人格地辱入
仕流。

在闕名的元代雜劇《凍蘇秦衣錦還鄉》中,發跡以前的蘇秦認識到:「如
今街市上有等小民,他道俺秀才每窮酸餓醋,幾時能勾發跡?」斥市井小民
爲「肉眼愚民,不識高賢」,「博古知今」的「將相之器」竟然凍餓街頭,連
最基本的衣食都不能保障。其時,在「馬拉松賽式」的科舉之途上行走的艱
難,遠非今人所能輕易察知,「蘇秦式的困境」成爲科舉之途上貧士的一般生
存狀況。

士人以耕讀爲生活底色,與「農」天然地接近。然而現實生活中,近於
「農」的「士」常於未「科第發際」時處於經濟困境中。明清以來大量的文
史資料顯示,士人開始不厭其煩地訴說自己的經濟困頓了。李維楨(1547～
1626)在《鄉祭酒王公墓表》中記陝西商人王來聘戒子孫之語曰:「四民之業,
惟士爲尊,然無成則不若農、賈。」〔註44〕

部分窮士通過處館、遊幕、暫時營商解決經濟困難。陳寶良先生認爲,
明初幕府制度已經存在,它是元末群雄四起,自置幕府、自己用人的延續。
至少在正統年間,就可以找到幕賓人員的實際例子。幕主需要幕賓,究其原
因,由於科舉導致的弊端,使一些出任地方有司的官員,剛放下「子曰詩云」,
就戴上烏紗帽,穿上圓領,著了皀鞋,坐堂理民事,著實爲難。這就需要聘
用幕賓,幫助處理具體的民事。另一方面,明代的官員大多懶惰成性,不願
官場文牘的往來,即使以文詞爲職責的詞館中人也聘請幕賓。而萬曆以後官
場四六之文的流行,也迫使官員必須聘請專門主文代筆之人。〔註45〕明末理
學名臣馮從吾的父親馮友,爲諸生時,家甚貧,「設科常開平祠,借束脩以養
父母」。〔註46〕明清易代之際,由於戰亂,世家出身的姜晉珪因爲生活貧困,
「無以爲親養」,只得外出四處教書,「束脩所入,歸以養父母」。但處館任教
職,仍不免受人牽制,且收入低廉。於是,一部分士人棄儒從商或兼事賈業。

〔註44〕 李維楨:《太泌山房集》106 卷。
〔註45〕 陳寶良:《明代儒學生員與地方社會》,中國社會科學出版社,2005 年版,第
    316～322 頁。
〔註46〕 馮從吾:《馮少墟集》卷 20《家乘》附《原任保定府同知馮公行實》,第 28b
    頁,清康熙十二年重刻本。

明代松江人何良俊說：「今去農而改業爲工商者，三倍於前矣。」

　　從付出的體力勞動與所得實物的貨幣價值之比來看，「商」是最值得一試的職業選擇。《商君書‧外內》云：「農之用力最苦，而贏利少，不如商賈、技巧之人。」剔除掉法家重耕戰等因素外，這種看法並非帶有某種意向性，而基本上是一客觀的描述。司馬遷中「用貧求富，農不如工，工不如商，刺繡文不如倚市門」〔註47〕，顧炎武即指出的「農之獲利倍而勞最……工之獲利二而勞……商賈之獲利三而勞輕」，也確可視爲相呼應的平情之論。需要指出的是，無論是商鞅，還是太史公和顧炎武，均只列出「四民」中的後三位，不與「士」相提，可能原因之一即是由於「士」經常處於上位，並無常受經濟困窘之虞。

　　當然，士人並非常常養尊處優，對於生活毫無怨言。自古以來，文士爲經濟困厄而遭俗見貶損者大有其人，酈食其「好讀書，家貧落魄，無以爲衣食業」，只得忍辱寄人籬下。李斯辭別其師荀子前往事秦時，感慨道：「詬莫大於卑賤，而悲莫甚於窮困。久處卑賤之位，困苦之地，非世而惡利，自託於無爲，此非士之情。」不過，由於士人掌握著話語權，他們可以在「青史」中留下自己「苦其心志，勞其筋骨」的豪言壯語，可以在志傳中「百世流芳」。他們的困頓，似乎永遠都是「成功者」的「事後」回顧。

　　在發跡前，士人的生存也頗爲尷尬，用元代雜劇《凍蘇秦衣錦還鄉》中蘇秦的唱詞大概可以說明問題：「我如今眼睜睜，捱盡了十分蹭蹬。待要去做莊農，又怕誤了九經；做經商，又沒個本領。往前去賺入坑，往後來褪入井，兩下裏怎據憑，折磨俺過一生。」未遇時的士人往往是高不成，低不就，被人視爲「怪物」。明人說：「吳中惡濫不售之貨，謂之『店底』。故童生久治不中者，亦以此目之……然宣德、正統間，監生惟科、貢、官生三種而已，故此輩得以次進用。景泰以來，監生有納芻粟及馬助邊者，有納粟賑荒者，雖科貢之士亦爲阻塞。中間有自度不能需次者，多就教職，餘至選期老死殆半矣。」〔註48〕黃仁宇先生指出：「一個農民家庭如果企圖生活穩定並且獲得社會聲譽，唯一的道路就是讀書做官。然這條路漫漫修遠，很難只由一個人或一代人的努力就能夠達到目標。」〔註49〕換句話說就是讀書成功

〔註47〕　《史記‧貨殖列傳》。

〔註48〕　佚名：《蓬軒類記》，轉引自巫仁恕：《明代平民服飾的流行風尚與士大夫的反應》。刊於《新史學》（臺北）第 10 卷第 3 期（1999 年 3 月）。

〔註49〕　黃仁宇：《萬曆十五年》，北京：三聯書店，2006 年，第 244 頁。

的幾率是很小的，往往爲了讀書使一家人變得一貧如洗，並且還不見得會成功。

在士商聯姻及其歧變中，商人「自誇財勢」，貶損士人的貧窮，甚至不忘記自許「風雅」，以此力圖全面戰勝手無金錢的士人。當《玉堂春落難逢故夫》中的山西商人沈洪第一次看見玉堂春時，他正是想用自己的金錢打動她：「在下是山西沈洪，有數萬本錢，在此販馬。久慕玉姐大名，未得面睹，今日得見，如撥雲霧見青天。望玉姐不棄，同到西樓一會。」可惜玉姐這位名妓愛的是士子王公子，她並不理會商人的金錢攻勢，她拒絕山西客商沈洪道：「我與你素不相識，今當夤夜，何故自誇財勢，妄生事端？」文學家筆下人與人不同的原因，全在於誰來看待這些人。不過，也許是這些人背後那個牽著前臺上演戲目的文學家有意爲之造成的。

科場中鬼神弄人，懷才者多不得意。《初刻拍案驚奇》卷四十《華陰道獨逢異客　江陵郡三拆仙書》開頭議論道：「話說人生只有科第一事，最是黑暗，沒有甚定準的。自古道『文齊福不齊』，隨你胸中錦繡，筆下龍蛇，若是命運不對，倒不如乳臭小兒、賣菜傭早登科甲去了。」科舉成功，必得貴人幫村，又會「夤緣鑽刺」，那裏「有什麼清頭在那裏」？「文章自古無憑據，惟願朱衣一點頭」。結果是士人將功名神聖化，將科舉宿命化：「人生凡事有前期，尤是功名難強爲。多少英雄埋沒殺，只因莫與指途迷。」該篇入話部分連講七個科考故事，其中五個得到鬼神、精靈的幫助而考中，兩個被鬼神捉弄使到手的功名又眼見成空。作者在「功名定數，毫不可強」的奉勸旗幟下，表達的也是一種無奈與自嘲。該卷故事的結尾處，凌濛初還說：「這回書叫做《三拆仙書》，奉勸世人看取：數皆前定如此，不必多生妄想。那有才不遇時之人，也只索引命自安，不必抑鬱不快了。」既存勸世慰人之意，又實係安慰自己科場屢北的內心苦楚。

天然癡叟《石點頭》第七卷《感恩鬼三古傳題旨》說：「讀書不過爲著功名兩字，卻不知讀書是盡其在我，功名自有天命。」讀書發科，一要靠「祖宗陰德」，二要「自己工夫」。所以，那些「根器淺薄，稟性又懶惰」的「妄人」，自不必說起；而「天生好資性，又好才學，準準的十年窗下，鐵硯磨穿。若問到一舉登科，盡付與東流之水」，雖然難以理解，但都遵循一定「定數」，中與不中是「一毫勉強不得」的。「寫得出手，才見學問，到得己身，才是功名。決不可畫餅充饑，徒成話柄」，「功名到手始爲眞」。正話講宋孝宗淳熙年

間書生仰鄰瞻至報恩寺讀書，有女鬼和詩，女鬼實即停棺寺中十年無人收葬的伊小姐。仰生許諾取得功名後為之安葬，女鬼便託夢傳答卷暗號，幫助仰生考中了進士，仰生踐行其言，立墓報其德，最後「一路官星高照，直做得樞密使。生有二子，俱弱冠登科。鄰瞻致政歸鄉，仰望夫婦，各百歲上壽，無疾而逝」。

「暗號」本為科場舞弊的手段，卻被女鬼移花接木，成就了與己有關、有著強烈的「功名心願」然通關節無門的仰生。當仰生在「我若得寸進，便當營一窆，以妥其靈」與「我這功名心願，何時償得」的施惠與受報之間徘徊時，女鬼投遞暗號，最終成就了仰生的「功名心願」，因女鬼之「施」而得「寸進」，下面就看他如何踐行許諾了。在取得功名之前，士子的施恩的自覺意識程度是有限的，甚或往往以別人的付出為施恩的前提。因而，報施之間，成就了一種循環相扣的關係，有時間這種關係是非常脆弱而不堪一擊的，任何一個環節出了問題，施報就成了單方面的付出。完全有理由想像，現實中確實有些如仰生一樣的士子，為了取得功名，他們甚至不惜將暗通關節的希望寄託於孤魂野鬼身上，或者故意給那些成功舉子的「征途」中途上「鬼魅」、「神異」的色彩。

作者在表達對科場的憂憤時，情緒是極為複雜的。當年的知貢舉官是龍圖閣學士汪藻起，便思報當年未發跡時的「八拜之交」鄭無同，「踐那二十年朋情宿約」，以扶植二十年科場不順的舊友。假如故事中沒有鄭無同「迷戀花酒」、「淫縱無度」，又心胸狹窄、誣陷栽贓的交待，則文中「即此同學弟兄，一個官到主文，一個尚為科舉應試，真正學無前後，達者為先」就成為主色調，從而同情科場失利的鄭無同了。

從馮夢龍《老門生三世報恩》（《警世通言》第十八卷）這樣一篇自道心跡的小說來看，馮夢龍實是借老秀才鮮于同在科場上連蹇不售、後來終於陰差陽錯地科場連捷，來抨擊科舉制度的並非真正合理的人才選拔方式，由此揭示「科目世界」下士子多「懷才不遇」的憂憤。作者在開頭一段議論亦頗有自慰之感：「大抵功名遲速，莫逃乎命，也有早成，也有晚達。早成者未必有成，晚達者未必不達。不可以年少而自恃，不可以年老而自棄。」馮夢龍考舉人一直考到三四十歲，還不願循例出貢，正因抱持此一大器晚成的信念。直到崇禎三年，57 歲的馮夢龍才選擇了出貢，做了一任丹徒訓導，四年後升至福建壽寧知縣時，他已是年逾六旬的垂垂老翁了。

那些在科場上屢遭失敗的文人，時常會把發跡的希望寄託在皇帝的知遇之恩上。《俞仲舉題詩遇上皇》（《警世通言》第 6 卷）就是這類士子心態的典型寫照。成都貧士俞仲舉千里迢迢趕到臨安應試，可時運不濟，名落孫山。後來連回家的盤纏也沒有，無奈蹭食杭州街頭。一次在一家酒店喝醉了酒，無錢付帳，在壁上寫下一首詞，準備自殺，結果被酒保發現後救下。就是這首詞給俞仲舉帶來了福音，太上皇看到這首詞大爲賞識，差人招俞到宮中，薦給皇帝，封成都府太守，衣錦還鄉。作者在篇末所作的一首詩則將下層文人發跡的幻想和盤托出：「昔年司馬逢楊意，今日俞良際上皇。若使文章皆遇主，功名遲早又何妨。」他們念念不忘的就是「功名」二字。編寫這類小說的作者，恐怕他們自己也不會相信在他們有生之年會得到皇帝或太上皇的賞識而飛黃騰達。

（二）「著書都爲稻粱謀」：日益沾染市井習氣的士人

一般認爲，明代萬曆以後中國思想文化領域內出現了較大的轉變。其中，在士風的變化上，初始於弘治於嘉靖年間的吳中這樣一個世風變化較快的敏感地區。在敏感的吳中，曾於此轉變期醞釀出了「一群徘徊於儒士的傳統生活模式與世俗人生之間的士人」〔註 50〕。如果從整個明清之際看，儒士的世俗人生意味越來越濃厚。那些落魄的士人，有時主動爭取文化市場的機會，充當時文選家、字畫出售者的角色。有時他們也會在書商、書坊主的推動下，從事通俗文學創作以牟取部分潤資。

1.「高來不成，低來不就」：日常凡俗生活中的士人

士大夫的俗世形象，誠如明人吳履震在《五茸志逸》中所指出的：「士大夫仕歸，一味美宮室，廣田地，蓄金銀，豢妻妾，寵嬖幸，多僮僕，受投靠，負糧稅，結官稅，窮宴饋而已。」他們所關心的，不過是功名利祿，不過是酒色財氣，其庸常一如市井，其不堪也一如下流。據傳，宋眞宗趙恒曾言：「富家不用買良田，書中自有千鍾粟；安居不用架高堂，書中自有黃金屋；出門莫恨無人隨，書中車馬多如簇；娶妻莫恨無良媒，書中自有顏如玉。」士子讀書，意在科名，換取利祿，士人「求田問舍」，不免於「祿蠹」之譏。

〔註 50〕 羅宗強：《弘治、嘉靖年間吳中士風的一個側面》，《中國文化研究》2002 年冬之卷，第 17 頁。

文學生態中，生活於日常凡俗中的士人，常常不乏可笑、可鄙、可歎的形象。紀曉嵐編著的《閱微草堂筆記》卷四《灤陽消夏錄》（四）第三十九則所載故事，將士人的「分裂性」人格形象，剖露無遺。其故事道是：「有兩塾師鄰村居，皆以道學自任。一日，相邀會講，生徒侍坐者十餘人。方辯論性天，剖析理欲，嚴詞正色，如對聖賢。忽微風颯然，吹片紙落階下，旋舞不止。生徒拾視之，則二人謀奪一寡婦田，往來密商之箚也。」那些個講堂上自炫高致的士人，竟然幹著陰謀爭奪寡婦房產的無恥之事。

在商賈眼中，一般的讀書人與無他們無大差別，大家都生活在凡俗中，處理一些市井細民必然會碰到的七七八八。《儒林外史》中的范進，在中舉前，家中連餓幾天，他自己親自抱著一隻雞上街賣雞買米。像《無聲戲》第二回《美男子避惑反生疑》中的童生蔣瑜，未遇時節，也是以「寒儒」混跡於市井之輩，被市井輩罵為「窮鬼」，疑為「奸徒」，因此被誤判入獄。

在締結婚姻的關係中，窮秀才所據以證明自己實力的，當然主要是自己的學問，一定程度上還有相貌。故事中正德年間浙江台州天台縣秀才韓師愈，「十二歲上就遊庠的，養成一肚皮的學問」，可惜自幼父母雙亡，「雖是滿腹文章，卻不過家道消乏，在人家處館，勉強糊口。所以年過二九，尚未有親」。時至端陽佳節，他自省道：「我如今也好議親事了。據我胸中的學問，就是富貴人家把女兒匹配，也不免屈了他。卻是如今世人誰肯？」媒婆眼中的秀才最是不好對付，因「窮秀才說親，自然高來不成，低來不就的」。

科甲能否最終成功，決定了商賈對士人的最終態度。按明制，多次參加鄉試未中者，可循資出貢，充任雜職小官。貢生既是從鄉試落榜中再據應試者的文章與資歷選拔，但一旦出貢，做了訓導、教諭等州、縣學官，便不再有機會應試。手握重金的商賈，貶損長期沉滯不起的士人，當然也會表面尊重、內心輕視那些並無直接關聯的下層僚吏，嘲笑他們的「投資」不敷「收益」，譏諷部分僚吏清廉的無用。

如前所述，商賈在世俗婚姻中還起著舉足輕重的作用，掌握著是否與士人聯姻的主動權。《初刻拍案驚奇》卷二十九《通閨闥堅心燈火　鬧囹圄捷報旗鈴》中，張幼謙與羅惜惜為青梅竹馬的戀人，但二人的命運亦為科舉所左右。入話詩云：「世間何物是良圖？惟有科名救急符。試看人情翻手變，窗前可不下工夫！」科舉制度下，世間人情憑之以變化，作者指斥當時科舉主導下的世態陋習鄙風說：「只為世道如此重他，所以一登科第，便像昇天。卻又

一件好笑：就是科第的人，總是那窮酸秀才做的，並無第二樣人做得。及至肉眼愚眉，見了窮酸秀才，誰肯把眼梢來管顧他？還有一等豪富親眷，放出倚富欺貧的手段，做盡了惡薄腔子待他。到得忽一日榜上有名，掇將轉來，呵脬捧卵，偏是平日做腔欺負的頭名，就是他上前出力。真個世間惟有這件事，賤的可以立貴，貧的可以立富；難分難解的冤仇，可以立消；極險極危的道路，可以立平。遮莫做了沒脊梁、惹羞恥的事，一床錦被可以遮蓋了。」這段話正是淩濛初科場失意的肺腑之言，由此也可窺見作者為什麼直到晚年才接受挨貢做官的心跡。〔註 51〕作者將自己的人生遭際與對人生況味的感受，寫進小說，這在明清之際的話本創作中也是極為少見的。學者將這段宏論比作「莎士比亞戲劇《雅典的泰門》的中國明代版臺詞」，並進一步指出：「世情冷暖，固然在財富，但更在科舉。登科不僅可以帶來財富，還可以帶來富人不一定有的尊貴。既富且貴，這是當時市民階層欣羨和追求的目標。科舉不可避免地走向對人性的異化，滲透到整個社會生活中，影響到人們的價值判斷，『二拍』在這方面表現的深度超過了『三言』。」〔註 52〕不過，這樣情辭畢露的議論，「沖淡了本應多下工夫的細節描寫和人物形象刻畫，這不能不說是『二拍』一個常見的缺點」〔註 53〕。

　　在落寞無聊之時，像淩濛初、李漁這樣的才士，不惜辱身於商賈，參與逐末射利之舉，以解自身困窘，以脫心理束縛。他們創作因此也就多了幾許切己感受，增加了幾分生活的真實。孫楷第先生說：「淩氏的擬話本小說，得力於選擇話題，借一事而構設意象。往往在所選原書之中，本事不過數十字，記敘舊聞，了無意趣。而到淩氏的筆下，則清談娓娓，評論逾數千，抒情寫意，如在耳目，化神奇於臭腐，易陰慘為陽舒，其功力亦實等於創作。」正是來源於他的生活感覺與藝術敏銳，他們才成為文化市場上的「硯田糊口」者。不過，文學家極有可能因考慮市場需要而犧牲了文學的真實，迴避歷史

〔註51〕　傅承洲先生說：「這段議論完全是淩濛初科場失利後滿腔怨憤的宣泄，也是人情冷暖、世態炎涼的真實寫照。進士出身，無論有無才能，也不論是否清廉，一樣的高官厚祿；科貢出身，再有才能，也不與好衙門，還隨時可能免職。世人又是一雙勢利眼，對那些舉人進士，呵脬捧卵，對窮酸秀才，則冷落羞辱。難怪淩濛初多次中副榜而不願出貢，在話本中表露了他的真實心理。」參閱傅承洲著《明清文人話本研究》，人民文學出版社，2008 年版，第 217 頁。
〔註52〕　徐朔方，孫秋克著：《明代文學史》，浙江大學出版社，2006 年版，第 412 頁。
〔註53〕　徐朔方，孫秋克著：《明代文學史》，浙江大學出版社，2006 年版，第 412 頁。

上的沉重話題，淡化作品中應有的崇高旨趣。李漁就是這樣一個例子，「聰明而又世故的李漁在經歷了明清鼎革之後，調整心態來適應新的環境，硯田糊口的生存方式並不能掩飾他內心深處的迷茫與無奈，在他的小說中，崇高、莊嚴、神聖似乎都不存在，一切都變得那樣滑稽可笑，一切都可以戲謔、嘲弄」〔註54〕。

身居低等清簡官位的官員，雖不便直接經營，也將家裏閒置的資本，與富民合資謀利。《二刻拍案驚奇》卷十六《遲取券毛烈賴原錢　失還魂牙僧索剩命》頭回中託言宋朝淳熙年間的明州夏主簿，就是如此，他「與富民林氏共出本錢，買撲官酒坊地店，做那沽拍生理。夏家出得本錢多些，林家出得少些。卻是經紀營運盡是林家家人主當。夏家只管在裏頭照本算帳，分些乾利錢」。一個相當於現在縣教委主任的「主薄」，與「富民」合夥做生意，典型地代表了當時處於「基層」的「士大夫」不避傳統社會的偏見，與底層的市井富民合作。也許當時社會已經開始容認「士」與「商」的混淆不分，二者在社會生活中因生存需要而湊擠到一起來了。二者在金錢利潤上有著共同的需求，但二者卻對之有著不同的利用：「夏主簿是個忠厚人，不把心機提防，指望積下幾年，總收利息。雖然零碎支動了些，攏統算著，還該有二千緡錢多在那裏。若把銀算，就是二千兩了。去到林家取討時，林家店管帳的共有八個，你推我推，只說算帳未清，不肯付還。討得急了兩番，林家就說出沒行止話來。」在「忠厚」的夏主薄與「沒行止」的林家鬥智鬥勇中，因林家做了假賬，又「賄賂」州官二百兩銀子，在這一「金錢攻勢」下，夏主薄竟然落敗而被「收監追比」。作為士人代表的夏主薄顏面不保，斯文掃地。

2.「硯田糊口」：文化市場上的「筆耕」者

在君主專制制度下，科考既是下層文人謀求擺脫現實社會地位的唯一途徑，還很可能是晚明以降書商約稿的機會。〔註55〕科舉制度下的落寞，使得那些不得志的文士們在久困場屋之際，戲擬往事古蹟，從事文學作品創作，以抒胸臆。在「肆中人」的促成下，他們成功地走向文化市場。這樣一些文

〔註54〕傅承洲：《明清文人話本研究》，人民文學出版社，2008 年版，第 240 頁。
〔註55〕韓南認為，馮夢龍與凌濛初二人可能 1627 年在南京會過面。這一年，馮夢龍完成他的《醒世恒言序》，凌濛初也從是年開始寫小說。參加科考又可能會給作者交換手稿的機會，也是書商約稿的機會。參閱〔美〕韓南《中國白話小說史》，浙江古籍出版社，1989 年版，第 138 頁。

人便可被商人視爲文化市場上的「小夥伴」。

　　隨著明清社會經濟的發展，知識的普及，文學大眾化程度大大推進，包括話本小說在內的戲曲與小說也日益商品化，這類文化商品的生產者主要由作家和書坊承擔。「書坊要牟利，自然不能只靠炒冷飯，必須購刻新的小說來滿足讀者的需要，因此，書商願意與文人交往，參與讚助許多文化活動，有些文人也下海成了出版商。書商與文人協作刊印圖書，形成了書肆、書坊、編輯者的密切合作，吸引那些科考失利的文人也參與其中，有的乾脆以此謀生，這是商業刺激的結果。但無論如何，書坊物色小說作者，大量刊刻小說，對於推動通俗小說創作的繁榮，無疑產生了相當重要的作用，自然也爲擬話本小說的繁榮提供了一個契機。」〔註 56〕《二刻拍案驚奇》本爲作者「舒胸中磊塊」的「遊戲快意」之作，卻「爲書賈所偵，因以梓傳請。遂爲抄撮成編，得四十種」「意存勸誡」但也有娛世悅心功能之編，很快即刻印發行，取得了較好的市場效果。〔註 57〕

　　《初刻拍案驚奇・凡例》說凌氏在話本小說中引用的詩詞，「強半出自新構，間有採用舊者，取一時切景而及之」，雖說是「小說家舊例」，也說明他詩詞引用的自覺。而「二拍」中「除少數是根據舊本改寫或抄襲原文外，大部分是直接描寫明代的某些社會現象的，是凌濛初自己的創作」〔註 58〕。「雖然沒有直接材料證明馮與凌是否有過交往，但從二人相近的年齡、生活經歷、社會地位、思想趣味諸方面看，可知二人在精神上是相通的，而且彼此都對對方的作品予以肯定和推崇。正是自凌濛初開始，個人獨創的擬話本小說集在『三言』的導引下驟起蓬勃之勢。」〔註 59〕有學者指出，擬話本小說的創作，同作者社會地位的關係十分密切。這些作者多爲中下層文人，「他們大多一生落拓不得意，其寫作擬話本，既爲精神寄託或心理補償，又有爲生計的原因，可以說，創作動機兼具濟世之心與謀食之意」〔註 60〕。

〔註 56〕　宋若雲：《逡巡於雅俗之間：明末清初擬話本研究》，中國社會科學出版社，2006 年版，第 87 頁。
〔註 57〕　即空觀主人：《二刻拍案驚奇・小引》，參閱凌濛初著《初刻二刻拍案驚奇》，嶽麓書社，1988 年版，第 421 頁。
〔註 58〕　屠鴻生：《凌濛初與「二拍」》，《湖州師專學報》1985 年第 4 期，第 57 頁。
〔註 59〕　宋若雲：《逡巡於雅俗之間：明末清初擬話本研究》，中國社會科學出版社，2006 年版，第 76 頁。
〔註 60〕　宋若雲：《逡巡於雅俗之間：明末清初擬話本研究》，中國社會科學出版社，2006 年版，第 18 頁。

由於文人創作要轉化為商品，必須經過書坊主、書賈等中介，他們與這些中介有某種程度上的依賴性。天許齋《古今小說題辭》中有「本齋購得占今名人演義一百二十種，先以三之一為初刻」之話，正說明了文人與市場的間接聯繫。通俗小說利潤回報豐厚，書坊主看準市場，物色作者，購求佳作，刻印行世以牟利。綠天館主人《古今小說敘》云：「茂苑野史氏，家藏古今通俗小說甚富。因賈人之請，抽其可以嘉惠里耳者，凡四十種，畀為一刻。」即空觀主人為《拍案驚奇》作序時說：「獨龍子猶氏所輯《喻世》等諸言，頗存雅道，時著良規，一破今時陋習；而宋元舊種，亦被搜括殆盡。肆中人見其行世頗捷，意余當別有秘本，圖出而衡之。」可見，很多通俗小說的刻印，係由「肆中人」、「賈人」看到一些暢銷書「行世頗捷」而敦請家有藏書、「秘本」的通俗小說作家編創類似題材、文體等的作品，亦圖能達到暢銷牟利的目的。

身兼作家與書坊主雙重身份的凌濛初，直面市場，大膽創新，作為湖州私刻名家「閔版」的合作者，與閔氏合作推出朱墨套印及插圖設計來牟取厚利。如果合理運用，這當是一種以質取勝的正途。令人堪憂的是，為了牟利厚利，明代書坊主與外聘的文人學者甚至會任意改纂、翻刻「古書」，編纂輕鬆趣巧的小說故事集。顧炎武就批評那些近人選家校勘書籍時「據臆改之」，而萬曆年間，「人多好改革古書，人心之邪，風氣之變，自此而始」〔註61〕。在傳統社會文化市場管理尚處鬆懈之時，這種情況會隨著書籍刊刻市場的繁榮而加劇，但不忠於舊本，任意竄易，常常招致正直學人的斥責。清代著名版本學家黃蕘圃就批評「明人喜刻書，而又不肯守其舊，故所刻往往廢於古」〔註62〕，葉德輝對此則發出「明人刻書而書亡」〔註63〕之歎。

第二節　士商互許

士階層與商階層在相互接近時，既互相攻訐，又互相推許，並且在明清社會中不難看出二者之間的相互合作。具體言之，商人被士人稱為「慕義強

〔註61〕顧炎武著，黃汝成集釋：《日知錄集釋（全校本）》，上海：上海古籍出版社，2006年版，第1076頁。

〔註62〕黃蕘圃：《黃蕘圃書跋》。

〔註63〕葉德輝：《書林清話》卷7，「民國叢書」第二編，上海書店重印版，第18頁下。

仁」的代表，商賈的大義豪氣，使得士人稱贊商賈爲不負於農、不負於士的「良賈」、「義商」。由於士人切切於「以清望爲重」的道德救治，故被商賈推許爲社會的良心。士商互許的結果之一，是兩大階層共同努力，在社會大變動之際推進了民間秩序的重建。

一、「道援天下」：士人「曲終奏雅，歸於厚俗」之助

中國傳統文化有所謂「三不朽」之言，商賈在建立自己的完足的「意識形態」時，自覺到自己事業的成功多在「立功」樹德一方，而將「立言」樹德期待於士人。商賈以他們的「硬實力」、民間事功承擔社會責任與義務。士大夫以他們的「軟實力」、「巧實力」、政治權力承擔修齊治平理想。文人士大夫憂懼於世道人心的淪落，期待以一種合理方式收拾人心、整頓世道、澄化風俗。文人在創作中將正面人物作爲道德律條的化身，甚至用果報模式來證實，正顯示了他們的救世苦心。

（一）「隨意勸懲，百端鼓舞」：士人的風教關切

歷來的文學家均重視文學作品的教化功能，像《毛詩序》有「風，風也，教也；風以動之，教以化之」，「上以風化下，下以風刺上」，「故正得失，動天地，感鬼神，莫近於詩。先王是以經夫婦，成孝敬，厚人倫，美教化，移風俗」，還有「風之始也，所以風天下而正夫婦也，故用之鄉人焉，用之邦國焉」，等等，極言詩教的廣泛性，強調詩教化民成俗、經邦治國的倫理政治作用。

和中國文學史上的主流思想家一樣，明清文學家多相信「文以載道」，他們通過文藝作品的果報等道德說教來完成勸懲功能，希望以此轉換沈靡的世態，淳化人倫風俗。比如，李漁在作品中加進議論，是作爲生活專家的李漁的經驗之談，多爲說明就理的著實之論。學者認爲，「他相信所有文學都有內在的道德和教育價值。在這點上，他受儒家實用理論的影響，承認文學是這個基本概念的手段，用以達到政治的、社會的、道德的和教育的目的。但是李漁並非傳統意義上的道學家。雖然他認爲小說和戲曲可能在道德上起到一定效果，但不要求作者抱有道德說教的目的。相反，他關心作家的感覺和感情。因此，在廣義上說，李漁對感覺的重視與一些最雄辯的現代西方批評家相差無幾，這些西方批評家類似於中國的批評家，一般根據兩個基本設想中的一個判斷文學：純藝術的文學只對美學負責；比藝術有更多內含的文學要

對真理或道德負責，或二者兼顧。」〔註64〕

1. 「骨肉之間，昧己瞞心」

明清之際的話本小說日益強化了運用說教性濃烈的「得勝頭回」，再由此衍生與此相同相近或相反的說教性故事版本。這樣，在作者未寫正話之前，便已有定論「先入為主」，讓讀者帶著「結果」去讀（聽）故事。在意存勸誡的故事中，痛斥親情的異化，便是其重要表現。

「江東老蟬」繆荃孫在《醉醒石》序中指出，故事意在「隨意勸懲，百端鼓舞，使人向善悔過而生於不自知」。這種寄寓「勸懲」的思想，不僅顯著於序文，還屢見篇章之中。凌濛初在《二刻拍案驚奇》卷十二《硬勘案大儒爭閒氣　甘受刑俠女著芳名》開篇自表其心說：「看官聽說：從來說的書不過談些風月，述些異聞，圖個好聽；最有益的，論些世情，說些因果，等聽了的觸著心裏，把平日邪路念頭化將轉來。這個就是說書的一片道學心腸，卻從不曾講著道學。而今為甚麼說個不可有成心？只為人心最靈，專是那空虛的才有公道。一點成心入在肚裏，把好歹多錯認了，就是聖賢也要偏執起來，自以為是，卻不知事體竟不是這樣的了。道學的正派，莫如朱文公晦翁。讀書的人那一個不尊奉他，豈不是個大賢？只為成心上邊，也曾錯斷了事。」凌氏之前，旨在「曲終奏雅，歸於厚俗」的馮夢龍，也是時表此類「道學心腸」。他在《石點頭》（一名《五續今古奇觀》）序中說：「小說家推因及果，勸人作善，開清淨方便法門，能使頑夫倀子，積迷頓悟。此與高僧悟石何異？」將「勸懲」之意，寓於民間可信度較大、可愛性較高的果報循環故事中。

商業大潮中人們倫理觀念的異動，比如親情的異化，愛情的腐蝕，以及友情的侵蝕，多由於拜金主義的衝擊。在袁宏道《讀錢神論詩》有著較為顯著的表達：「閒來偶讀《錢神論》，始識人情今益古。古時孔方比阿兄，今日阿兄勝阿父。」顧炎武引用的「金令司天，錢神卓地，貪婪罔極，骨肉相殘」〔註65〕之言，均說明金錢的力量對傳統親情倫理的衝擊。簡言之，金錢不僅

〔註64〕〔美〕張春樹、駱雪倫著，王湘雲譯：《明清時代之社會經濟巨變與新文化——李漁時代的社會與文化及其現代性》，上海古籍出版社，2008 年版，第132 頁。

〔註65〕顧炎武：《天下郡國利病書》第九冊《鳳寧徽》第七十六頁，見《續修四庫全書》編纂委員會編：《續修四庫全書》第五九五《史部・地理類》，上海古籍出版社，1995 年版，第 130 頁。

使父母被遺棄而讓孝道異化，而且也讓兄弟相殘殺而使悌道異化。

世情冷暖隨金錢佔有與否及佔有多少而發生變化，人們崇禮趨奉的是財主，冷落的是「窮鬼」。《喻世明言》第四十卷《沈小霞相會出師表》聞氏故意對丈夫道：「常言道：『人面逐高低，世情看冷暖。』」《醒世恒言》第三十七卷《杜子春三入長安》老者對杜子春道：「俗語有云：『世情看冷暖，人面逐高低。』你當初有錢，是個財主，人自然趨奉你；今日無錢，是個窮鬼，便不禮你。又何怪哉！雖然如此，天不生無祿之人，地不長無根之草，難道你這般漢子，世間就沒個慷慨仗義的人周濟你的？只是你目下須得銀子幾何，之勾用度？」《初刻拍案驚奇》第十五卷《衛朝奉狠心盤貴產　陳秀才巧計賺原房》，寫陳秀才為還不出衛朝奉三百兩銀子，只好以價值三千兩銀子的一所房子來抵債。經此挫折，他希望能再挪借一筆錢，重新做人，而他的妻子馬氏說：「若挪借時，又是一個衛朝奉了；『世情看冷暖，人面逐高低。』見你這般時勢，那個朋友肯出銀與你結會？」作者借馬氏一席話透露了人世間的冷酷和勢利。《二刻拍案驚奇》卷十一《滿少卿饑附飽颺　焦文姬生仇死報》的滿生，到了鳳翔地方，遇著一天大雪，三日不休，「滿生阻住在飯店裏，一連幾日。店小二來討飯錢，還他不夠，連飯也不來了。想著自己是好人家子弟，胸藏學問，視功名如拾芥耳。一時未際，浪跡江湖，今受此窮途之苦，誰人曉得我是不遇時的公卿？此時若肯雪中送炭，真乃勝似錦上添花。爭奈世情看冷暖，望著那一個救我來？不覺放聲大哭」。當滿腹詩書解決不了眼前的吃飯問題，學問失去了尊嚴的時候，讀書人斯文掃地，顯得特別的無助、無奈、無能。

整個社會風氣如此，家庭內部也受到影響。《二刻拍案驚奇》卷四《青樓市探人蹤　紅花場假鬼鬧》中的張廩生與庶母幼弟為分家財，明爭暗鬥，甚至訟至公堂，勾結官府，用五百金賄賂當權者楊僉憲，想將那「鉅萬家事一人獨享」。這個被賄賂的楊僉憲在二弟死後，打算圖謀其家產：「二房好一分家當，不過留得這一個黃毛小廝，若斷送了他，這家當怕不是我一個的？」欲待暗地下手，「糾合強盜劫了他家」，幾乎都要得逞了。《十二樓》中《合影樓》的入贅「一門之婿」，為連襟的屠觀察與管提舉二人，「才情學術，都是一般，只有心性各別。管提舉古板執拘，是個道學先生；屠觀察跌蕩豪華，是個風流才子」。「這一對連襟、兩個姊妹，雖是嫡親瓜葛，只因好尚不同，互相貶駁，日復一日，就弄做仇家敵國一般。起先還是同居，到了岳丈

岳母死後，就把一宅分為兩院，凡是界限之處，都築了高牆，使彼此不能相見。」就連後園中的兩座水閣，也「不惜工費，在水底下立了石柱，水面上架了石板，也砌起一帶牆垣，分了彼此，使他眼光不能相射」。從此以後，這兩家「莫說男子與婦人終年不得謀面，就是男子與男子，一年之內也會不上一兩遭」。關係盡僵化到如此地步，姊妹親情竟成「仇家敵國」。《初刻拍案驚奇》卷三十三《張員外義撫螟蛉子　包龍圖智賺合同文》宋朝汴梁西關外義定坊居民劉天祥、天瑞兄弟，「嫡親數口兒，同家過活，不曾分另」。「不想遇著荒歉之歲，六料不收，上司發下明文，著居民分房減口，往他鄉外府趁熟。天祥與兄弟商議，便要遠行。」弟弟念哥哥年老，主動主張留下房產合同，自己出去，就到了山西潞州高平縣下馬村。「那邊正是豐稔年時，諸般買賣好做，就租個富戶人家的房子住下了」。可是，天瑞夫婦卻命喪他鄉，兒子安住認給富戶做義子，十五年後才扶父母靈柩回鄉。伯母楊氏女兒已贅過女婿，「滿心只要把家緣盡數與他，日夜防的是叔、嬸、侄兒回來。今見說叔嬸俱死，伯侄兩個又從不曾識認，可以欺騙得的。當時賺得文書到手，把來緊緊藏在身邊暗處，卻待等他再來纏時，與他白賴」，安住的合同文書被賺走，不但不允許其安葬父母，還將其棒打出門。作者認為「骨肉之間，如此昧己瞞心，最傷元氣」，所以他「奉戒世人，切不可為著區區財產，傷了天性之恩」。

《二刻拍案驚奇》卷十六《遲取券毛烈賴原錢　失還魂牙僧索剩命》中，盧州合江縣趙氏村富民毛烈「平日貪奸不義，一味欺心，設謀詐害。凡是人家有良田美宅，百計設法，直到得上手才住。掙得潑天也似人家，心裏不曾有一毫止足。看見人家略有些小釁隙，便在裏頭挑唆，於中取利，沒便宜不做事」。「與這毛烈十分相好」的昌州陳祈，也是個「狠心不守分之人」。陳祈雖有「好大家事」，卻有一母所生的三個兄弟，「年紀多幼小」，他「獨掌家事」，「時常恐兄弟每大來，這家事須四分分開，要趁權在他手之時做個計較，打些偏手，討些便宜」，擔心「小兄弟們漸漸長大，少不得要把家事四股分了」，而自己「枉替他們白做這幾時奴才，心不甘伏」，根本不將扶養未成年幼弟們當作應盡的義務，兄弟之間的親情異化到了勢同水火的程度。「『利』不過是一個客觀存在，利欲也只是一種古老的、普遍的衝動，並非商人所獨有。連孔老夫子也過：『富而可求，雖執鞭之士，吾亦為之。』意思是如果可以求得財富，市場的守門卒他老人家也願意幹。所以應受譴責的不刻是逐利行為本

身，而應是在謀利時採取的不正當的手段。事實上，在明清時代，隨著社會經濟的快速發展以及生活的愈加奢侈，拜金主義已經在整個社會盛行開來，逐利之風早已不止於商界。」在書香門第裏，「孝的觀念竟也未能抵擋住金錢的衝擊」。〔註66〕

　　親情之近者，無過於父母與子女之間，但這至親領域也受到衝擊。《初刻拍案驚奇》卷十三《趙六老舐犢喪殘生　張知縣誅梟成鐵案》開頭引發的一段議論，頗言孝道的異化：

> 　　話説人生極重的是那「孝」字，蓋因爲父母的，自乳哺三年，直盼到兒子長大，不知費盡了多少心力。又怕他三病四痛，日夜焦勞。又指望他聰明成器，時刻注意。撫摩鞠育，無所不至。《詩》云：「哀哀父母，生我劬勞。欲報之德，昊天罔極。」說到此處，就是臥冰、哭竹、扇枕溫衾，也難報答萬一。況乃錦衣玉食，歸之自己，擔饑受凍，委之二親，漫然視若路人，甚而等之仇敵，敗壞彝倫，滅絕天理，直狗彘之所不爲也！

這段從父母養育兒女不易的角度入手，以《詩經·小雅·蓼莪》中孝子觀念爲理想標準，以王祥臥冰求鯉、孟宗哭竹生筍、黃香溫衾扇枕的民間孝道故事爲現實榜樣，批評那些不養親事親「敗壞彝倫，滅絕天理」、「狗彘不如」的悖親行爲。故事中富戶趙六老嬌生慣養的兒子趙聰，接受一定教育、花空家產後，與有錢的妻子一齊過著小日子，對父母「要茶不茶，要飯不飯」，將母親虐待致死，又不買棺安葬。趙六老受不過債主逼迫，深夜去兒子房屋挖洞盜竊，被趙聰誤認作賊用斧頭砍死。

　　父子之愛爲至情，趙氏父子間竟然形同陌路，當六老爲禦寒多賒了一斤絲綿，無計還錢，就拿了一件夏衣，對兒子道：「一件衣服在此，你要便買了，不要時便當幾錢與我。」其實是委婉地提出要錢買東西的做法，卻被逼到以買賣相求的份上。趙聰道：「冬天買夏衣，正是那得閒錢補抓籬？放著這件衣服，日後怕不是我的，卻買他？也不買，也不當。」六老從兒子處討錢的想法暫時落空了。趙聰刻薄精明的妻子卻擔心六老「一定便將去解鋪中解了，日後一定沒了」，這種「生意」不如做了，「將來胡亂當他幾錢，不怕沒便宜」。趙聰這才重又回去，按妻子的意見給了四錢，還寫了一紙短押，上寫：「限五

―――――――――――――――――――――――――――

〔註66〕劉良明，劉方：《市井民風：〈二拍〉與民俗文化》，黑龍江人民出版社，2003年版，第20頁。

月沒。」六老看了短押，「紫脹了面皮，把紙扯得粉碎」，絕望地長歎一聲道：
「生前作了罪過，故令親子報應。天也！天也！」讀此一段，不能不令人感
到父子之間溫情脈脈的血緣親情，完全被冰冷的金錢交換關係所取代，而造
成這一切的全是因為讀過書的兒子的不屑，以及出身太守之家的兒媳的「恃
貴自高」、「慳吝」而又「慘刻」。在這兩個不屑之人身上，詩書之禮蕩然無存，
人間親情遽然遠離，觀之使人齒冷，讀之使人心寒，一毫不覺人倫之情、人
生之樂！

　　另外，《初刻拍案驚奇》卷三十八《占家財狠婿妒姪　廷親脈孝女藏兒》
中說元朝東平府富人劉從善，「有潑天也似家私」，只有一個女兒，入贅女婿
張郎為獨佔家私，想方設法趕走劉從善之姪，還意圖暗算身懷有孕的劉從善
之妾。《二刻拍案驚奇》卷二十六《懵教官愛女不受報　窮庠生助師得令終》
中作者說：「有一個教官做了一任回來，貧得徹骨，受了骨肉許多的氣；又虧
得做教官時一個門生之力，掙了一派後運，爭盡了氣，好結果了。正是：世
情看冷暖，人面逐高低，任是親兒女，還隨阿堵移。」教官高廣有三個女兒，
見父親「做了兩三任歸來，囊中也有四五百金寬些」，「曉得老子有些在身邊，
爭來親熱，一個賽一個的要好」。當他「索性把身邊所有盡數分與三家，等三
家輪供養了我」，這一分可不打緊，開頭還是「熱落」，後來就逐漸「厭倦」
起來：「那些女婿家裏未免有些厭倦起來，況且身邊無物，沒甚麼想頭了。就
是至親如女兒，心裏較前也懶了好些，說不得個推出門，卻是巴不得轉過別
家去了，眼前清淨几時。」

　　人類的情感應該是非常嚴肅的，尤其是父母與子女這種天然的血緣關
係，李漁在《十二樓》中就寫了一個買父買母的故事。財主尹小樓與妻子龐
氏只有一個獨生子，不料三四歲時失蹤，年過半百想過繼一個兒子，又擔心
招來一個貪財不孝之子，於是小樓到外地裝扮成窮人，賣身為父，想通過這
種方式找到一個孝順的繼子。還真有這樣一位善良後生姚繼用十六兩銀子買
下他做養父。適值元兵南下，盜賊蜂起，許多土賊乘機打劫，搶擄女子賣錢，
姚繼的未婚妻也被搶走。姚繼到一家出脫婦女的人行尋找妻子，亂兵將婦人
盛在布袋中發賣，不讓挑選，姚繼買回一個五十多歲的老婦，只得認了母親。
在老婦的指點下，姚繼終於買回了未婚妻。當姚繼帶著母親、妻子回家與養
父團聚時，原來養母就是養父的妻子，更巧的是姚繼就是尹小樓夫婦當年失
蹤的兒子。「兒子買回父母，且不說這種安排是否可信，作者確有將親情戲謔

化的傾向。」〔註67〕《連城璧》卷十一《重義奔喪奴僕好　貪財殞命子孫愚》中，無嗣的老人看透世情，竟視爲銀子爲兒子。他說：「銀子就是兒子了，天下的兒子那裏還有孝順似他的？要酒就是酒，要肉就是肉，不用心焦，不消催促，何等體心。他是我骨頭上掙出來的，也只當自家骨血。當初原教他同家過活，不忍分居，只因你那一日分家，我勸你留一分養老，你不肯聽，我回來也把他分做兩處，一個居左，一個居右，也教他們輪流供膳，且看是你家的孝順，我家的孝順？不想他們還替我爭氣，不曾把我熬瘦了，到如今還許我請人相陪，豈不是古今來第一個養老的孝子？不枉我當初苦掙他一場。」人們冷眼所見，銀子比兒子親，兒子不僅不「養老」而且形同陌路，冷酷勝於常人。這不能不令人歎息。

2. 「當此風俗，自然生出事體來」

　　情慾之私倒究是不是符合道德的善，中晚明以降的部分士人開始予以肯定，突破了宋明理學僵化的「滅人欲」的非人道取擇模式。但晚明士人對什麼類型的情慾之私才是合理的、適度的問題上卻存在欠謹慎的回答，晚明士人在泛化情慾之論的同時，也因取擇欠謹而帶來了濫情觀的流行。因此，在諸多意存勸懲的故事中，還有大力抨擊愛情的腐蝕的。

　　李漁在《合影樓》第一回《防奸盜刻意藏形　起情氛無心露影》開頭引詞之後，發了一番議論道：「天地間越禮犯分之事，件件可以消除，獨有男女相慕之情、枕席交歡之誼，只除非禁於未發之先。若到那男子婦人動了念頭之後，莫道家法無所施，官威不能攝，就使玉皇大帝下了誅夷之詔，閻羅天子出了緝獲的牌，山川草木盡作刀兵，日月星辰皆爲矢石，他總是拚了一死，定要去遂心了願。覺得此願不了，就活上幾千歲然後飛升，究竟是個鰥寡神仙；此心一遂，就死上一萬年不得轉世，也還是個風流鬼魅。到了這怨生慕死的地步，你說還有什麼法則可以防禦得他？」這段話正可看作社會上情慾觀新論，即主張不是遏制欲望而是疏導情慾。

　　當人們追求落向凡俗的幸福觀，即追求幸福生活多簡單化爲男女情愛之事的成功，夫妻生活的得諧魚水。那些要求生生世世相伴隨的超世的想法，亦打上了現世的色彩，不過是把現世拉長，其延伸部分正是現世的變相呈現。這其中當然邏輯地包含有「夫婦之愛的悲哀」，正在於這種愛有其極限，有其

〔註67〕傅承洲：《明清文人話本研究》，人民文學出版社，2008 年版，第 241 頁。

範圍，有其底限，即主要以生命爲限，以在世的性愛歡娛、洽切交融爲底限。《初刻拍案驚奇》卷三十二《喬兌換鬍子宣淫　顯報施臥師入定》中的「狄氏如此美豔，當此風俗，怎容他清清白白過世？自然生出事體來」，作者對狄生的必然出軌歸因於時風眾勢的不能免俗，而他又通過「換妻」心理活動論證這種風俗的普遍性：「誰知鐵生見了門氏也羨慕他，思量一網打盡，兩美俱備，方稱心願。因而兩人各有欺心，彼此交厚，共相結納。意思便把妻子大家兌用一用，也是情願的。」《初刻拍案驚奇》卷九《宣徽院仕女秋韆會　清安寺夫婦笑啼緣》將夫妻姻緣宿命化道：「話說人世婚姻前定，難以強求，不該是姻緣的，隨你用盡機謀，壞盡心術，到底沒收場。及至該是姻緣的，雖是被人扳障，受人離間，卻又散的弄出合來，死的弄出活來。從來傳奇小說上邊，如《倩女離魂》，活的弄出魂去，成了夫妻。如《崔護謁漿》，死的弄轉魂來，成了夫妻。奇奇怪怪，難以盡述。」這也是爲了故事的驚奇考慮，但難免會從側面爲婚外情進行開脫。

　　《連城璧》卷八《妻妾敗綱常　梅香完節操》中，「功名之念甚輕，子嗣之心極重」的江西秀士馬麟如有妻羅氏、妾莫氏、通房丫鬟碧蓮，只有莫氏生下一子。生子之年，麟如「生起一場大病」，「看看要絕命了」，就把妻、妾、通房都叫來託付宗祀。羅氏先開口：烈女不更二夫，何況是結髮夫妻。莫氏趕緊高聲揚言：「你不生不育的，尚且肯守，難道我生育過的，反丟了自家骨血，去嫁別人不成？從古來只有守寡的妻妾，那有守寡的梅香？我們三個之中，只有碧蓮去得。相公若有差池，尋一分人家，打發他去，我們兩個生是馬家人，死是馬家鬼，沒有第二句說話。」碧蓮「竟低頭屏氣，寂然無聲」，說出的話只讓麟如覺得「雖然說他老實，卻也怪他無情」。後來得到丈夫他鄉客死，妻、妾均各自打起「別抱琵琶」的小算盤，當初言之鑿鑿、信誓旦旦的貞節宣言，完全成了一紙道德空文。羅氏護緊私房，不肯出資將丈夫屍骨裝回。後來不得已，妻妾二人才湊出一半費用，硬讓碧蓮也拿出另一半費用。羅氏的打算是，先嫁碧蓮，再嫁莫氏，然後將兩人的身價湊成自己的妝奩，那樣就可以坐產招夫，或挾資往嫁了。莫氏爲另選夫君，竟嫌棄親生兒子是個拖累，「不是咒，就是打」，「忽將掌上之珠，變作眼中之刺」，連一點親情味兒都沒有了。相比而言，碧蓮當初的發言卻明顯透露出強烈的譏諷之意：「我的話不消自己答應，方才大娘、二娘都替我說過了，做婢妾的人比結髮夫妻不同，只有守寡的妻妾，沒有守寡的梅香。若是孤兒沒人照管，

要撫養他成人，替相公延一條血脈，我自然不該去；如今大娘也要守他，二娘也要守他，他的母親多不過，那希罕我這個養娘？若是相公百年以後，沒人替你守節，或者要我做個看家狗，逢時遇節燒一分紙錢與你，我也不該去；如今大娘也要守寡，二娘也要守寡，馬家有甚麼大風水，一時就出得三個節婦？如今但憑二位主母，要留我在家服事，我也不想出門；若還愁吃飯的多，要打發我去，我也不敢賴在家中。總來做丫鬟的人，沒有甚麼關係，失節也無損於己，守節也無益於人，只好聽其自然罷了。」說出這麼冷靜、憤激甚至有些「無情」之言的「梅香」，竟「守節撫孤」，在妻、妾各自「別抱琵琶」之時，獨立守節，孤苦撫幼，看似「愚忠」地為馬家撫育並非己出的「獨苗」。

明清小說對貞節問題處理的特出之點，其一即「男人的不貞」現象，成為關注的中心問題之一。從「男人的不貞」質疑傳統貞節觀念。商人中男性居絕大多數，通過對其養外宅、宿娼狎妓、多妻多妾等淫濫生活的描寫，開始質疑其所持守的傳統倫理觀之合理性。傳統倫理價值觀念受到衝擊，並開始出現鬆動，進而異動，終至於走出中世紀而具有了近代性特徵。《喻世明言》第一卷《蔣興哥重會珍珠衫》商人蔣興哥結婚數年後「決意要行，瞞過了渾家，在外面暗暗收拾行李。揀了個上吉的日期，五日前方對渾家說知」，走前留了一個老成的家人並兩個丫頭，「分付停當了」，還特意囑咐渾家王三巧兒：「娘子耐心度日。地方輕薄子弟不少，你又生得美貌，莫在門前窺瞰，招風攬火。」顯得格外得不放心。他的擔心並不是不必要的，他「停當分付」，在來此地經商的徽州新安縣人「生得一表人物」的陳商的強勢進攻下，「排成竊玉偷香陣」，終使王三巧兒落入陣中，連兩年時間也沒能守得住。當得知妻子失節的興哥「急急的趕到家鄉，望見了自家門首，不覺墮下淚來」，因為他想起：「當初夫妻何等恩愛，只為我貪著蠅頭微利，撇他少年守寡，弄出這場醜來，如今悔之何及！」當初三巧兒在曠守難奈之時被薛婆的攻心戰術擊潰心理防線。行商做客，在外難免「朝歡暮樂」，讓她不由心裏生疑，將丈夫與薛婆所謂「把客當家，把家當客」、「那一處沒有風花雪月」的「走江湖的」、「做客的」歸為一類，為彌補自己空閨難守的孤寂，尋求心理平衡，她終於「低頭不語」，在薛婆設計的奸局中「將錯就錯」。

3.「朝兄弟，暮仇敵」

在小說作者看來，中國先秦時期的商人管夷吾、鮑叔牙樹立了商賈的朋

友交誼的理想：「他兩個同爲商賈，得利均分。時管夷吾多取其利，叔牙不以爲貪，知其貧也，後來管夷吾被囚，叔牙脫之，薦爲齊相。這樣朋友，才是個眞正相知。」以此指斥社會轉型期朋友倫理的異化。《警世通言》第一卷《俞伯牙摔琴謝知音》開頭即點出「交道奸如鬼」的晚明現實。《喻世明言》第八卷《吳保安棄家贖友》開頭引詩說「今人結交惟結面」，「一關微利己交惡」，指斥末世人心的「險薄」：「平時酒杯往來，如兄若弟；一遇虱大的事，才有些利害相關，便爾我不相顧了。眞個是：酒肉弟兄千個有，落難之中無一人。還有朝兄弟，暮仇敵，才放下酒杯，出門便彎弓相向的。」這段議論，揭露了友情的變質。

《拂雲樓》中的段玉初與郁子昌本爲朋友，但他們之間缺乏眞摯的友情，絲毫不見朋友間應有的同情、憐憫、撫助與共鳴。在郁子昌愛妻病死、夫妻長年相思而終不得一見時，段玉初不去全力安慰老友，卻在事不關己地慶幸自己夫妻團聚。段玉初似乎被抽掉眞實的人間眞情，小人得志而幸災樂禍的情境宛然。

《初刻拍案驚奇》卷十五《衛朝奉狠心盤貴產　陳秀才巧計賺原房》中所言的賈秀才強義好俠式的人物，在士人中並不多見：「說杭州府有一賈秀才，名實，家私鉅萬，心靈機巧，豪俠好義，專好結識那一班有義氣的朋友。若是朋友中有那未娶妻的，家貧乏聘，他便捐資助其完配；有那負債還不起的，他便替人賠償。又且路見不平，專要與那瞞心昧己的人作對。假若有人恃強，他便出奇計以勝之。種種快事，未可枚舉。」

秀才本應以儒行、儒業名世，而一味渲染其鉅萬家私、豪俠之行，確實有點「角色模糊」，說明作家在創作時希望一解「百無一用是書生」的鬱結。可以假想，賈秀才的義舉若離開他的「家私鉅萬」，是絕對不可能實現的。抑強扶弱，歷來都需要一定的「本錢」：或者本具勇武之魄，或者擁權勢豪富之力，總之是自己並非弱者。「君子之交淡如水，小人之交甘若醴。」這種被儒者一再高揚的道義之交，幾乎只能存在於不遭遇重大災厄、能維持基本生存需要的境遇下，它主要是一種精神交往。在朋友間的物質交往上，往往需要一定的財力、物力、人力甚至權力，才能贊友之需，助友脫困。

《醉醒石》第六回《高材生傲世失原形　義氣友念孤分半俸》回末議論到：「古今才士，不爲少矣，而變虎者，曾未之聞，乃竟以傲放一念致之。世之非才士者，僥倖一第，便爾凌轢同儕，暴虐士庶，上藐千古，下輕來世；

其又不知當變爲何物耶！至於李儼，以異類之所託，而不負約言，分俸贍子，其視貧賤之交，漠不一顧，死亡之際，視若路人，其賢不肖又何如耶？」

在士商交往過程，鄰里之情也發生部分變質。《三與樓》中的虞素臣，因熱衷建園建樓，家道中落，終於被富翁鄰居唐玉川乘機謀產。在賣園賣樓後，虞素臣雖獨居一樓，卻終於能達觀超脫，自在享受與人與爲徒、與古爲徒、與天爲徒的「三與」境界。

李漁最常講報應，也不時在小說引發一通精闢的議論。《肉蒲團》開篇點出：「近日的人情，怕講聖經賢傳，喜看淫邪誕妄之書。」在他的這些「隨意插入」的議論，頗不乏以俗世商潮的話語來解釋。比如，在《三與樓》中敘述虞素臣賣樓道：「誰想古人的言語再說不差：善惡到頭終有報，只爭來早與來遲。這兩句說話，雖在人口頭，卻不曾留心玩味。若還報得遲的也與報得早的一樣，豈不難爲了等待之人？要曉得報應的遲早，就與放債取利一般，早取一日，少取一日的子錢；多放一年，多生一年的利息。你望報之心愈急，他偏不與你銷繳，竟像沒有報應的一般。等你望得心灰意懶，丟在肚皮外面，他倒忽然報應起來，猶如多年的冷債，主人都忘記了，平空白地送上門來，又有非常的利息，豈不比那現討現得的更加爽快！」

（二）「掾吏之中」自有「仁人君子」：澄汰吏治士風

商人希望黑暗官場中有以改善，他們渴望廉吏清官出來澄汰吏治士風，他們將希望寄託在注重清望修養的士大夫身上。

小說家筆下的那些廉明官吏，不少確實能真正解救小民於水火。《初刻拍案驚奇》卷二十七《顧阿秀喜舍檀那物　崔俊臣巧會芙蓉屏》中，退居御史高納麟和監察御史薛溥化，查清並懲辦了劫人盜賊，將離散夫妻幸福團圓。《二刻拍案驚奇》卷七《呂使君情媾宦家妻　吳太守義配儒門女》中的綿州太守吳仲廣，慷慨解囊，爲誤入樂籍的宦家之女脫籍，並助其美滿擇偶。顧芳作爲低級僚吏，爲民請命，多方脫誣；義辭非姻，顧全名節：「他家不幸遭難，我爲平日往來，出力救他。今他把女兒謝我，我若貪了女色，是乘人危處，逐我歡心，與那海賊指扳、應捕搶攎肚腸有何兩樣？顧某雖是小小前程，若壞了行止，永遠不吉！」被上級官員稱贊道：「不道掾吏之中，卻有此等仁人君子！」

公案文學中的清廉官員則以雷厲風行，徹查無頭案，推翻前任如山鐵案，使沉冤得雪，等等面目出現。

　　《初刻拍案驚奇》卷三十三《張員外義撫螟蛉子　包龍圖智賺合同文》中的清官包拯，「智賺合同文」，使沈案澄清。《二刻拍案驚奇》卷二十八《程朝奉單遇無頭婦　王通判雙雪不明冤》中，徽州府王通判，查清了兩樁無頭冤案，被「傳爲美談」。

　　當然，現實社會中常常有著不那麼令人滿意之處。底層小民，甚至包括一般商賈及底層士人，都渴望吏治清明，公道自在民間。

　　文人掌握著話語權，他們筆下常常有些似乎極端的形象，由於對民間正義力量的過份想像，有時甚至不惜藉重於「劫富濟貧」、「仗義疏財」的綠林、俠義之士。

　　比如，《初刻拍案驚奇》卷四《程元玉店肆代償錢　十一娘雲岡縱譚俠》的俠女韋十一娘，將那些爲官不清、爲富不仁、害民誤國之流，列爲「吾術所必誅者」之類。《初刻拍案驚奇》卷八《烏將軍一飯必酬　陳大郎三人重會》中，作者說：「倒不如《水滸傳》上說的人，每每自稱好漢英雄，偏要在綠林中掙氣，做出世人難到的事出來。蓋爲這綠林中也有一貧無奈，藉此棲身的。也有爲義氣上殺了人，藉此躲難的。也有朝廷不用，淪落江湖，因而結聚的。雖然只是歹人多，其間仗義疏財的，到也盡有。當年趙禮讓肥，反得栗米之贈；張齊賢遇盜，更多金帛之遺；都是古人實事。」《二刻拍案驚奇》卷三十九《神偷寄興一枝梅　俠盜慣行三昧戲》中的義賊懶龍，「雖是個賊，煞是有義氣」，「不肯淫人家婦女，不入良善與患難之家，與人說了話，再不失信。亦且仗義疏財，偷來東西隨手撒與貧窮負極之人。最要薅惱那慳吝財主、無義富人」。

二、「慕義強仁」：商人的公義之舉

　　清醒的士人在抨擊士人沉淪不振的同時，以一種反撥的形式頌揚商賈「慕義強仁」之舉，通過撰序諛墓等形式，樹立商賈精神的公義形象。士商共同推進了民間公益活動，這種合作當然正以相互推許爲重要前提。士商共同倡議，博施於民，並廣開財路（包括士商合夥做生意），將賑災救難的經濟扶助、興辦學校等地方教育之責以及民間政治秩序的中流砥柱作用，承擔起來。

（一）「富而仁義附焉」：商業救助作為社會重要的「穩定閥」

　　傳統農業社會中，農業是國本，百姓靠天吃飯，碰到瘟疫流行、自然災

害及戰亂兵燹等天災人禍，生活在底層的農民以及城鎮的市井小民，常因此而流離失所、背井離鄉，甚至庚斃道路，客死異鄉。即便是風調雨順，底層民眾也常會有助學扶孤的渴求。因此，賑災救難方面的經濟扶助成為民間社會的重要穩定閥。

商人在饒有餘資時，時常會有回報社會之舉，常見的是興辦義學、築橋修路以及救濟災荒等方面。從大量徽州族譜可知，徽商經商致富後，不見人熱心慈善活動。比如，休寧汪商，「濟饑餒以粥，掩暴骼以棺，還券以慰逋負，散財以給窘乏。至於修道路、造亭橋，諸所善果靡不仗義為之，不少吝」〔註68〕，這也為他們帶來較高的聲譽：「郡中多賢豪為名高第，於所傳之非董董於財役，要以利為德於當世，富而仁義附焉。」〔註69〕

為了眼前救急，應付突發事件，必須大量的人力、物力，需要士商之間的密切合作。其次，為了家族內部甚至是僑寓之地的長期穩定，也需要民間的甚至半官方的士商合作。商人在其中的主動性是明顯的，因為「參與地方公共工程，致力於社會文化、福利事業是商人體現自己價值、顯示自己能力的途徑。……商人對此類活動的積極參與，可以理解為奉行某種信念，受某種觀念支配、驅使的結果，但同時也不妨視為一種策略，即通過對公共工程與社會文化、福利事業的參與，獲得社會認同，克服因意識形態原因而導致的與主流社會的疏離，改變自身在社會文化生活中的失語狀態」〔註70〕。

據康熙《徽州府志》卷十五《尚義》載，明代歙縣商人汪泰護，「嘗賈毗陵，值歲祲，出谷大賑；後里饑，輸粟六百石，郡守李公申請賜建義坊」。明代徽商佘文義「好義如饑渴」，「構義屋數十楹，買田百二十畝，擇族一人領其儲，人日餔粟一升，矜寡廢疾者倍之。豐年散其餘，無年益貸補乏，歲終給衣絮。又廢地二十畝，作五音冢於岩溪之塢，聽鄉里之死者歸葬焉。構石梁於文兒山側，濟病涉者」〔註71〕。佘商的義行多端，而自己「不好華靡，布袍芒履」，「置義田以養族之不給者，義屋以居之無廬者，義塾以教族之知

〔註68〕休寧《方塘汪氏宗譜・周德堂記》。
〔註69〕休寧《西門汪氏大公房揮僉公支譜》卷4，《明威將軍南昌衛指揮僉事新公墓表》。
〔註70〕肖永明：《商人對書院發展的推動及其動機探析》，《大學教育科學》2005年第1期，第74頁。
〔註71〕張海鵬，王廷元主編：《明清徽商資料選編》，黃山書社，1985年版，第303頁。

學者。又市隙地數十畝爲義冢，以安鄉人之不克葬者，所費不啻萬緡。捐四千金建石橋以固水口，以利行人，年輸八十而行義不衰」〔註72〕。他的事跡被載入嘉靖《徽州府志》的「質行」篇。當時的郡太守「請與賓飲」，爲其親題門匾「范蔡遺風」，稱贊他富行其德。

　　元明之際的富商沈萬三，是明人炫富誇奢的代表，嘉靖時的蘇州舉人黃省曾指出：「自沉萬三秀好廣闢田宅，富累金玉，競以求富爲務。書生惟藉進身爲殖生階梯，鮮與國家效忠。」〔註73〕讀書人通過科舉爲經商開闢道路，實際上即是「以仕爲賈」，也恰好說明政治權利與經濟利益之間的密切關係。這種情形在明清之際幾乎成爲常見的社會現象。

（二）「富而教不可緩」：商人興盛文教之舉

　　明清社會一般的共識是，「四民之中，士居其首，讀書立身，勝於他務也」〔註74〕。商人雖然已經取得獨立自足的「意識形態」，但主流社會價值觀仍然是「讀書立身」。「欲把名聲充宇內，先將膏澤布人間」，當商人的自覺自識與社會主流價值觀念相融合時，便促成一大批成功商賈投身於文教興盛的事業之中。梁啓超曾指出商業興盛有利於文化事業的發展，他說：「陽翟大賈呂不韋至能召集門客，著《呂氏春秋》，蓋商業之盛，通爲學術思想之媒介者，亦不少焉。」〔註75〕商人捐助府學、縣學，創辦書院、私塾、義學，「自井邑田野，遠山深谷，居民之處，莫不有師有學，有書史之藏」〔註76〕，推進了教育的普及工作，興起了一大批人才，發展了地方教育事業。

　　首先，商賈注重子女教育，不惜花重金延名師課子讀書，承繼了孔門「富而後教」的旨趣。明代萬曆年間，「以業浙鹺，家頗饒裕」的歙商鮑柏庭，「其教子也以義方，延名師購書籍不惜多金。嘗曰：『富而教不可緩也，徒積資財何益乎！』」〔註77〕嘉靖萬曆年間的歙人許文穆，兒時，即好讀書，但父親卻不支持，認爲「書足以記姓名而已，安用苦學？」於是，他便「棄去而從家

〔註72〕 張海鵬，王廷元主編：《明清徽商資料選編》，黃山書社，1985年版，第304頁。

〔註73〕 黃省曾：《吳風錄》。

〔註74〕 《明經胡氏龍井派祠規》，《明經胡氏龍井派宗譜》卷1，轉引自趙華富著《徽州宗族族規家法》。

〔註75〕 《飲冰室文集》卷二。

〔註76〕 道光《休寧縣志》傳卷四。

〔註77〕 《歙縣新館鮑氏著存堂祠譜》卷二。

人間生產」，後來嘉善鄉里，「至於創宗祠，修統譜，講鄉約，興義倉，雖勞且費不惜也。……塾延名師，日程督諸子，令諸子以次進。問所授書，各復說其大義以為常」。〔註78〕

　　商賈因科舉淹蹇、家道消乏等種種原因未能優入仕途者，往往更希望在子孫輩身上實現這一願望，來光耀門楣。就像休寧商人汪可訓因「不得志」而「輟帖括」，經商成功後，延師課子，訓誡其子究心舉業說「此余未究之業也，爾小子容一日緩乎」？〔註79〕歙商江憎，「未為儒，去而從賈，非其志也」，後來經商成功後，「尤專意程督諸子修儒術，延師課業不遺餘力」。〔註80〕

　　其次，對兄弟中的貧寒子侄輩，他們也分產助學。清末婺源商人洪志學，「服賈，勇於為善」，「堂弟志仁幼時家貧，幾廢學，助之膏火貲，遂領鄉薦」。〔註81〕清代休寧和村鹽商吳國錦，資助貧寒的「諸從子」，「擇其俊秀者，助以束脩膏火之費，使竟其學」。〔註82〕

　　重視關切家族內部事務的一體之仁，是義商廉賈的重要特徵之一。像歙縣黃氏就認為，「族人乃一本所生，彼辱則吾辱，當委曲庇覆，勿使失所，切不可視為途人，以忝吾祖」〔註83〕。明代歙縣商人佘文義「操奇贏，辛勤以振其家」，一輩子「行義不衰」，「（置）義塾以教族之知學者」。〔註84〕清代歙商鮑漱芳，祁門商人胡天祿熱心桑梓鄉邦的公益事業，「族之婚者、嫁者、喪者、葬者、嫠婦無依者、貧民無告者，一一賑給」〔註85〕。歙縣潭渡黃氏家族還用《家訓》這一民間規約，規定「子姓十五以上，資質穎敏，苦志讀書者，眾加獎勸，量佐其筆箚膏火之費，另設義學以教宗黨貧乏子弟」，這樣就為子弟教育提供了制度保障。〔註86〕明代祁門商人胡天祿，因「操奇贏，家遂豐」，於是「輸田三百畝為義田，請縉紳先生序之，訂為條例。蒸嘗無缺，塾教有賴，學成有資。族之婚者、嫁者、喪者、葬者、嫠婦無依者、窮民無

〔註78〕 《許文穆公集》卷 13《世積公行狀》。
〔註79〕 《休寧西門汪氏宗譜》卷六《太學可訓公傳》。
〔註80〕 隆慶刻本《歙縣溪南江氏族譜・故處士沙南江公墓誌銘》。
〔註81〕 光緒《婺源縣志》卷 33《人物十・義行六》。
〔註82〕 嘉慶《休寧縣志》卷 14《人物・孝友》。
〔註83〕 雍正《歙縣潭渡孝里黃氏族譜》卷四《潭渡孝里黃氏家訓・親睦》。
〔註84〕 張海鵬，王廷元主編：《明清徽商資料選編》，黃山書社，1985 年版，第 304頁。
〔註85〕 民國《歙縣志》卷九《人物志・義行》。
〔註86〕 黃雲豹：《歙縣潭渡黃氏族譜・家訓》，雍正九年刻本。

告者一一賑給」〔註 87〕。據嘉慶《黟縣志》，商人舒大信「經商江右」，熱心文教，多扶教助學的義舉，嘗「修東山道院，旁置屋十餘楹，爲族人讀書地。邑議建書院，大信捐二千四百金助之」〔註 88〕。康熙年間歙人章煒，「好學能詩」，讓腴田於兄長助其「矢志讀書」。當「邑建文峰、族修家廟，皆首倡以董其成」。〔註 89〕乾隆年間，兩淮鹽商曾出資修復徽州紫陽書院，全德在記載其事時還談到歙縣書院說：「歙在山谷間，墾田蓋寡，處者以學，行者以商。學之地自府、縣學外，多聚於書院。書院凡數十，以紫陽爲大。商之地，海內無不至，以業鹽於兩淮者爲著，其大較也……蓋嘗論及大之郡邑，小之鄉曲，非學，俗何以成？非財，人何以聚？既立之師，則必葺其舍宇，具其齋糧，及夫釋菜之祭、束脩之禮，是不可以力耕得之也。」〔註 90〕許承堯在《歙事閒譚》中還記載了歙籍商人汪應庚，說他「行誼已超江、鮑諸商之上」，惜乎名幾不傳，事僅見於《淮海英靈集》。汪商不僅輸粟賑災，捐銀療疾，賑濟千萬災民，特授光祿少卿，而且還頗重文教扶持，「嘗出五萬餘金，建府縣學宮，以二千餘金製祭器、樂器。又出萬三千金購腴田，歸諸學，以所入供歲修。又助鄉比士資斧，至今永著爲例，士人稱爲汪項」〔註 91〕。將資助科舉士子路費形成一種制度，這種貢獻可謂大矣。

商人們在鄉邑廣置包括義田、祭田、祠田、學田等名目的族田，作爲家族的公共財產，「除了爲祭掃祠墓、迎神賽會、增修族譜提供費用，爲贍濟貧族、解決其衣食之困外，還有一個重要的用項，便是資助開辦義塾，解決族人子弟的筆墨膏火之資，並爲族中優異子弟提供科舉應試的費用」〔註 92〕。再以族田爲基礎，興辦族塾、義學，比如清代潭渡孝里黃氏宗族，就從祠產中「開支修脯，敦請明師，開設蒙學，教育各堂無力讀書子弟」〔註 93〕。像清歙縣茶商吳景松，就「斥萬金購市屋七所，收其租直以資族中子弟讀書」〔註 94〕，也是一種重要的資助方式。族產設置與族學興辦，普及了教育，傳

〔註 87〕 康熙《祁門縣志》卷 4《孝義》。

〔註 88〕 嘉慶《黟縣志》卷七《人物志・尚義》。

〔註 89〕 績溪《西關章氏族譜》卷 24。

〔註 90〕 全德：《紫陽書院記》，道光《徽州府志》卷三。

〔註 91〕 許承堯：《歙事閒譚》卷十三《汪上章事略》，黃山書社，2001 年版，第 454 頁。

〔註 92〕 宋元強：《徽商與清代狀元》，《中國社會科學院研究生院學報》1993 年第 3 期，第 55 頁。

〔註 93〕 康熙《徽州府志》卷十；黃玄豹：《潭渡黃氏族譜》卷六。

〔註 94〕 民國《歙縣志》卷 9《人物志・義行》。

播了儒學思想，從源頭上提高了商賈隊伍的文化水平，總體上對當地人文之
盛起著十分重要的作用。

　　再次，商賈不僅重視子弟教育，從公共層次講，商賈還重視家族內部子
弟的教育，以及鄉邑與僑寓之地書院的興修。

　　在家族內部與僑寓之地的興教活動中，由那些學而不仕、居鄉官員充任
塾師，商賈出資興辦校址、學塾、書院。其中，由於「書院作為擔負儒學創
造、傳播、積累功能的文化教育機構，它本身又是一種極具象徵意義的文化
符號，是儒學的象徵物。商人創建、興復、捐助書院的舉措也就表明了自身
尊崇儒學、認同儒學價值觀念的態度，顯示出商人與作為主流意識形態的儒
學的親近關係。通過書院這一象徵物，商人可以強化與儒家文化的聯繫而淡
化其原有的社會身份」〔註95〕。商人熱衷於書院的修復、捐建，將經濟資本
向政治資本、文化資本的轉換，「這種資本轉換，對於許多商人，特別是許多
一度專攻舉業而最終因種種原因被迫棄儒從賈者而言，無疑是一種巨大的心
理補償與慰藉」。〔註96〕

　　商人在僑寓之地興辦地方教育之事，記載頗多。據康熙《徽州府志》卷
十五《尚義》載，明代祁門商人馬祿，長年經商於常州，嘉靖三十七年，「縣
修儒學，祿自投牒輸金三百以佐其費」。婺源商人詹文錫，「承父命至蜀，重
慶界涪合處有險道，曰驚夢灘，捐數千金，鑿山開之，舟陸皆便。當事嘉其
行為，勒石曰詹商嶺」〔註97〕。據劉汝驥的《陶甓公牘》載，清末婺源商人
曾不惜重金，一起發起、讚助各種公益活動和慈善組織：「婺邑社會，有以一
邑為範圍者，有以一鄉一村為範圍者。紫陽學社目的在輔助官治，文廟燈會
目的在莊嚴祀事，勸學所目的在普及教育，自治研究所目的在討論公益，物
產分會目的在宏獎實業，統計分會目的在調查庶物，不纏足會目的在改良閨
範，皆以一邑為範圍者也。城鄉之集善局以慈善為目的，水龍會、水籌會以
拯水災為目的，各鄉文會以觀摩文藝為目的，青苗會以保護農林為目的，橋
會、路會以便行人、備水患為目的，皆以一鄉一村為範圍者也。」身為徽州
知府的劉汝驥說：「婺事之有秩序者，以城鄉集善局為最。發起人捐資提倡，

〔註95〕　肖永明：《商人對書院發展的推動及其動機探析》，《大學教育科學》2005年第
　　　　　1期，第74頁。
〔註96〕　肖永明：《商人對書院發展的推動及其動機探析》，《大學教育科學》2005年第
　　　　　1期，第74頁。
〔註97〕　光緒《婺源縣志》卷二八《人物志·孝友》。

讚助人協力維持。手續幾經，規模乃具。其助育嬰、種牛痘、收字紙、救火災、施棺木，種種慈善之舉，皆能按序實行。」他將士商一起組織的這些慈善活動，合理地視爲民間社會秩序的重要維繫者。

當然，士商共同致力於當地文教事業，當然主要是希望能興起科舉人才，間接地躋身仕途。爲了倡學，歙縣東門《許氏家規》特意規定：「凡遇族人子弟肄習舉業，其聰明俊偉而迫於貧者，厚加作興；始於五服之親，以至於人之殷富者。每月給以燈油、筆箚之類，量力而助之，委曲以處之，族人斯文又從而誘掖獎勸之，庶其人之有成，亦且有光於祖也。」〔註98〕徽州《明涇胡氏龍井派宗譜》也有相應的扶助及獎勵規定：「凡攻舉子業者，歲四仲月，請齊集會館會課。祠內供給赴會。無文者罰銀二錢，當日不交卷者罰一錢。祠內託人批閱。其學成名立者，賞入泮賀銀一兩，補廩賀銀一兩，出貢賀銀五兩，登科賀銀五十兩，仍爲建豎旌匾，甲第以上加倍。至若省試盤費頗繁，貧士或艱於資斧，每當賓興之年，各名給元銀二兩，仍設酌爲餞榮行。有科舉者全給，錄遺者先給一半，俟入棘闈，然後補足。會試者每人給盤費十兩。爲父兄者幸有可選子弟，毋令輕易廢棄。蓋四民之中，士居其首，讀書立身勝於他務也。」〔註99〕他們之所以對讀書士子進行物質扶助和精神獎勵，「很明顯，這是爲了便於本族子弟在科場中競奔，使其更有機會進入封建官僚階層。而他們一旦仕途得志，又會反轉來爲本族族眾增添無尚榮耀和提供政治保障」〔註100〕。

三、「激昂大義，蹈死不顧」：士商的共同努力以化民成俗

商人通過「盛館舍以廣招賓客，擴祠宇以敬宗睦族，立牌坊以傳世顯榮」等修祠、建坊、舉辦義學之類的方式，表達對家族的一種責任，追求一種獨特的光宗耀祖的模式。這其間當然離不開背後士大夫的作用，士商之間的民間合作，除了爲了解決經濟困境、推進地方文化教育事業外，主要還表現在共同推進的民間政治活動上。

首先，士商一齊嚴忠奸之分，肅君子小人之別。

反對權奸閹黨勢力，是明末士商推進民間政治活動的重要內容之一。據

〔註98〕《古歙城東許氏家譜》卷7《許氏家規》。
〔註99〕胡鍾毓：《明涇胡氏龍井派宗譜》卷首《祠規》。
〔註100〕宋元強：《徽商與清代狀元》，《中國社會科學院研究生院學報》1993 年第 3 期，第 56 頁。

俞樾《薈蕞編》卷十《吳憲》可知，徽商吳憲在杭州士民反抗魏忠賢生祠建立活動過程中，發揮著重要的推動作用：「方熹宗朝，諸郡爭爲魏忠賢建生祠，而杭州之祠巍然與紫陽書院相逼處，其黨謀取書院地，更拓而大之。憲聞，令長子瑗招同學諸生數百人，會祠下，瑗慷慨曰：『鸞鳳不與鷗鴉同巢，麒麟不與狐狸同野，今日是矣。』諸生皆慟哭。既發憤，爭門而入，守者不得禦，則更指忠賢像大罵，罵已，則共擊碎之，投溷中，盡撤其祠，書院賴以不動。閹黨以憲名聞。時方起大獄，因羅織之，主者構憲，廷訊不服，即逮京師詔獄。少子炎從行，將以身殉父也。明年忠賢伏誅，事得白，放歸。」

明末抵抗稅監、礦監的運動，大多是由士子與其他商民共同促進的。蘇州周順昌被捕，五人奮起於平民百姓間，爲周順昌鳴不平，結果不屈而死。張溥在五人墓前，「扼腕墓道，發其志士之悲哉」，哀痛五人墓只是塊無字石，便寫下了著名的《五人墓碑記》。文中贊揚五人「激昂大義，蹈死不顧」，這也是他自己的寫照。關於士商之間的合作，余先生認爲包括政治支持、民間社會與文化事業的開拓等方面。像葛成倡義事件中，「四方商賈之慕義者，釀百金遺之」，並「歸而尸祝之，祠於江淮之間」，尊葛成爲「將軍」，說明晚明「士」與「商」「不但在社會背景方面混而難分，而且還在政治上同樣受到以宦官爲代表的專制皇權的高壓，因此互相支持之事往往有之。這是中國史上前所未有的新現象，可見 16 世紀社會變動的幅度之大」。〔註 101〕不過，士商聯手所做的事，主要不是與皇權政治對抗，而是「長期在民間開拓社會和文化的空間」，「舉凡建宗祠、修宗譜、建書院、設義塾、刊行圖書之類的民間事業都是士與商共同爲之，缺一不可」。〔註 102〕

其次，士商共同弘揚氣節，高倡潔行。

在家庭內部和鄉邑之間，提倡德行義舉，有利於合乎古禮的鄉俗形成。明經胡氏說：「仁人正誼不謀利，儒者重義而輕財。然仁愛先以親親，孝友終於任恤。……倘有好義子孫，捐義產以濟孤寡，置書田以助寒儒，請闔族斯

〔註 101〕 余英時：《士商互動與儒學轉向──明清社會史與思想史之一面相》，《余英時文集》第三卷《儒家倫理與商人精神》，廣西師範大學出版社，2004 年版，第 192 頁。

〔註 102〕 余英時：《士商互動與儒學轉向──明清社會史與思想史之一面相》，《余英時文集》第三卷《儒家倫理與商人精神》，廣西師範大學出版社，2004 年版，第 192 頁。

文迎祭以榮之，以重義也。」〔註103〕《聊齋誌異‧田七郎》裏田七郎的母親說：「受人知者分人憂，受人恩者急人難。富人報人以財，貧人報人以義。」可以想像這些話對聽話人所產生的直接或間接的影響。

小說家在作品中也希望在關鍵時期樹立高尚氣節。《連城璧》卷三《乞兒行好事　皇帝做媒人》的入話的議論說：「自從闖賊破了京城，□大行皇帝遇變之後，凡是有些血性的男子，除死難之外，都不肯從賊。家亡國破之時，兵荒馬亂之際，料想不能豐衣足食，大半做了乞兒。」指出「直到清朝定鼎，大兵南下的時節，文武百官盡皆逃竄，獨有叫化子裏面死難的最多」，認為「明朝末年的叫化子，都是些有氣節、有操守的人」。當然，李漁拿有節操的叫化子與軟骨頭的朝廷命官對比，是一種極端的表達，「作為明朝遺民，對明朝皇帝、貴妃理應盡君臣之禮，而李漁卻將他們寫成了嫖客與妓女，莊嚴變成了滑稽，皇帝與嫖客、貴妃與妓女完全可以二而一之」〔註104〕。不過李漁的輕鬆筆調，是以扭曲了生活的真實為代價的。

「二拍」中不乏忠、孝、節、義故事，可見文學家的立意主要在於勸懲。清初芝香館居士專重勸懲之意，從《拍案驚奇》和《今古奇觀》中選出勸懲故事，編為《二奇合傳》。芝香館居士在《刪定二奇合傳敘》中指出：「夫以道備於五倫，庸德庸言，無奇者也。忠臣孝子，義夫節婦，率於性而勵於行，歷艱難辛苦而百折不回，不自以為奇也。奇之者，眾人也。鬼神妙萬物而為言，其有關於人心風俗者，或泄其奇以歆動鼓舞之，事奇而理不奇也。是書之所以奇者，謂於人倫日用間，寓勸懲之義，或自阽危頓挫時，彰靈異之跡。既可飛眉而舞色，亦足怵目而劌心，不奇而奇也，奇而不奇也，斯天下之至奇也。」結合本章討論的重點，這段話所可注意者至少有兩點：第一，芝香館居士的「於人倫日用間，寓勸懲之義」的尚奇觀，與凌濛初是一致的，且明確提出「天下至奇」就在於「不奇而奇，奇而不奇」的日用之間，則是更為向前推進之處；第二，芝香館居士也主張寓勸懲於文學，他按類編選，在每一回目下注以諸如「勸積德」、「勸孝悌」、「勸陰德」、「勸節孝」、「勸節烈」、「勸修持」、「勸敬老」、「勸安命」、「勸守分」、「勸節義」、「戒狂生」、「戒逞勢」、「戒爭產」、「戒負義」、「戒矜誇」、「戒輕薄」、「戒巧詐」、「戒夜

〔註103〕《明經胡氏龍井派祠規》，《明經胡氏龍井派宗譜》卷 1，轉引自趙華富著《徽州宗族族規家法》。

〔註104〕傅承洲：《明清文人話本研究》，人民文學出版社，2008 年版，第 240～241 頁。

遊」、「戒邪僻」、「戒貪淫」、「戒暴怒」、「戒冶遊」等提點分類之語，選本主旨明確，名目繁多，將「二奇」原本中意存勸懲的篇章進行了一定程度上的梳理與重釋。

本章結論

　　城市工商業的發展，使市民階層的隊伍空前壯大，傳統「四民」格局開始漸逐崩解，「工」「商」與「士」、「農」間的混合乃至不分現象日益加重。從許多資料可以看出，許多士大夫原來由士大夫承擔之事，現在財力雄厚的商賈階層也插手進來。

　　拿破崙說過：「世界只有兩種力量：劍和筆。結果呢，前者常為後者所征服。」巴爾扎克說：他（拿破崙）用寶劍未能完成的事業，我將用筆桿來完成。所以巴爾扎克被比作「文壇上的拿破崙」，他的筆比劍更有力量。如果將商人手中握有的「斧資」比作「劍」，商人自視手中的重資不敵士人代表的「筆」、「印」，那麼明清之際士商之間的合作既可成為自然之舉，也就可以看作是商人之「劍」與文人士子手中秉持之「筆」的合作。若其合作能在維繫民間社會穩定工作中發揮其長期價值，則這種合作將無往而不勝。

　　文士以其筆，一二人倡之；成功商賈以其重資，十百人和之，民間百福聚積。像賑災、救恤、義行如修建宗祠、書院、寺廟、道路、橋梁，設社倉、興義學等民間公益活動，均由士與商兩個階層共同承擔。士發佈文告以倡之，商出資以和成之，這成為士商合作的重要模式之一。

　　另外，士商之間也相互扶助，可稱之為「士商相依」，以區別於士商為應對民間疾困而進行的公義合作。

結　語

　　通過以上幾章粗線條的梳理，筆者對明清之際小說中所表達的「士商互動」問題，略作了淺層次探析，初步反映了明清之際士商之間相互滲透、相互傚仿、相互評騭等情形的某些所謂「互動」的諸面相。當然，本書關注的「士商互動」之「互動」，多從寬泛意義上著論，它既包括社會學意義上的社會流動，比如社會角色的轉換、模糊等等；還包括思想史上的革新、異動、歧變，等等，只不過多由文學視角以折光的形式來表現而已。

　　本論題的意義，可以從兩個方面來看。

　　第一，從論題理論意義上看，突出了問題意識，以「士商互動」為中心，可重新檢視明清之際士商互動的原因與後果、文學生態中士商互動的類型與展開，揭示明清之際文學生態中所隱含的「社會轉型」信息及其意義域，使明清學術研究在文史互證的綜合研究基礎上有所深化和改觀。

　　第二，從論題的實踐價值上看，通過彰顯明清學術思想中不斷成長的近代性因素及其與發展困境，探尋該時代從傳統社會向近代社會轉型的可能因子、現實途徑、社會弊病及救治努力，為促進傳統文化的創造性轉化，反思國學熱潮，批判重建國人的精神家園提供一些啟示，為促進我國文化繁榮與發展方面提供一種視野，為現代社會治理、療治某些社會病症、促使社會和諧發展提供某些參照。

　　以下，筆者則打算再對幾個相關問題略作說明，以突出這一論域的幾個重要問題，或可略補前述未盡之點。

一、明清之際士商關係新變與文學新生態

不僅經濟史、士人的正統視野中充溢了不少商業、商人的成份，即使從明清文學生態系統中，亦不難讀出強勁商潮湧流中商人的衝擊力量，商人形象得到大量湧現與正面表達，這樣一些傳達了商人地位上升的訊息。不少明清文學作品將很大的篇幅，用來描寫城市經濟的繁榮，落墨於城市商鋪林立、碼頭的熙來攘往、市鎮貿易的興盛。不僅有城市發展狀況的表述，更有商賈形象的著意刻畫。明清小說中有一種比較明確的文學現象，即商賈成為主人公的篇幅大大增加，而且明確表達了對商人經商為正經職業的贊揚。

從明清小說等文體反映的文學生態及思想脈動來看，「士商互動」主題的文學敘事模式，雖然多為在「閔儒」與「良賈」之間展開，但較少涉及士商之間內部的互動。比如，合作經商，一方提供思路或「點子」，一方提供人力與場所。儒賈之間發生的「眞實故事」，其眞相只能共存天壤。筆者想強調的是，士商之間可能還存在更深層、更廣闊的互動，通過文學作品所揭示的互動面相可能會缺少對深度的互動的描述。

從社會地位上看，士人正從其傳統的主導淡化下來，那些眞正的權力人物、富貴人家、暴發商賈等世家或非世家成為中央政治秩序及民間社會秩序的頭面人物；從文學表達等社會意識形態角度看，士人的形象日益世俗化、丑惡化；士人的人格也隨之從高尚之峰跌入矮化低谷。

對此及相關問題，前面幾章基本都有簡短結論性內容。

隨著城市工商業的發展，明清商品經濟的繁榮，市民階層的隊伍空前壯大，商人的社會地位也漸趨上升，傳統「四民」格局開始漸逐崩解，士大夫階層高高在上的社會地位受到挑戰，「士」與「商」的界限也漸趨模糊，代表了中國社會從傳統社會向近代社會轉進過程中發生異動的重要方面。

明清之際的小說等文體反映了獨特的文學生態，其中的「士商互動」主題反映了轉型期的思想脈動。從內涵上看，「士商互動」至少包括三個層面：一是社會學意義上的社會分層，作為社會活動主體的「士」與「商」之間複雜的身份轉換、流動、聯接、分層、互識；二是社會活動層面上，「士」與「商」之間的合作、聯姻、依附；三是政治層面上，「士」與「商」的非正常合作，包括政商合一、官商勾結，以及民間政治秩序的共同維護者這樣的正常的合作。

從「士商互動」這樣一個特定的文學敘事模式中，可見在「閔儒」與「良

賈」之間展開的士、農、工、商的傳統秩序漸漸轉變爲士、商、農、工的新秩序。從明清之際小說中所反映的文學生態中可見，許多「士」自覺不自覺地成爲「商」的代言人，商人的意識形態基本上已建立起來。商人的自我精神開始覺醒，他們視「經商是本等」，「商」與「士」的品德互釋，即商格士化以及士格商化。

　　明清之際社會經濟發展、價值觀念異動，是士商關係變異的根本原因。在知識異化、知識人矮化、儒學世俗化、官僚體制濁化的轉向中，士人與商人的日常生活日益密而不分，士人們開始大量從商，商人也不避羞赧地聲張自己的文雅，兩大階層從傳統的兩極空前地相互接近。在士商聯姻中，「商」彷彿多處於絕於優越的世俗地位，而未達之「士」卻成了證明金錢勢力的社會陪襯。在士商互濟中，就士依附於商而言，一方面，貧士依傍商門，充當清客、幫閒，增彩其門庭，甚至自甘俳優以取悅商賈；另一方面，當士商之間有著某種程度上的詩文酬唱的朋友關係時，士人可能還會不十分有損尊嚴地獲得商賈的周恤。當然在官本位的中國傳統社會，商人通過官商勾結、權錢交易及「權力資本化」等政商合一、賈仕合作方式，獲得商業的畸形發展。仕士商互識中，既包括因相近而認同、贊許，也包括因相反而歧出、批評。就相互的接納、推許與認可而論，有士稱許商的高義、豪俠，商與士甚至因肝膽相照、情趣相投而結義交友。關於士商互識過程中的歧見，至少包括（1）士大夫鄙棄依附於權勢的商人，（2）商人歧視落魄的士子、貶損清廉的無用，這兩方面。既然儒學知識不再是高尚道德產生的唯一來源，而有知識的人不講道德、偏離忠信孝友之道者日益增多，美德的頭銜便不能不旁落而多求之於現實事功。

　　對此，文人學士和思想家一起反思這一轉型期社會現象，並力圖追尋突破的思路，開始朦朧認識到：對社會進行知識啓蒙，將知識與德性、道德與事功整合爲一，才是傳統社會走出中世紀、眞正步入近代的重要致思向度。

二、關於士商對流問題

　　社會上的士人從商與商人入仕，與思想文化史上士人與商人尤其是文人士大夫對此現象的辯護與回應，幾乎是明清之際中國社會互爲表裏的一體兩面。前文已將明清之際社會異動中發生在「良賈」和「閎儒」之間的身份轉換，解讀爲士商對流。由於士商之間的對流、互滲，棄儒從商、棄農經商甚

至棄官經商或亦儒亦賈的現象成爲這一時期的普遍現象，加上隨之帶來的各自生活方式、價值觀念、治生觀念、審美習尚的變化，引發了晚明以降士商關係的新變化，極大地衝擊了人們原來對於士、農、工、商各階層的固定化、臉譜化的認識與評價。

明清之際的官僚士大夫的優越感遭到挑戰，他們開始以更多的眼光，似乎已從不那麼神聖的書本移向世俗生活。耕讀傳家、假館授徒、入幕爲賓、棄儒爲商或儒賈兼行等皆爲士人治生的主要途徑，小說家馮夢龍、淩濛初、李漁，晚明汲古閣主人毛晉父子，都是身兼文士、書商兩重身份。表面看來，士人治生雖出現多元化而顯得似乎較有迴旋餘地，但是「不耕無以爲養，且無以置吾躬也。不有耕者，無以佐讀者」〔註1〕，所以仍然顯得十分迫切。

由於現實的經濟窘境、政治變局及文化優越感的失落，士人對治生問題高度關注，對宋元之交許衡的治生學說進行了各式各樣的朝向世俗的解釋。許衡就說：「學者治生最爲先務，苟生理不足，則於爲學之道有所妨，彼旁求妄進及作官謀利者，殆亦窘於生理所致也。士君子當以務農爲生，商賈雖逐末，果處之不失義理，或以姑濟一時，亦無不可。」〔註2〕許衡雖然沒有放棄農本商末的傳統觀念，但已將士類身份保持的底線做了移動，認爲「教學與作官，規圖生計，恐非古人之意」，所以，「士君子」不妨經商來解決現實的「窘於生理」的情況。明代的思想家們從中解讀出四民平等的意味，即四民所從事的「四業」在治生意義上具有平等性。明代姚舜牧《藥言》第十一條說：「人須各務一職業，第一品格是讀書，第一本等是務農，爲此，爲工爲商，皆可以治生，可以定志，終身可免於禍患。遊手放閒，便要走到非僻處所去，自罹於法網，大是可畏。勸我後人毋爲遊手，毋交遊手，毋收養遊手之徒。」張又渠也認爲，四民不應分高低，凡「男子治生爲急，農工商賈之間，務執一業」〔註3〕。明人馮應京（字可大，1555～1606）曰：「士農工商，各執一業，又如九流百工，皆治生之事也。……蓋弓裘皆從世業，地利各趨所宜，或窯冶駔儈皆聖諭以各安生理之教也。」從各業均爲生理之業的觀念出發，他批判了賤商思想，專門撰寫了《客商規略》肯認商業的重要：「阜財

〔註1〕 孫奇逢：《孝友堂家訓》。
〔註2〕 轉引自《黃宗羲全集》第6冊，浙江古籍出版社，2005年版，第533頁。
〔註3〕 張又渠：《課子》卷3。

通商，所以稅國餉而利民用。行商坐賈，治生之道最重也。……貨賤極必轉貴，先易售者必終遲。積貨要妨（防）水火，鬻賣處先察地宜。得利志驕必有失，躓錯氣餒終而無為，貴賤趨時變（而）通會計，審天利而洽人情，秉公心而安天命。」〔註4〕明清之交的大思想家黃宗羲更明確地提出「工商皆本」說：「世儒不察，以工商為末，妄議抑之。夫工固聖王欲求，商人使其厚出於途者，蓋皆本也。」〔註5〕黃宗羲此處對傳統社會四民倫理進行了價值重整，從「切於民用」的角度，重新判分了「本末之辨」，繼承了王陽明以「有益於生人之道」〔註6〕為判分四業的標準的思想，肯定了四民在治生價值層面的平等。〔註7〕

　　當通向經商致富途中的諸多障礙被逐步清除後，官僚士大夫們在變相經商時已無道義與倫理上的忌諱，當他們一無反顧地走上商賈治生之途時，既強化了商人－地主－官僚三位一體的社會上層模式，也侵蝕了健康的世態人心。對此，王夫之《讀通鑑論》曾深刻地指斥道：「人主移於賈而國本凋，士大夫移於賈而廉恥喪，許衡自以為儒者也，而謂『士大夫欲無貪也，無如賈也』。楊維楨、顧瑛遂以豪逞而敗三吳之俗，濠、泗之遷，受興王之罰，而後天下寧，移風易俗，古今一也。」〔註8〕

三、關於士商互識問題

　　在商人自覺意識、商業精神日益增強與高漲的同時，士階層的品格卻在相對矮化，同時士人的形象也在社會公眾舞臺上日益淡化、濁化甚至醜陋化、丑惡化。這種種表現，在明清小說中亦多有反映，與思想史中的大量記載相輝映，共同證成了明清社會轉型期士商關係中出現的巨大變遷。筆者關心的問題，可能還有：生在這種社會轉型期的士人與商人如何看待自身，如何看待對方的？文學家又是如何表達他們對於此一「互識」的認識？文學家與思想家的認識有多大程度上的一致性？這些情況又會帶來那些新的問題

〔註4〕馮應京：《月令廣義》卷二《歲令二・授時》。
〔註5〕黃宗羲：《黃宗羲全集》第1冊，第41頁。
〔註6〕（明）王陽明：《節庵方公墓表》，《王陽明全集》，上海古籍出版社，1992年版，第941頁。
〔註7〕黃敦兵：《黃宗羲倫理思想的主題及其展開》，中國社會科學出版社，2012年版，第205頁。
〔註8〕王夫之：《船山全書》單行本之九《讀通鑑論》卷三漢景帝七《漢初富庶自困辱商賈始》，嶽麓書社，2010年版，第123頁。

意識？

萬曆四十二年（1614），禮部署部事右侍郎何宗彥在指出晚明社會風氣敗壞殆盡時，就例舉了士風與士節的堪憂局面。他說：「邇年士風日頹，法紀陵夷。以猖狂爲氣節，以結黨爲豪舉。事關一人，乃倡通學而聚蚊雷之聲；事關本學，乃聯合各學而成鴟張之勢。把持官府，武斷鄉曲。」〔註9〕萬曆十七年（1589）十月，吏部文選司員外郎趙南星，曾把鄉官把持官府視爲四個「當今大害」中的一個：「楊巍乞休，左都御史吳時來謀代之，忌戶部尚書宋纁聲望，連疏排擠。副都御史詹仰庇力謀吏、兵二部侍郎。大臣如此，何以責小臣，是謂干進之害。禮部尚書沈鯉、侍郎張位、諭德吳中行、南京太僕卿沉思孝相繼自免，獨南京禮部侍郎趙用賢在，詞臣黃洪憲輩每陰讒之，言官唐堯欽、孫愈賢、蔡系周復顯爲詆誣。眾正不容，宵人得志，是謂傾危之害。州縣長吏選授太輕，部寺之官計日而取郡守，不問才行。而撫按論人贓私有據，不曰未甚，則曰任淺，概止降調，其意以爲惜才，不知此乃惜不才也。吏治日污，民生日瘁，是謂州縣之害。鄉官之權大於守令，橫行無忌，莫敢誰何。如渭南知縣張棟，治行無雙，裁抑鄉官，被讒不獲行取，是謂鄉官之害。四害不除，天下不可得治。」〔註10〕指斥居鄉縉紳，凌駕於守土官員之上，專擅政事，橫行鄉里，一味撈取私利。顧炎武在《歙志風土論》中指出晚明以來的社會大變道：「迨至嘉靖末隆慶間，則尤異矣。末富居多，本富盡少，富者愈富，貧者愈貧，起者獨雄，落者辟易，資爰有屬，產自無恒。貿易紛紜，誅求刻核；奸豪變亂，巨猾侔牟。於是詐僞有鬼蜮矣，爭有戈矛矣，芬華有波流矣，靡汰有丘壑矣。……迄今三十餘年，則寖異矣，富者百人而一，貧者十人而九，貧者既不能敵富，少者反可以制多。金令司天，錢神卓地；貪婪罔極，骨肉相殘。受享於身，不堪暴殄。因人作報，靡有落毛。於是鬼蜮則匿影矣，戈矛則連兵矣，波流則襄陵矣，丘壑則陸海矣。」〔註11〕經過趙南星、顧炎武等人對士大夫的責善之言，可以看出社會正經受著的丕變，道德推動維繫社會人心的原有作用，官僚士大夫人心傾

〔註9〕 《明神宗實錄》卷五二四。

〔註10〕 張廷玉：《明史》卷二百四十三《列傳》第一百三十一《趙南星　鄒元標　孫慎行（盛以弘）　高攀龍　馮從吾》。

〔註11〕 顧炎武：《天下郡國利病書》第九冊《鳳寧徽》第七十六頁，見《續修四庫全書》編纂委員會編：《續修四庫全書》第五九五《史部·地理類》，上海古籍出版社，1995年版，第130頁。

險，說明了他們作爲有識之士對士人階層的關切程度之高，感受之深，足可
警醒世人。

在士人進行自我反思的同時，商人對本階層也進行著「自我批判」。商人
自愧不如士階層，較有可能在現實社會中取得令人豔羨的官僚地位及相應的
超經濟利益。在官權的淫威與盤剝面前，商人是無能爲力的；在詩酒風流方
面，商人多被視爲可笑的模仿者，而不是一支新生力量。

如果從士商互識角度來看，商賈嘲弄士人的酸腐、矯情與無用，爲了自
身利益而又不得不敬而遠之，以金錢交結而近之，或盡力修飾以近文向雅。
當然，士大夫往往也會站在知識人尙義的立場來評價商人階層，貶損市井中
賈豎細民沉湎於日常俗事的不超然，並以此作爲提升自己貴顯社會地位的重
要表徵。比如，文人在小說中對商人進行「戲擬」，明清小說中對「商聖」范
蠡形象的醜化、顛覆。所以從明清之際文人士大夫創作的小說與撰述中可以
看出，在突出商業精神、謳歌商界正面人物的同時，他們尙不忘爲士階層經
營一個角落。即使像那些未能通達仕途的下層文士，仍不忘爲其安排一個充
滿想像的光環，即使暫時不高貴，卻仍有可通上下的裕如地位：上者，可做
官爲「貴」；中者，可坐館授徒，兼顧讀書應試，不棄衣冠禮制；最下，尙可
經商爲「富」，維持基本的尊嚴。

由士商之間的互識，已可以看出士商「對話」的開始，部分商人超拔出
商海俗見，出現雅化嚮慕；而士人則普遍出現向下趨俗的特色來，沉淪在「利
欲膠漆盆」中不能自拔。一方面，商貶抑士，士貶損商，體現爲互歧互斥的
特點。另一方面，士人開始爲商人大唱讚歌，商人也與士人展開了深度的詩
文雅集。明末江西南豐籍學者梁份就許以商人有大過名儒之處，在他看來，
商賈「勞心力以殖貨財，其候時轉物，致遠窮深，經日月出入地，所經營日
不暇給，而處心應事有大過人者。乃以經術經世律之，不亦過乎？世之名儒，
守一經以求榮一命，其升沉得喪，咸委之命，況乎其他！吾不知學之負人，
人之負學也，可慨也」〔註 12〕。張岱《陶庵夢憶》中說「竹與漆與銅與窰」
雖爲「賤工」，亦可取得「與縉紳先生列坐抗禮」的社會尊嚴，「天下何物不
足以貴人，特人自賤之耳」。〔註 13〕這不能不說是意涵了諸業平等、諸人平等
的新思想。

〔註12〕　梁份：《懷葛堂集》卷五《王文佐傳》，豫章叢書本。
〔註13〕　張岱：《陶庵夢憶》卷五《諸工》，上海古籍出版社，1982 年版，第 42 頁。

四、關於士商的社會救治

小說家常因時代局限而受哲學思潮的影響，如馮夢龍早年「酷愛李氏（卓吾）之學，奉爲蓍蔡」〔註 14〕，所以，在文學創作中他們會有意無意地表達一種帶有反思意識和批判色彩的思想潛流。本書所舉士商互動主題所涉諸領域內的故事，雖然有些係敷演前代之事，但基本上也可以視爲馮夢龍、凌濛初等文學家所處時代的社會風氣。換句話說，諸如背親棄義之類的事，在明代中晚期以來發生更頻繁了，從而讓作者可能比前代更強烈地感受到，並立意借陳言往跡代言心聲了。借前代話語，道今日時事，這當是作爲文學家的凌濛初等人所必具的創作意識。「在嘉靖、萬曆的小說中，我們也看到作者對社會現狀的矛盾心理。他們既讚美青年男女的自由婚戀，又痛惜封建道德風尚的墮落；既主張消除士、商間的社會差別，又希望封建綱常的重振；企圖通過小說來規勸人們放棄對金錢的追逐，回到原有的道德規範中去。」〔註 15〕

明清之際士商中的先進者，有著較爲明確的對社會秩序救贖的共同努力，通過各種各樣的救贖途徑，對那些曾經給社會造成的傷害進行撫慰，對那些滑落的道德進行彌補。思想家由於過度的內省與批判，眾多士人尚徘徊在「豐滿」的高尚理想與「骨感」的世俗現實之間自顧不暇，在激進的思想家摧毀道德理想主義的陳腐模式之後，並未能獨立承擔起「經世致用」的時代重任，無論是社會道德秩序、文化自信，還是社會經濟基礎，都有待於新的征程啓航。

就文學生態中所反映的相關情況來看，文人可能表現得不是那麼自信，時常糾結著複雜的心態：「小說家的矛盾心理，反映了明中後期普遍的社會觀念。人們既反對明初那樣的高壓統治，又不滿於嘉萬時期封建法制的廢弛；既熱衷於對財富的追逐，又對因商品經濟的衝擊而日漸頹廢的社會風氣表示擔憂；既希望有一定的思想、活動自由，又擔心社會發展方向的失控。」〔註 16〕小說家的救贖願望，仍需藉重思想家的新征程來重新落實，社會轉型期必須經由道德批判走向眞正的知識啓蒙。

〔註 14〕 許自昌：《樗齋漫錄》卷六。

〔註 15〕 方志遠：《明清小說與明清社會》，載文史知識編輯部編《漫話明清小說》，中華書局，1991 年版，第 4 頁。

〔註 16〕 方志遠：《明清小說與明清社會》，載文史知識編輯部編《漫話明清小說》，中華書局，1991 年版，第 4 頁。

　　「知書識禮」是儒士的桂冠，然而「知書」而「不識禮」越來越成爲晚明以降的讀書人打在當時有識之士腦海中的烙印，從而也構成現代人對晚明士人的重要「記憶」之一。「知識」不再等於「四書」、「五經」之類的狹隘範圍，商賈治生之業積累起來的經驗也成爲知識之重要內涵。讀書人不再壟斷「知識人」的桂冠，世俗所公認的「知識」不再純粹，知識也不必然導致經世致用的現實結果。人們心目中的理想官員也不再純粹，李漁、凌濛初筆下都有爲人所不齒的「僵硬」的道學家形象。

　　儒學知識不是高尚道德產生的唯一來源，讀聖賢書的儒生及官僚士大夫們日益偏離了讀書求道、學做聖賢、立意做天下第一等人的傳統正途。「知識」也不能再與「美德」直接掛鈎，有知識的人不講道德、偏離忠信孝友之道者日益增多。美德的頭銜越來越落實於現實事功上。讀書人中日益增加了「商有餘力」、雅好清賞的商賈。商賈卻可以在自己事業成功後多行義舉，成爲道德楷模，不少商人將財富視爲道德的基礎。在「商」與「士」的交往過程，又往往讓居尊儒雅的「士」，顯得智謀拙劣，氣象畏縮。

　　由此可見，重視學歷並無過錯，可怕的是學歷本位思想的泛濫，因爲這種本位思想以學歷高低作爲評判人的德性、學識、人格之高下的重要甚至唯一標準。在社會轉型期，那些治生本領高，生存能力強，社會實際作用大的人，似乎應該作爲社會精英之一類而予以新的認識。同理，榮尊官階並不可怕，可怕的是官本位思想的充斥，因爲它以謀官作爲士人讀書的最高旨向，進而以官職爲牟利之源，索利之具，明裏暗裏容忍、慫恿甚至直接從事權錢交易，爲謀官晉職不擇手段。在傳統社會開始崩解之際，當知識既不能直接轉換爲政治權力，進而攫取經濟利益時，知識人的心態必然會發生驚人的變化；而當他們掌握的知識不能轉化爲資生之具，提升治生能力，喪失知識人的社會優越感，甚至連最基本的文化尊嚴也不能保有的時候，質疑知識的價值便會成爲知識人的普遍心態，「知識貶值」便成爲一種較爲普遍的結論。士人既因長期沉滯底層而幾無社會尊嚴，更可怕的是正在失去文化尊嚴，士人的理想人格開始失落、社會形象開始沉淪、終極追求開始缺失，士階層不可避免地異化了，也毫無疑問地開始分化。士人作爲知識人的唯一代表，占盡一切風流的時代，一無反顧地過去了。

　　總之，本書力圖綜合省察明清文學生態中「士商互動」主題表達與明清社會變遷之間的內在關聯，多層面地呈現明清之際經濟發展、政治波動、文

化交匯與社會異動的現實情景。以明清文學史資料爲主要研討對象，突破單純偏重思想史或文學史研究的方法與視角，重新考量「思想史」與「文學思潮」之間的內在聯繫，著重挖掘以明清之際以通俗小說爲核心載體的文學生態透顯的觀念變遷。

主要關切如下三個層面：首先，揭示其對傳統四民社會結構的突破，對先秦以來德位一致、等級門第觀念的質疑，闡釋功名觀念的異變，審視明清文學生態中知識人的「身份焦慮」，析論士人治生觀念的新變與世人財富觀念的新義。其次，檢討有著時代警覺的文人學士品評模式、社會治理思路的變化，揭示士商兩階層之間空前的深度交流與複雜心態。再次，強調明清之際文學生態中表達的「士商互動」，初步折射了明清之際士商之間相互滲透、相互傚仿、相互評騭等情形，與思想史上的社會革新、思想異動、觀念歧變等相呼應而構成「社會轉型」的獨特樣態。

本書推進的邏輯結構大致可分爲如下三大層次：

第一層次，總論從傳統農業社會向商業社會過渡的明清社會轉型中的商業浪潮、崇商風氣、士人俗世化追求與商人雅化嚮慕等種種社會變動。

第二層次，分疏明清之際文學生態中士商互動諸面相，彰顯明清文學打破傳統文學士商形象「臉譜化」塑造模式的新特徵。著重論述士商之間演繹的棄儒爲商、亦儒亦商、由商入儒的身身份轉換」，「士商聯姻」與門第觀念變遷，以及「士商互濟」與理想士商關係之設準。

第三層次，綜論小說主題敘事方面的新動向，爲省思現代商業倫理、重構商業和諧、傳承傳統人文精神等方面提供某些思路。重點彰顯明清之際社會轉型期社會各階層價值觀念的交融與變異，進行哲學史、思想史與文學思潮的綜合交叉研究，以把握中國社會從傳統向現代的轉型過程，由「士商互動」生發的論域，充滿著鮮活的歷史事件、精彩的文學敘事、深湛的哲學論斷。

隨著現代教育大眾化過程的推進，商賈人隊伍的「去粗俗化」特色越來越顯著。但在商人隊伍知識水平提升的同時，卻伴隨著「毒奶粉」、「瘦肉精」等商業倫理日益淪落、商人道德人格日益缺失的問題，溫家寶總理呼籲「企業家的血管裏要流淌道德的血液」，說明現代商業精神的最終養成極爲艱難，在建立健全的現代商人品格的過程中仍因面臨著諸多問題而將長期處於相對遲滯狀態。在現代化過程中如何走出「現代性困境」，明清轉型時期的思想資

源，就成爲我們反思現代問題、增強歷史感，研究歷史問題、增強現實指向性〔註 17〕，所必須跨過的諸多思想環節之一。限於學力及時間，筆者可能尙未能很好地吸收前修及時賢的全部優秀成果，但願以此做爲個人進一步思考的起點，和眾多同仁一起進步，持續勉力，共同挖掘這塊思想富礦。

〔註17〕蕭蓮父先生在《關於改革的歷史反思》一文中說：「馬克思主義的歷史科學要求我們：觀察現實，應當有歷史感；研究歷史，應當有現實感。爲了理解現實，必要追溯它的歷史；而我們清理過去，又總是爲了開拓未來。」參閱蕭先生論著集《吹沙二集》，巴蜀書社，1999 年版，第 12 頁。

主要參考文獻

注：本處所列各類參考文獻均按作者姓名的字母先後順序排列。

一、基本文獻

1. 歸莊：《歸莊集》，上海古籍出版社，2010 年版。
2. 何良俊：《四友齋叢說》，中華書局，1959 年版。
3. 李綠園：《歧路燈》，齊魯書社，1998 年版。
4. 李漁：《李漁全集》（二十卷本），浙江古籍出版社，1991 年版、2006 年重印本。
5. 凌濛初：《初刻二刻拍案驚奇》，嶽麓書社，1988 年版。
6. 凌濛初：《初刻拍案驚奇》，中華書局，2009 年版。
7. 凌濛初：《二刻拍案驚奇》，中華書局，2009 年版。
8. 沈德符：《萬曆野獲編》，中華書局，1959 年版。
9. 唐甄著，黃敦兵校釋、導讀：《潛書校釋附詩文》，嶽麓書社，2010 年 11 月版。
10. 汪道昆著，胡益民、余國慶點校，予致力審訂：《太函集》，黃山書社，2004 年版。
11. 吳敬梓：《儒林外史》，浙江古籍出版社，2010 年版。
12. 謝肇淛：《五雜組》，上海書店出版社，2001 年版。
13. 袁宏道：《袁宏道集箋校》，上海古籍出版社，1981 年版。
14. 張海鵬，王廷元主編：《明清徽商資料選編》，黃山書社，1985 年版。
15. 張應俞：《江湖奇聞杜騙新書》，百花文藝出版社，1992 年版。
16. 鍾惺：《隱秀軒集》，上海古籍出版社，1992 年版。

二、現代研究專著

1. 〔加〕卜正民著，陳時龍譯：《明代的社會與國家》，黃山書社，2009 年版。

2. 〔加〕卜正民著，方駿等譯：《縱樂的困惑：明代的商業與文化》，生活・讀書・新知三聯書店，2004 年版。

3. 〔美〕P.韓南著，尹慧珉譯：《中國白話小說史》，浙江古籍出版社，1989 年版。

4. 〔美〕韓南著，徐俠譯：《中國近代小說的興起》，上海教育出版社，2010 年版。

5. 〔美〕韓南著，楊光輝譯：《創造李漁》，上海教育出版社，2010 年版。

6. 〔美〕浦安迪著，沈亨壽譯：《明代小說四大奇書》，北京：中國和平出版社，1993 年版，生活・讀書・新知三聯書店，2006 年版。

7. 〔美〕余英時：《儒家倫理與商人精神》（《余英時文集》第三卷），廣西師範大學出版社，2004 年版。

8. 〔美〕張春樹、駱雪倫著，王湘雲譯：《明清時代之社會經濟巨變與新文化——李漁時代的社會與文化及其現代性》，上海古籍出版社，2008 年版。

9. 〔日〕島田虔次著，甘萬萍譯：《中國近代思維的挫摺》，江蘇人民出版社，2005 年版。

10. 〔日〕溝口雄三著，索介然、龔穎譯：《中國前近代思想的演變》，中華書局，1997 年版。

11. Andrew H. Plaksl: *The Four Masterworks of the Ming Novel*. Princeton University Press. Princeton New Jersey, 1987.

12. W. T. de Bary ed., *Self and Society in Ming Thought* (New York: Columbia University Press, 1970).

13. 阿英：《小說閒談》，上海古籍出版社，1985 年版（古典文學出版社，1958 年版）。

14. 陳寶良：《明代社會轉型與文化變遷》，重慶大學出版社，2014 年版。

15. 陳大康：《明代小說史》，人民文學出版社，2007 年版。

16. 陳國燦：《宋代江南城市研究》，中華書局，2002 年版。

17. 陳平原：《陳平原小說史論集》，河北人民出版社，1997 年版。

18. 陳書錄：《儒商及文化與文學》，中華書局，2007 年版。

19. 陳望衡：《越中名士文化論》，人民出版社，2010 年版。

20. 陳望衡：《中國美學史》，人民出版社，2005 年版。

21. 陳文新，湯克勤著：《明清小說名著導讀》（修訂本），武漢大學出版社，

2008 年版。

22. 陳文新：《傳統小説與小説傳統》，武漢大學出版社，2007 年版。

23. 陳文新：《明代詩學的邏輯進程與主要理論問題》，武漢大學出版社，2007 年版。

24. 陳文新：《文言小説審美發展史》，武漢大學出版社，2007 年版。

25. 陳文新：《中國文學流派意識的發生和發展》，武漢大學出版社，2007 年版。

26. 程國賦：《明代書坊與小説研究》，中華書局，2008 年版。

27. 程毅中：《宋元小説研究》，江蘇古籍出版社，1999 年版。

28. 崔子恩：《李漁小説論稿》，中國社會科學出版社，1989 年版。

29. 戴均良：《中國城市發展史》，黑龍江人民出版社，1992 年版。

30. 鄧之誠：《清詩紀事初編》，上海古籍出版社，1984 年版。

31. 董建輝：《明清鄉約：理論演進與實踐發展》，廈門大學出版社，2008 年版。

32. 樊樹志：《晚明史》，復旦大學出版社，2003 年版。

33. 樊樹志：《晚明大變局》，中華書局，2015 年版。

34. 方志遠：《明代城市與市民文學》，中華書局，2004 年版。

35. 馮天瑜：《明清文化史箚記》，上海人民出版社，2006 年版。

36. 傅承洲：《明清文人話本研究》，人民文學出版社，2008 年版。

37. 傅衣凌：《明清時代商人及商業資本；明代江南市民經濟試探》，中華書局，2007 年版。

38. 高華平：《凡俗與神聖——佛道文化視野下的漢唐之間的文學》，嶽麓書社，2008 年版。

39. 高華平：《魏晉玄學人格美研究》，巴蜀書社，2000 年版。

40. 葛永海：《古代小説與城市文化研究》，復旦大學出版社，2004 年版。

41. 龔鵬程：《晚明思潮》，商務印書館，2005 年版。

42. 郭齊勇：《郭齊勇自選集》，廣西師範大學出版社，1999 年版。

43. 郭齊勇：《中國哲學智慧的探索》，中華書局，2008 年版。

44. 郭英德：《中國古代文人集團與文學風貌（修訂版）》，中國人民大學出版社，2012 年版。

45. 韓大成：《明代城市研究》，中國人民大學出版社，1991 年初版，中華書局，2009 年修訂版。

46. 韓錫鐸，王清源：《小説書坊錄》，春風文藝出版社，1987 年版。

47. 何一民：《中國城市史綱》，四川大學出版社，1994 年版。

48. 侯忠義等：《中國文言小說史稿》，北京大學出版社，1993 年版。

49. 胡發貴：《儒家朋友倫理研究》，光明日報出版社，2008 年版。

50. 胡士瑩：《彈詞寶卷書目》，上海古籍出版社，1984 年版。

51. 胡士瑩：《話本小說概論》，中華書局，1980 年版。

52. 黃敦兵：《黃宗義倫理思想的主題及其展開》，中國社會科學出版社，2012 年版。

53. 嵇文甫：《晚明思想史論》，東方出版社，1996 年新 1 版。

54. 江暢：《幸福與和諧》，人民出版社，2005 年版。

55. 江蘇社會科學院明清小說研究中心、文學研究所編：《中國通俗小說總目提要》，中國文聯出版公司，1990 年版。

56. 姜革文：《商人‧商業‧唐詩》，復旦大學出版社，2007 年版。

57. 姜廣輝：《走出理學：清代思想發展的內在理路》，遼寧教育出版社，1997 年版。

58. 蔣瑞藻：《小說考證》，上海古籍出版社，1984 年版。

59. 冷鵬飛：《中國古代社會商品經濟形態研究》，中華書局，2002 年版。

60. 李維武：《20 世紀中國哲學本體論問題》，湖南教育出版社，1991 年版。

61. 李維武：《徐復觀學術思想評傳》，北京圖書館出版社，2001 年版。

62. 李澤厚：《中國近代思想史論》，天津社會科學院出版社，2003 年版。

63. 李澤厚：《中國現代思想史論》，天津社會科學院出版社，2003 年版。

64. 梁啓超：《清代學術概論》，上海古籍出版社，1998 年新 1 版。

65. 梁啓超：《中國近三百年學術史》，山西古籍出版社，2001 年新 1 版。

66. 林崗：《明清之際小說評點學之研究》，北京大學出版社，1999 年版。

67. 林保淳：《經世思想與文學經世：明末清初經世文論研究》，臺北：文津出版社，1991 年版。

68. 劉良明，劉方：《市井民風：〈二拍〉與民俗文化》，黑龍江人民出版社，2003 年版。

69. 劉石吉：《明清時代江南市鎮研究》，中國社會科學出版社，1987 年版。

70. 劉勇：《中晚明士人的講學活動與學派建構：以李材（1529～1607）為中心的研究》，商務印書館，2015 年版。

71. 劉志琴：《晚明史論》，江西高校出版社，2004 年版。

72. 魯迅：《中國小說史略》，山西古籍出版社，2001 年版。

73. 馬敏：《商人精神的嬗變——近代中國商人觀念研究》，華中師範大學出版社，2001 年版。

74. 牛建強：《明代人口流動與社會變遷》，河南大學出版社，1997 年版。

75. 牛建強：《明代中後期社會變遷研究》，臺灣文津出版社有限公司，1997 年版。

76. 歐陽衛民：《中國消費經濟思想史》，中共中央黨校出版社，1994 年版。

77. 齊裕焜：《明代小説史》，浙江古籍出版社，1997 年版。

78. 邱紹雄：《中國商賈小説史》，北京大學出版社，2004 年版。

79. 商傳：《走進晚明》，商務印書館，2014 年版。

80. 邵毅平：《文學與商人：傳統中國商人的文學呈現》，上海古籍出版社，2010 年版。

81. 邵毅平：《中國文學中的商人世界》，復旦大學出版社，2005 年版。

82. 石麟：《話本小説通論》，華中理工大學出版社，1998 年版。

83. 石昌渝：《中國小説源流論》，生活·讀書·新知三聯書店，1994 年版。

84. 史念海：《中國古都和文化》，中華書局，1998 年版。

85. 宋莉華：《明清時期的小説傳播》，中國社會科學出版社，2004 年版。

86. 宋若雲：《逡巡於雅俗之間：明末清初擬話本研究》，中國社會科學出版社，2006 年版。

87. 孫遜：《明清小説論稿》，上海古籍出版社，1986 年版。

88. 孫楷第：《滄州後集》，中華書局，1985 年版。

89. 孫楷第：《滄州集》，中華書局，1965 年版。

90. 孫楷第：《中國通俗小説書目》，人民文學出版社，1997 年版。

91. 唐力行：《商人與中國近世社會》，中華書局（香港）有限公司，1995 年版。

92. 陶一桃：《經濟文化論》，冶金工業出版社，2001 年版。

93. 田兆元，田亮：《商賈史》，上海文藝出版社，1997 年版。

94. 萬明主編：《晚明社會變遷：問題與研究》，商務印書館，2005 年版。

95. 王昕：《漫説「三言」「二拍」》，人民文學出版社，2005 年版。

96. 王爾敏：《明清時代庶民文化生活》，嶽麓書社，2002 年版。

97. 王汎森：《權力的毛細管作用：清代的思想、學術與心態》，北京大學出版社，2015 年版。

98. 王汎森：《晚明清初思想十論》，復旦大學出版社，2004 年版。

99. 王齊洲，王澤龍：《湖北文學史》，華中理工大學出版社，1995 年版。

100. 王齊洲：《呼喚民族性：中國文學特質的多維透視》，中國社會科學出版社，2000 年版。

101. 王齊洲：《中國文學觀念論稿》，湖北教育出版社，2004 年版。

102. 王日根：《明清民間的社會秩序》，嶽麓書社，2003 年版。

103. 王先霈，周偉民：《明清小說理論批評史》，廣州：花城出版社，1983 年版。

104. 王孝通：《中國商業史》，上海書店，1984 年版。

105. 溫孟孚：《「三言」話本與擬話本研究》，中國社會科學出版社，2005 年版。

106. 文史知識編輯部：《漫話明清小說》，中華書局，1991 年版。

107. 鄔國平，王鎮遠：《清代文學批評史》，上海古籍出版社，1995 年版。

108. 巫仁恕：《激變良民：傳統中國城市群眾集體行動之分析》，北京大學出版社，2012 年版。

109. 巫仁恕：《品味奢華：晚明的消費社會與士大夫》，中華書局，2008 年版。

110. 吳根友：《明清哲學與中國現代哲學諸問題》，中華書局，2008 年版。

111. 吳根友：《求道・求真・求通：中國哲學的歷史展開》，商務印書館，2014 年版。

112. 吳根友：《鄭板橋的詩與畫》，南京出版社，1998 年版。

113. 吳根友：《中國現代價值觀的初生歷程——從李贄到戴震》，武漢大學出版社，2004 年版。

114. 吳志達：《明清文學史・明代卷》，武漢大學出版社，1991 年 12 月版。

115. 蕭萐父，許蘇民：《明清啓蒙學術流變》，人民出版社，2013 年版。

116. 蕭欣橋，劉福元：《話本小說史》，浙江古籍出版社，2003 年版。

117. 謝國楨：《明末清初的學風》，上海書店出版社，2004 年版。

118. 徐林：《明代中晚期江南士人社會交往研究》，上海古籍出版社，2006 年版。

119. 徐朔方，孫秋克著：《明代文學史》，浙江大學出版社，2006 年版。

120. 薛冰：《家住六朝煙水間——南京》，上海古籍出版社，2000 年版。

121. 楊寬：《中國古代都城制度史研究》，上海古籍出版社，1993 年版。

122. 楊國明：《晚清小說與社會經濟轉型》，上海：東方出版中心，2005 年版。

123. 張明富：《明清商人文化研究》，西南師範大學出版社，1998 年版。

124. 張三夕：《通往歷史的個人道路》，社會科學文獻出版社，2001 年版。

125. 張舜徽：《清儒學記》，華中師範大學出版社，2005 年版。

126. 張舜徽：《清代揚州學記；顧亭林學記》，華中師範大學出版社，2005 年版。

127. 張顯清主編：《明代後期社會轉型研究》，中國社會科學出版社，2008 年版。

128. 趙岡：《中國城市發展史論》，北京：新星出版社，2006 年版。

129. 趙園：《家人父子：由人倫探訪明清之際士大夫的生活世界》，北京大學出版社，2015 年版。

130. 趙園：《明清之際士大夫研究》，北京大學出版社，2014 年版。

131. 趙園：《制度・言論・心態：〈明清之際士大夫研究〉續編》，北京大學出版社，2015 年版。

132. 趙紅娟：《拍案驚奇——淩濛初傳》，浙江人民出版社，2007 年版。

133. 趙軼峰：《明代的變遷》，上海三聯書店，2008 年版。

134. 周光慶：《中國讀書人的理想人格》，湖北教育出版社，1999 年版。

135. 周柳燕等：《中國商業文學發展概論》，蘭州：甘肅文化出版社，2004 年版。

136. 朱海燕：《明清易代與話本小說的變遷》，華中科技大學出版社，2007 年版。

137. 朱維錚：《走出中世紀（增訂本）》，復旦大學出版社，2007 年版。

138. 朱義祿：《儒家理想人格與中國文化》，復旦大學出版社，2006 年版。

三、期刊論文

1. 常建華：《宗族與風俗：明代中後期社會變遷的縮影——以浙江餘姚江南徐氏爲例》，《吉林大學社會科學學報》2008 年第 4 期。

2. 陳繼會：《關於城市文學的文化前考察》，《藝術廣角》1991 年第 6 期。

3. 陳偉：《士商合流與晚明藝術格調》，《美術導向》2005 年第 6 期。

4. 鄧溪燕：《三言二拍對李漁擬話本小說創作的影響》，《湖南科技學院學報》2007 年第 6 期。

5. 馮保善：《明清小說與明清江蘇經濟》，《江蘇社會科學》1999 年第 3 期。

6. 高培華：《也談西門慶的商業屬性與歷史功罪》，《中國社會科學》1990 年第 4 期。

7. 葛群：《我國古代「商」與「俠」的精神文化聯繫》，《安徽史學》2002 年第 1 期。

8. 黃果泉：《李漁：集文士與商賈於一身——試論李漁戲曲創作思想的商業化傾向》，《河南師範大學學報》1995 年第 5 期。

9. 黃新亞：《長安文化與現代化》，《讀書》1996 年第 12 期。

10. 蔣述卓，王斌：《論城市文學研究的方向》，《學術研究》2001 年第 3 期。

11. 李菁：《商賈形象變遷與中晚唐文人價值觀的轉變》，《寧夏社會科學》2005 年第 2 期。

12. 李玫：《面對「商人世界」：熱情與冷漠——明末清初小說戲曲比較之

一〉，《武漢大學學報》1994 年第 2 期。

13. 林文勳：《商品經濟與社會變革》，《中國經濟史研究》2004 年第 1 期。

14. 林文勳等：《中國古代的「富民」階層》，《歷史教學問題》2005 年第 2 期。

15. 盧華語：《從杜甫的夔州詩看唐代夔州經濟》，《西南師範大學學報》2003 年第 6 期。

16. 潘沅汶、陳書良：《中國商業文學發展歷史初論》，《湖南商學院學報》2002 年第 6 期。

17. 宋國愷：《唐朝禁官商合流政策之社會學分析》，《河北師範大學學報》2004 年第 3 期。

18. 譚延斌：《明清「士商相混」現象探析》，《湖北師範學院學報》1990 年第 1 期。

19. 王德明：《中國古典文學中士與商關係透視》，《社會科學家》1992 年第 5 期。

20. 夏咸淳：《明代後期文士與商人的關係》，《社會科學》1993 年第 7 期。

21. 肖文範：《唐詩中的商人》，《天津師範大學學報》1995 年第 1 期。

22. 謝景芳：《明人士、商互識論》，《史學月刊》1993 年第 6 期。

23. 徐勇：《論唐詩與唐代商業的幾個問題》，《湖南商學院學報》2004 年第 6 期。

24. 薛平拴：《唐代中小商人與商品經濟》，《晉陽學刊》1992 年第 2 期。

25. 楊子堅：《南京與中國古代文學》，《南京大學學報》1995 年第 3 期。

26. 趙振祥：《論唐代商業經濟對文學的影響》，《上海師範大學學報》1998 年第 2 期。

27. 周曉琳：《重本抑末與批判商賈——中國古代文學商人形象研究之一》，《四川師範學院學報》1999 年第 2 期。

28. 劉鳳雲：《觀念與熱點的轉換：清前期政治史研究的道路與趨勢》，《清史研究》2015 年第 2 期。

四、學位論文

1. 曹莉芳：《試論「三言」、「二拍」中女性婚變及其意義》，南昌大學 2007 年碩士畢業論文。

2. 陳江：《明代中後期的江南社會與社會生活》，華東師範大學 2003 年博士畢業論文。

3. 陳良：《李漁擬話本小說及其小說觀念研究》，陝西師範大學 2003 年碩士畢業論文。

4. 程海燕：《「三言二拍」中的姦情故事與婚姻秩序》，華中師範大學 2007
   年碩士畢業論文。

5. 程麗群：《論「三言二拍」中的士人形象》，南昌大學 2005 年碩士畢業論
   文。

6. 儲著炎：《晚明戲曲主情思想研究》，中央民族大學 2011 年博士畢業論
   文。

7. 杜香串：《試論「三言」、「二拍」中女性的愛情、婚姻及其意蘊》，四川
   大學 2005 年碩士畢業論文。

8. 費鵬：《「三言」小說中的女性形象分析》，東北師範大學 2006 年碩士畢
   業論文。

9. 伏漫戈：《「二拍」人物研究》，陝西師範大學 2006 年博士畢業論文。

10. 高昂：《論中晚明通俗小說中的商人形象》，鄭州大學 2001 年碩士畢業論
    文。

11. 韓媛媛：《徽商的商業倫理觀研究》，南京航空航天大學 2006 年碩士畢業
    論文。

12. 郝文靜：《李漁擬話本小說中的女性形象研究》，浙江師範大學 2009 年碩
    士畢業論文。

13. 洪娟：《論「三言」中的商人、文人和妓女形象》，中央民族大學 2006 年
    碩士畢業論文。

14. 侯群香：《論「三言」「二拍」的江南時空敘事》，浙江師範大學 2010 年
    碩士畢業論文。

15. 姜洪濤：《論李漁短篇白話小說的敘事藝術》，中央民族大學 2004 年碩士
    畢業論文。

16. 李小榮：《明代白話短篇小說與徽商》，安徽師範大學 2004 年碩士畢業論
    文。

17. 劉海濤：《「三言」「二拍」中的商賈小說研究》，重慶師範大學 2006 年碩
    士畢業論文。

18. 劉宇恒：《試論「三言二拍」中發跡變泰故事類型中的人物群像》，黑龍
    江大學 2009 年碩士畢業論文。

19. 盧壽榮：《李漁戲曲小說研究》，復旦大學 2003 年博士畢業論文。

20. 羅曉：《美國漢學界的李漁研究》，華東師範大學 2009 年碩士畢業論文。

21. 裴香玉：《三言二拍中的商人發家故事及其文化意蘊》，湘潭大學 2006 年
    碩士畢業論文。

22. 齊瀋：《明清社會思潮與人情小說性愛觀研究》，山東大學 2005 年博士畢
    業論文。

23. 沈慶會：《李漁白話短篇小說研究》，曲阜師範大學 2003 年碩士畢業論文。

24. 唐林軒：《略論明清小說中的棄儒從商現象》，湘潭大學 2004 年碩士畢業論文。

25. 王燦：《明清時期徽州社會陋俗及治理研究》，安徽大學 2016 年碩士畢業論文。

26. 王瑞雪：《「三言」商人形象的文化解讀》，延邊大學 2008 年碩士畢業論文。

27. 王淑芬：《李漁的小說理論與小說創作》，河北大學 2006 年碩士畢業論文。

28. 王豔玲：《李漁「無聲戲」觀念下的擬話本小說創作》，華南師範大學 2007 年碩士畢業論文。

29. 王燕燕：《從〈十種曲〉看李漁的女性觀》，華東師範大學 2007 年碩士畢業論文。

30. 鄔全俊：《「三言二拍」中商人形象的兩難境遇及創作矛盾》，東北師範大學 2007 年高師碩士畢業論文。

31. 謝莉：《李漁戲曲及擬話本的傳播研究》，浙江師範大學 2011 年碩士畢業論文。

32. 謝志遠：《中國古代商業小說敘事研究》，湖南師範大學 2015 年博士畢業論文。

33. 徐林：《明代中晚期江南士人社會交往研究》，東北師範大學 2002 年博士畢業論文。

34. 楊琳：《李漁對凌濛初的繼承與發展》，曲阜師範大學 2004 年碩士畢業論文。

35. 葉蓴：《重商思潮與崇官心理的變奏──「三言」「二拍」之擬話本商賈形象研究》，華中師範大學 2007 年碩士畢業論文。

36. 葉燁：《論李漁的雙重品格及其小說》，湘潭大學 2002 年碩士畢業論文。

37. 張寧：《「三言」「二拍」涉商類小說思想研究》，北京師範大學 2008 年碩士畢業論文。

38. 張亞鋒：《李漁「無聲戲」小說理論研究》，新疆師範大學 2009 年碩士畢業論文。

39. 趙興華：《「三言二拍」中的市民文學特色》，青島大學 2005 年碩士畢業論文。

40. 趙雪豔：《「三言」「二拍」商業價值觀研究》，中國海洋大學 2008 年碩士畢業論文。

41. 張世敏：《明中期文人別集中商人傳記文獻研究》，華中師範大學 2013 年博士畢業論文。

後　記

　　王國維先生曾經以「可信而不可愛」界定哲學、以「可愛而不可信」描述文學，我則希望將「可愛」的文學生態中確立「可信」的哲學議題及其思想學術史意義。2008 年 6 月，我從武漢大學中國哲學專業博士畢業後，便轉向以思想史與文學史相貫通、文史互證的方法，以情理融通的視角研討士商關係異變與明清社會轉型問題。

　　2010 年 5 月至 2013 年 4 月，我在華中師範大學中國語言文學博士後流動站工作期間，便以「明清之際小說中士商互動主題敘事研究」作為探究專題。後經修改，博士後出站報告獲批湖北省社會科學基金一般項目（編號2015137）。

　　本書便係上述項目及湖北企業文化研究中心有關明清儒商文化研究項目的階段性成果，並可視作與拙作《士商互動與明清社會轉型研究：以文學生態的主題敘事為視角》（湖北人民出版社，2017 年版，列入敝校學術出版基金計劃）相呼應的「姊妹篇」。

　　明清之際的社會正處於「方生未死」階段，明清之際的文學生態，最生動形象地呈現了社會轉型期世態、人心的複雜性、多樣性。通過對明清小說的核心作者及典型作品的解讀，即可達此目的。我有一點微渺的期冀：現代人確乎可以通過馮夢龍、淩濛初、李漁、李綠園等人的通俗文學作品及相關資料，跨越歷史時空的隔膜，瞭解他們生活的那個時代，瞭解他們的思想世界與生活世界，從而將一幅晚明以降精神生活史的大致圖景呈現出來，以為當今生活之助緣、學術之資源。

　　在此，我要表達我的感激之情。因為要感謝的對象很多，無法「定量」，

我只能用「定性」分類的方法勉力表達我的感激：

感謝我的親人、師友、同好！感謝單位領導和同事！他們或從生活上、或從學習上、或從工作中給予了我盡可能多的溫暖、激引、寬容與支持，讓我對某些生活理念、學術信念等有了更親切、更深切的感受、理解和化用。

感謝花木蘭文化事業有限公司無償出版本書的慨然之舉！花木蘭文化事業有限公司以扶持學術的義舉，維護了人文學和知識人最基本的尊嚴！

學問之道非常寬，「寬」就寬在容域寬廣、涵蘊寬博，「寬」在學術心態的寬裕，還「寬」在學術生態上的寬容、寬厚。學術，乃天下之公器，知識人自得之於心。有益無益，屠龍之術，蛇足之論，聽憑眾論。

最後，我要說，我不以自得為自己學問脆薄的藉口，我坦誠面對各種善意批評，欣然接受各類合理建議。「學不可以已」，「修辭立其誠」，「以仁心說，以學心聽，以公心辯」，「為天地立心，為生民立命，為往聖繼絕學，為萬世開太平」，「會通以理」，以諸如此類契通高明、容心化性之語，作為日後進益之勉。

向留此一線思緒於天壤間的諸士，再致敬焉！

是為記。

桐柏黃敦兵（原名黃道強）
2017 年 3 月於漢上淡生居